UN POÈTE CHRÉTIEN

A LA FIN DU XIe SIÈCLE

BAUDRI

ABBÉ DE BOURGUEIL, ARCHEVÊQUE DE DOL

D'APRÈS DES DOCUMENTS INÉDITS

1046-1130

THÈSE POUR LE DOCTORAT

Présentée à la Faculté des Lettres de Lyon

PAR

L'Abbé Henri PASQUIER

CHANOINE HONORAIRE

DIRECTEUR DE L'ÉCOLE SAINT-AUBIN D'ANGERS

ANGERS

IMPRIMERIE LACHÈSE ET DOLBEAU

13, — Chaussée Saint-Pierre, — 13.

1878

UN POÈTE CHRÉTIEN

A LA FIN DU XIᵉ SIÈCLE

BAUDRI

ABBÉ DE BOURGUEIL, ARCHEVÊQUE DE DOL

D'APRÈS DES DOCUMENTS INÉDITS

1046-1130

THÈSE POUR LE DOCTORAT

Présentée à la Faculté des Lettres de Lyon

PAR

L'Abbé Henri PASQUIER

CHANOINE HONORAIRE

DIRECTEUR DE L'ÉCOLE SAINT-AUBIN D'ANGERS

ANGERS

IMPRIMERIE LACHÈSE ET DOLBEAU

13, — Chaussée Saint-Pierre, — 13.

—

1878

INTRODUCTION

BIBLIOGRAPHIE DE BAUDRI

Éditeurs. — Notices. — Dissertations. — Sources nouvelles. — Sujet
nouveau de cette étude.

Jusqu'en 1872, l'on ne connaissait de Baudri que ses
œuvres en prose et un certain nombre de poésies qui
offraient un intérêt historique.

I. — Bongars a publié l'*Historia Hierosolymitana* dans
son *Gesta Dei per Francos, sive Orientalium expeditionum
et regni Francorum Hierosolymitani historia*, etc. —
Hanoviæ, 1611, t. I, p. 81.

II. — Duchesne a publié dans son *Historiæ Francorum
Scriptores coœtanei*, etc., 1641, t. IV, p. 251, sous le titre
de *Carmina historica*, un certain nombre de poésies de
Baudri, relatives aux personnages de son temps.

III. — On trouve quelques pièces qui ne sont pas
dans Duchesne, dans :

D. Mabillon : *Librorum de Re diplomatica supplementum*, Paris, 1704, p. 51 ;

Et dans :

IV. — D. Martène, *Thesaurus novus anecdotorum*, etc.,
t. IV, p. 102, édit. 1717.

V. — Le Baud s'est servi des *Gesta pontificum Dolensium*, de Baudri, dans son *Histoire de Bretagne*, Paris, 1638 ; il en traduit même des passages, pp. 70, 74, 112, 115, 118, 119, 120, 150, etc.

VI. — En 1641, a été publiée, à la Flèche, la vie de Robert d'Arbrissel de Baudri sous le titre : *Fontis Ebraldi exordium, seu Balderici Dolensis præsulis opusculum de B. Roberto Arbrissellensi*, etc. — *Studio et opera Michaëlis Cosnier, sacerdotis Pictaviensis, in eodem loco parochi.* — La Flèche, 1641.

VII. — Les Bollandistes ont réédité cette vie au 25 février, p. 608.

VIII. — Dans Lenglet du Fresnoi, *Méthode pour étudier l'histoire*, Paris, 1729, t. III, p. 146, on voit qu'une traduction de la Vie de Robert d'Arbrissel fut publiée à Paris, en 1585, sous le titre : *Chronique de Fontevrault, contenant la vie de Robert d'Arbrissel par Balderic de Dol et André, moine de Fontevrault, traduite en français par Yves Michel, de l'Ordre des Frères-Mineurs.*

IX. — La même traduction fut réimprimée à Angers, en 1586.

X. — Dans Le Long, *Bibliothèque historique de la France*, Paris, 1719, on trouve la mention d'une autre traduction de la vie de Robert d'Arbrissel, par Jean Chevalier, jésuite, in-8°, à La Flèche, 1647.

XI. — Autre traduction de la vie de Robert d'Arbrissel, français et latin en regard, par Sébastien Ganot, religieux de Fontevrault, La Flèche, 1648.

XII. — On trouve dans la *Neustria pia* d'Arthur du Moutier, Rouen, 1663, la vie de S. Hugues, archevêque de Rouen, par Baudri, p. 282-288.

XIII. — Les Bollandistes ont publié, au 14 février, t. II, p. 758, les *Acta translationis capitis S. Valentini martyris*.

XIV. — Arthur du Moutier a publié dans la *Neustria pia* la lettre de Baudri aux moines de l'abbaye de Fécamp : *Baldricus Dolensis archiepiscopus Fiscannensibus*, p. 227-233.

XV. — François du Bosquet, évêque de Lodève, a publié les *Acta S. Valeriani martyris*, dans son V⁰ livre de l'*Histoire de l'Église gallicane*, p. 102-105 (éd. 1633), en les attribuant à Baudri.

XVI. — Le P. Chifflet dans son *Histoire de l'abbaye et de la ville de Tournus* (Dijon, 1664), a réédité cet ouvrage en l'attribuant aussi à Baudri.

XVII. — Il paraît qu'on trouve les mêmes Actes de S. Valérien « dans les deux Histoires de Châlons, connues sous le nom de l'illustre Orbandale, avec cette différence que dans l'une ils ont une préface et une conclusion, et que dans l'autre ils n'en ont pas. » (*Histoire littér.*, t. XI, p. 112.)

XVIII. — L'abbé Migne, dans sa *Patrologie*, a réuni toutes ces publications, t. CLXVI, col. 1057 et suiv :

A. — *Historia Hierosolymitana*, prise dans Bongars.

B. — *Acta translationis capitis S. Valentini martyris*, pris dans les Bollandistes.

C. — *Vita S. Hugonis Rothomagensis episcopi*, prise dans la *Neustria pia* de du Moutier.

D. — *Baldrici itinerarium sive Epistola ad Fiscannenses*, pris dans la *Neustria pia*.

E. — *Carmina historica*, pris dans Duchesne.

G. — *Carminis Baldrici de Tabulis suis fragmentum*,

pris dans le *De Re diplomatica supplementum* de D. Mabillon.

H. — *Acta S. Valeriani martyris*, pris dans Chifflet, *Histoire de l'abbaye de Tournus.*

I. — Il a ajouté un diplôme de Baudri par lequel il confirme tous les biens de l'abbaye de Saint-Florent : *Baldrici Dolensis diploma, quo omnia bona monasterii S. Florentii confirmat (anno 1709).*

J. — *Vita B. Roberti de Arbrissello.* — Patrologie, t. CLXII.

K. — *De Visitatione infirmorum.* — *Patrologie*, t. XL, col. 1147.

Ces diverses éditions des ouvrages en prose et de quelques poésies de Baudri servirent de base à des dissertations et à des études historiques.

1° Ainsi les *Acta Sanctorum Ordinis S. Benedicti*, t. III, p. 495-499, contiennent une dissertation qui discute les erreurs historiques renfermées dans la vie de S. Hugues, archevêque de Rouen;

2° A la suite de la même vie publiée dans la *Neustria pia*, Arthur du Moutier a fait aussi lui une dissertation sur les erreurs historiques qu'elle contient, p. 288 ;

3° L'abbé Juenin dans sa *Nouvelle histoire de l'abbaye royale et collégiale de Saint-Philibert et de la ville de Tournus*, Dijon, 1730-1733, première partie, p. 11, a fait une dissertation pour nier l'authenticité des *Acta S. Valeriani* et les reporter à une époque antérieure à Baudri;

4° Dom Liron dans son ouvrage : *Singularités historiques*, t. I, p. 156-58, engage une discussion contre Dom Mabillon, qu'il appelle un auteur de grande réputation, sur un texte de Baudri. Il s'agit de savoir si la religieuse, nommée Cécile, à qui Baudri envoie des vers, est fille de Guillaume le Conquérant.

Outre ces discussions purement historiques, nous avons un grand nombre de notices, plus ou moins complètes, plus ou moins exactes, auxquelles s'ajoutent quelquefois des analyses de certains ouvrages de Baudri :

Annales Bénédictines, rédigées, comme on le sait, sous la direction de Mabillon, t. IV et V. C'est le travail ancien le plus complet que nous ayons sur Baudri.

Bulæus, *Historia universitatis Parisiensis*, 1665, t. I, p. 562.

Cave, *Scriptorum ecclesiasticorum Historia litteraria*, 1745, t. II, p. 194.

Ceillier, *Histoire des auteurs ecclésiastiques*, 1757, t. XXI, 153-6.

Dupin, *Bibliothèque des auteurs ecclésiastiques*, 1699, t. XII, 644.

Fabricius, *Bibliotheca latina mediæ et infimæ ætatis*, 1734, article *Baudri*.

Lelong, *Bibliothèque historique de la France* (1768-1778), t. I, n°ˢ 4706, 9865, 10477, 11909, 13934-36; II, 16582; III, 34968.

Leyser, *Historia poetarum et poematum medii ævi*, 1727, 379.

Michaud, *Bibliographie des croisades*, t. I, Paris, 1822, p. 19-26.

Miræus, *Bibliotheca ecclesiastica scriptorum ecclesiasticorum*, pp. 350, 358.

Oudin, *Commentarius de Scriptoribus ecclesiæ antiquis*, 1722, t. II, 1085-7.

Sybel, *Geschichte des ersten Kreuzzuges von Heinrich von Sybel*, Dusseldorf, 1841, p. 37-9.

Tobler, *Bibliographia geographica Palœstinœ*, 1867, 13.

Vossius, *De Historicis latinis*, Leyde, 1627, p. 704-5.

L'*Histoire littéraire*, t. XI, p. 96-113, s'inspire de Mabillon et résume celles de ces notices qui l'ont précédée. Dans l'histoire de sa vie on lui reproche d'avoir eu peu de zèle pour la discipline et d'avoir fait des démarches simoniaques pour obtenir l'évêché d'Orléans. On parle de sa conversion. Les auteurs de l'*Histoire littéraire* qui regardent Baudri comme un bel esprit, doué de plus de fécondité que de goût, font un procès sommaire à toutes ses poésies en citant les paroles de l'abbé Le Bœuf, qui du reste juge le poète d'après ses œuvres les plus gâtées par l'exagération et l'emphase, d'après ses épitaphes :

« Baudri est plus connu par l'abondance que par la « délicatesse de ses poésies. Ce fut lui qui donna le « ton aux autres pour le style des éloges, qu'il étoit bien « aisé de faire en se contentant d'exprimer en vers qu'un « tel étoit un second Cicéron, un autre Virgile, un « Aristote ; qu'il surpassoit Homère ; que Nestor, Ulysse, « Crésus, Quintilien, étoient réunis en la personne de « tel ou tel ; que cet autre fut le Platon et le Socrate de « son temps. »

« Quant à sa prose, ajoutent-ils, il a un peu mieux réussi [1]. »

Après ce maigre éloge accordé au génie littéraire de Baudri, les auteurs de l'*Histoire littéraire* exposent très-sommairement les conditions dans lesquelles Baudri a

---

[1] *Histoire littéraire,* t. XI, p. 104.

fait son *Historia Hierosolymitana*. Au lieu d'en relever les mérites littéraires, ils attaquent violemment une faute de chronologie qu'il aurait commise et indiquent simplement les bases d'une édition corrigée. Ils discutent ensuite l'authenticité de plusieurs ouvrages qu'on lui attribuait : *Glossulas super Pentateuchum ; Gesta pontificum Dolensium ;* la *Vie de saint Samson.*

Ils donnent les diverses éditions de la vie de Robert d'Arbrissel, après en avoir indiqué le but et le caractère principal. Ils relèvent « les fautes grossières » qui déparent la vie de saint Hugues et brouillent l'histoire des évêques de Rouen. Après des jugements tout aussi sommaires et aussi sévères sur les autres ouvrages attribués à Baudri, sur leur authenticité, ils terminent leur étude par ces mots : « Le lecteur est en état de « juger de la personne et des écrits de Baudri par ce que « nous avons rapporté. »

Ainsi donc, les auteurs de l'*Histoire littéraire,* qui ont peu d'estime pour le zèle religieux de Baudri, semblent en avoir moins encore pour son talent littéraire. Du reste, ils apportent des dates, résument des faits, donnent des éditions, discutent sur l'authenticité des livres qu'on lui attribue ; mais n'ont aucun souci de nous montrer le littérateur latin, le représentant de la renaissance littéraire qui s'opère à la fin du xie siècle.

Nous avons un travail qui s'est occupé davantage de la langue de Baudri. Barth. (Gasp.) (*Animadversiones* dans Ludewig, *Reliquiæ Mss.*, t. III, 132-230) s'attachant au texte de l'*Historia Hierosolymitana,* fait une étude de linguistique. Son étude sur Baudri est un glossaire qui contient, à côté de remarques frivoles, des observations très-longues et fort intéressantes en comparant les mots

employés par Baudri avec les mêmes mots ou d'autres
équivalents d'Orderic Vital, d'Ausone, etc. Il a une
discussion sur le sens de *liberalitas* dans Baudri, de
dapsilitas, de *cervicositas*, etc.

Comme avant 1872 on ne connaissait des poésies
de Baudri que celles qui avaient quelque intérêt historique, on ne pouvait avoir une idée bien juste de
son talent, qui semble surtout avoir aimé les relations littéraires entre amis, et comme l'intimité dans
la littérature. On avait extrait ces poésies d'un manuscrit qui, au commencement du xviie siècle, se
trouvait dans la bibliothèque d'Alexandre Pétau.
En 1650, vendu par ce savant à la reine de Suède,
Christine, il passa, à la mort de cette dernière, dans
la bibliothèque du Vatican, où il forme maintenant le
n° 1351 du fonds de la reine de Suède. C'est là
que Mabillon le vit ou le fit examiner.

Or, vers 1850, un savant tourangeau, M. Salmon, qui
désirait donner une édition complète des œuvres de
Baudri, avait fait transcrire le manuscrit du Vatican. La
mort l'empêcha d'exécuter son projet, mais il légua sa
copie à la bibliothèque de Tours [1]. En janvier 1872,
dans le premier numéro de la *Romania* [2], M. Léopold
Delisle, aidé de cette copie, fit une description très-
détaillée du manuscrit du Vatican. « L'analyse que les
Bénédictins ont donnée des œuvres de Baudri, disait-il,

[1] *Catalogue descriptif et raisonné des manuscrits de la Bibliothèque de
Tours*, par A. Dorange, conservateur, Tours, 1875, in-4°, 891 : « Baudri,
abbé de Bourgueil. Poésies transcrites par André Salmon, d'après le
manuscrit 1351 de la reine de Suède, au Vatican. »

[2] *Romania*, recueil trimestriel consacré à l'étude des langues et des
littératures romanes, publié par Paul MEYER et Gaston PARIS, janvier
1872, p. 22-50.

laisse beaucoup à désirer ; c'est à peine si quelques lignes ont été consacrées à des poésies variées et étendues, qui intéressent à la fois l'histoire et la littérature et qui, après avoir joui d'une grande célébrité à la fin du xi⁰ et au commencement du xii⁰ siècle, sont tombées dans un oubli à peu près complet... J'ai pensé qu'il y aurait quelque utilité à donner, d'après la copie de Tours, une table analytique des 254 pièces contenues dans le recueil. Tout imparfaite qu'elle est, cette notice fera mieux connaître un auteur que la critique moderne a trop dédaigné et jettera quelque jour sur un curieux côté de la société lettrée de la fin du xi⁰ siècle. » M. Delisle avait d'ailleurs publié pour la Société des antiquaires de Normandie, le plus important des morceaux inédits du manuscrit du Vatican : un poème de 1358 vers adressé à la comtesse de Blois, Adèle, fille de Guillaume le Conquérant. Là se borna son travail sur Baudri. M. Charles Thurot, à qui il prêta sa copie du manuscrit de Tours, se contenta d'en extraire quelques vers qu'il mit en tête d'une étude sur l'*Historia Hierosolymitana*, l'ouvrage en prose le plus important de Baudri. Comme il n'étudie que l'historien, il se contente de jeter en passant quelques notes sur les poëmes de Baudri [1].

M. P. Meyer (*Romania*, janvier 1876) étudie un récit en vers français de la première croisade, fondé sur Baudri de Bourgueil.

En même temps qu'il faisait copier le manuscrit du Vatican, M. Salmon recueillait sur l'abbaye de Bourgueil deux volumes de notes inscrits au catalogue des ma-

---

[1] *Revue historique,* 1ʳᵉ année, avril-juin 1876, p. 372.

nuscrits de la bibliothèque de Tours, sous les n°ˢ « 1338-1339, Abbaye de Bourgueil, notes et documents réunis par André Salmon.

« Le premier comprend d'abord des mélanges, histoire de l'abbaye, notes historiques et topographiques ; livres liturgiques, bibliographie, essai de restitution d'un ancien cartulaire. Viennent ensuite des copies et extraits de chartes allant de 895 à 1114.

« La première partie du second volume est remplie par la suite de ces copies, de l'an 1114 à 1678. Les sources de ce recueil sont les collections de Baluze, de dom Housseaux, le cartulaire formé par Gaignières, les originaux des archives d'Indre-et-Loire et le cartulaire de l'abbaye du xvᵉ siècle. A la fin du tome II sont placées 16 pièces originales de 1040 à 1724, parmi lesquelles on remarque les suivantes :

« 303. Vente et abandon faits par Airaud, dit Flocel, à l'abbé Raimond, de la moitié de la terre « de Broëriis » qu'il tenait de Guillaume Tournemine, lequel consent à cette donation, 1053-1079 [1].

« 303. Remise faite par Guillaume « princeps » de Mirebeau à l'abbé Baudri des mauvaises coutumes qu'il levait sur les hommes de la ville de Vouzailles [2]. »

Dans le n° 1338 se trouve une liasse de notes qui n'a pas été reliée, ni décrite. Nous y remarquons les pièces suivantes :

« Copie d'un cayer entier contenant un catalogue des abbez escrit du temps d'Estiene Fauquier (1450-1455) et auquel on a ajouté depuis les autres abbez. »

---

[1] On verra, dans la *Chronologie* de Baudri, que cette charte est cotée inexactement.

[2] *Catalogue des manuscrits*, etc.

« Extrait d'un livre escrit en 1641 par un religieux. »

Le même manuscrit contient deux histoires de l'abbaye de Bourgueil. La seconde, qui remplit les feuilles 25 à 50, commence ainsi : « Historiæ abbatiæ Sancti Petri Burgoliensis compendium, anno Christi 1681, absolutum. » Elle est terminée par ces mots : « Absolutum die secunda mensis aprilis, anno D' 1681. »

La première est tirée du manuscrit où l'on avait recopié le cartulaire de 1481.

Voici la description de ce manuscrit que M. Goupil de Bouillé, son propriétaire actuel, a bien voulu nous confier.

C'est un volume in-folio intitulé ainsi : « Extrait du cartulaire de l'abbaye Royale de Bourgueil, avec l'abrégé de l'histoire de la même abbaye avec le Cathalogue des Prieurez et Cures qui en dépendent. Le susdit cartulaire est de l'année 1481. »

« Ex libris Monasterii S. Petri de Burgolio, Cong. S. Mauri, Cathologo inscriptus, 1719. »

Le cartulaire prend les pages 1 à 209, plus deux pages qui viennent après le titre et qui ne portent pas de numéros.

L'histoire de l'abbaye, suivie d'un catalogue des abbés commendataires, va de la page 209 à la page 258.

De la page 261 à la page 263 : « Alii viri pietate et doctrina insignes. »

De la page 263 à la page 268 : « Benefactores præcipui. »

211-217 : « Liste des Bénéfices dépendants de l'abbaye de Saint-Pierre de Bourgueil. »

278-279. Note sur le fief de Buton.

Une note volante nous apprend que ce cartulaire a été copié par Dom Fouquet. Elle est écrite d'une main qui a, dans le cours du manuscrit, ajouté certaines notes et certaines chartes. Ce manuscrit date de la fin du xviie siècle et du commencement du xviiie.

A l'aide de ces documents, nous avons pu retrouver certains faits de la vie de Baudri qui avaient échappé à ses historiens, corriger certaines erreurs de date des *Annales Bénédictines* et de la *Gallia Christiana*. M. Hauréau, qui a écrit le dernier la vie de Baudri[1], n'a pas vu le manuscrit de Dom Fouquet; il est loin du reste, comme on le verra, d'avoir épuisé les sources imprimées qu'il avait à sa disposition. Nous avons pu en outre tirer quelque parti d'une histoire manuscrite de l'abbaye de Saint-Florent, conservée à la bibliothèque d'Angers[2], et du cartulaire du Ronceray, imprimé, mais non encore livré à la circulation.

Notre œuvre étant surtout une étude littéraire, nous n'avons pas voulu l'embarrasser de la discussion des faits et des dates. Nous avons rejeté à la fin la *Chronologie* de Baudri : c'est là qu'on voudra bien se reporter toutes les fois que l'on ne trouvera pas, dans le cours de cette étude, les preuves des faits que nous avancerons.

A mesure que nous transcrivions le manuscrit de Tours, nous nous apercevions que Baudri était mal connu. On avait eu la pensée de le juger sur ses poésies historiques, sur des vers faits pour la publicité. Or, Baudri est un causeur aimable qui, dans une con-

---

[1] *Gallia Christiana... tomum quartum decimum ubi de provincia Turonensi agitur, condidit* Bartholomæus Hauréau, Parisiis, 1856, in-folio, p. 658-659; 1048-1049.

[2] *Catalogue des manuscrits de la Bibliothèque d'Angers*, par **M.** Albert Lemarchand, Angers, 1863, in-8°, n° 769 : *Histoire de l'abbaye de Saint-Florent, près de Saumur*, par dom Jean Huynes, in-folio, xviie siècle.

versation en vers aussi rapprochée que possible de la prose, s'épanche librement avec ses amis. On l'avait donc jusqu'ici jugé sans le connaître, puisqu'on avait fait sa vie sans avoir sous les yeux les documents où elle est le plus fidèlement racontée.

Il restait donc, après ces divers travaux sur Baudri, à mettre en lumière ce côté de son talent ; à le montrer tel qu'il était jugé par ses contemporains, comme un versificateur facile, comme un latiniste habile, qui soutient vaillamment, contre les premiers envahissements de la langue vulgaire, les droits et les priviléges de la littérature latine.

Du reste, placé entre la barbarie du xe siècle et la première apparition de la scolastique, il représentait bien, dans la littérature latine, ce mouvement de renaissance qui se fit dans les écoles épiscopales et dans les monastères, à la fin du xie siècle et au commencement du xiie siècle. Nous avons donc voulu pénétrer avec lui dans les écoles et dans les abbayes pour voir l'état des études, les jeux littéraires, et, à travers ses poésies, les mœurs et les habitudes d'esprit du public lettré auquel il s'adresse.

D'autre part, on nous représentait Baudri comme un poète de profession, et nous constations, en le lisant, que la poésie ne tenait pas plus de place dans sa vie que la conversation dans la vie des hommes d'étude. Poète par goût ; religieux, abbé, évêque par devoir, à mesure que Dieu lui demandait davantage, il prenait d'autant sur les heures de loisir qu'il donnait à la poésie.

La douce physionomie de Baudri, moine et archevêque, nous est apparue comme celle d'un héritier chrétien des derniers rhéteurs de Rome. Nous avons voulu le faire revivre en étudiant ses œuvres, et, en réfutant les attaques dont il a été victime, montrer le poète chrétien à la fin du xi⁰ siècle, le bon religieux et le prêtre zélé pour la réformation de Grégoire VII, qui a été calomnié par ses frères.

Nous espérons que l'on trouvera quelque charme dans ces conversations d'un homme aimable avec l'élite de la société lettrée du xi⁰ siècle, et que notre œuvre ne sera pas sans utilité pour la littérature comme pour l'histoire.

BAUDRI DE BOURGUEIL

BAUDRI DE BOURGUEIL

CHAPITRE PREMIER

Ses études

Introduction. — Écoles épiscopales. — Leurs progrès au xi⁰ siècle. —
Portrait de Baudri. — Sa naissance, sa patrie, son nom, sa famille.
— Ses premières études à Meung-sur-Loire. — Fondation de cette
école. — Son premier maître, Hubert. — Les études de grammaire
dans le diocèse d'Orléans, en particulier à Meung. — Baudri dans
l'école d'Angers. — Rôle politique de l'Anjou au moyen âge. — État
des belles-lettres au xi⁰ siècle, à la cour des comtes d'Anjou et dans
l'école épiscopale. — Études et règlements de cette école au xi⁰ siècle.
— Les maîtres de Baudri : Rainaud, Bérenger, Frodon, Marbœuf. —
Portrait de Baudri clerc écolier.

Quand on étudie l'histoire civile du moyen âge, on
ne voit que violences, batailles ou conquêtes, des
hommes qui n'ont de foi que dans la force et qui dé-
cident de la justice elle-même par la bravoure ou l'audace. Parcourt-on ensuite l'histoire littéraire, on est
tout étonné de voir comme un nouveau monde, qui vit
dans le calme de la religion et des études, qui ne connaît que les exercices pacifiques de l'éloquence et de la

poésie. Ce sont comme deux sociétés, de mœurs, d'habitudes d'esprit si différentes qu'on les dirait complétement étrangères l'une à l'autre. L'une prie et étudie; l'autre s'agite et livre des batailles. L'une est née des invasions barbares, elle en porte les défauts, elle en conserve les habitudes violentes; l'autre est née des écoles épiscopales et monastiques, elle alimente les évêchés et les cloîtres.

L'Eglise, qui a été établie par Jésus-Christ pour convertir le monde à la justice, à la vérité, s'est faite l'institutrice des peuples, à qui elle annonçait l'Evangile, parce qu'elle avait appris de son divin fondateur qu'une *idée* est plus forte que les armes pour faire la conquête du monde. Les évêques se firent les instituteurs des clercs qu'ils préparaient aux saints ordres et, recueillant l'héritage des derniers rhéteurs païens, fondèrent des écoles, d'abord dans leur maison, puis dans le cloître de leur cathédrale ou dans le voisinage de leur chapitre. Nous trouvons dans les décrets de différents conciles que la maison de l'évêque devait être l'école des prêtres, des diacres et des plus jeunes clercs. La maison de chaque clerc était une école ouverte à tous, même aux serfs et aux pâtres. Il y avait ainsi un double enseignement : les écoles rurales ou presbytériennes et les écoles épiscopales. Les monastères renfermaient ce double enseignement et le portaient à sa perfection.

Les écoles *épiscopales,* qui subsistent à travers tout le moyen âge, dans des alternatives de décadence et de prospérité, jusqu'à ce qu'elles s'épanouissent dans la brillante floraison des Universités du xmᵉ siècle, ont gardé, avec les traditions de piété et de science ecclé-

siastique, les enseignements des derniers rhéteurs latins. Saint Grégoire avait fait à Rome comme un temple
de la sagesse universelle, élevé sur les colonnes des
sept arts [1]. Pendant plus de douze siècles, le programme
d'enseignement tracé par le rhéteur africain du
ve siècle, Martianus Capella, fit la base des études cléricales. Les évêques mêlant les deux antiquités, païenne
et ecclésiastique, enseignaient à la jeunesse de leurs
écoles les poètes et les orateurs latins, en même temps
que l'Écriture Sainte, les cérémonies et le chant liturgique. Saint Hilaire avait fondé à Poitiers une école
sur le plan des Institutions de Quintilien, son auteur
favori. Après les premières stations du *trivium*, la
grammaire, la dialectique et la rhétorique, les élèves
parcouraient le *quadrivium* qui comprenait l'arithmétique, la géométrie, l'astronomie et la musique.

Au vi[e] et au viie siècle, nous voyons beaucoup d'é-
vêques diriger eux-mêmes leur école et donner à leurs
jeunes clercs, avec les habitudes ecclésiastiques, l'enseignement des lettres profanes. A la fin du vi[e] siècle, les
parents de saint Maimbœuf le placèrent à l'école épiscopale d'Angers sous la conduite de l'illustre saint
Lézin, qui avait donné aux sciences sacrées une grande
impulsion.

Quand ils ne suffisent plus à cette charge, les évêques
choisissent le prêtre le plus instruit de leur diocèse
pour diriger leur école cléricale. Ce prêtre prend le
nom d'écolâtre. Peu à peu sa juridiction s'étend : il a

---

[1] « Rerum sapientia Romæ sibi templum visibiliter quodammodo
fabricarat et septemplicibus artibus, veluti columnis, nobilissimarum
totidem lapidum apostolicæ sedis atrium fulciebat. » (*Hist. de S. Léger*,
par D. Pitra ; Paris, 1846, in-8°.)

sous ses ordres d'autres professeurs ; il obtient même le privilége de l'enseignement pour tout un diocèse. Il est le directeur de l'enseignement public.

Quand ces écoles, ouvertes en Gaule presque dès l'apparition du christianisme, eurent grandi sous la protection des évêques et qu'elles devinrent des institutions capables de survivre aux bouleversements politiques, l'on vit renaître l'éloquence et la poésie latine. A la fin du xie siècle, les poètes latins se multiplient ; chaque école épiscopale a les siens ; les uns cultivent l'épopée historique ; les autres, la satire et les épîtres en vers, le plus grand nombre, le poème didactique. L'on n'aura plus de Virgile ou d'Horace, pas même d'Ovide. Ce n'est qu'une floraison tardive d'un arbre qui a donné ses meilleurs fruits.

Les littérateurs de cette époque se servent de la langue latine comme d'un moule dans lequel ils coulent leurs idées, sans souci de la disproportion nécessaire entre des formes antiques et des pensées nouvelles. Trop souvent ils rappellent nos latinistes de collége qui, après s'être fait par leurs lectures un trésor d'expressions, prises dans les meilleurs auteurs, en habillent leurs maigres idées, qui semblent d'autant plus pauvres qu'elles se déguisent sous des habits plus riches. Or, comme les réminiscences de ces écrivains sont surtout prises des poètes, dont les vers ont frappé leur imagination, ils donnent à leurs pensées un air d'exagération qui étonne. Il n'est pas jusqu'aux éloges de leurs amis qui ne trouvent dans leurs souvenirs classiques une expression exagérée : pour eux tout versificateur est un Homère, tout prôneur un Cicéron et tout dialecticien un Aristote.

Malgré cette infériorité, la littérature latine du moyen âge ne meurt pas sans gloire. Avant de se retirer devant la poésie romane, qui envahit la Gaule, elle a comme un essai de renaissance. Baudri de Bourgueil appartient comme littérateur à cette période de renaissance qui se fait à la fin du xie siècle. Il en donne une image fidèle. Il est élève des écoles épiscopales, et il appartient à la société des poètes religieux qui chantent et prient dans la paix, au milieu d'une société agitée et guerrière.

Baudri avait reçu de la nature un grand amour de l'étude, qui ne lui permettait pas de se laisser distraire complétement par des occupations étrangères, et qui le rappelait à ses livres aussitôt qu'il avait des loisirs [1]; une sensibilité délicate qui s'émouvait au récit des malheurs d'autrui, et entrait avec la même facilité dans la joie et dans la tristesse de ses amis [2]. Pierre de Maillezais vante son affabilité, sa douceur et son dévoûment [3]. Dans la peinture que nous fait Baudri de l'homme qui gagne ses sympathies, nous avons l'expression de son caractère, de ses goûts, de sa manière de juger les hommes et les choses. Il écrit à Eudes, évêque d'Ostie, que dans le portrait qu'on lui a tracé de sa personne, il s'est surtout laissé gagner par la gaîté de son visage, la douceur de son abord, son affa-

---

[1] Pièce inédite CLXI, *Ad Godefredum Remensem :*

    « Denique quicquid agam non prætermittere possum
      Quin studeam. »

[2] « Mihi etiam maduerunt oculi quoniam compatiebar enarranti. » (Baldrici, *Itinerarium sive epistola ad Fiscannenses,* Migne, 1177, A.)

[3] « Petrus Abbas Malleacensis, Baldrico... » Migne, 1061, A : « benignissimam morum benignitatem. » D : « mellifluam, affabilitatem. » 1062, A : « patronum mitissimum. »

bilité pour tous, son art à réjouir les attristés, ses habitudes hospitalières. Un trait qui donnait aux yeux de Baudri la dernière perfection à la physionomie d'Eudes et qui la faisait pénétrer jusqu'au fond de son cœur, c'était son amour de la poésie et des poètes [1].

Baudri est né à Meung-sur-Loire, comme il nous le dit lui-même dans l'un de ses poèmes : « Mon langage sent les champs, parce que je demeure à la campagne ; né à Meung, j'habite Bourgueil [2]. » Orderic Vital le dit Orléanais [3]. L'*Histoire littéraire* ne fixe pas l'année de sa naissance. Elle dit seulement qu'il est né vers le milieu du XIe siècle ; mais comme nous savons la date de sa mort et l'âge qu'il avait quand il mourut, il nous est facile de fixer la date de sa naissance. Il vint au monde en 1046, puisqu'il mourut le 3 janvier 1130, à l'âge de 84 ans.

Son nom a été altéré par plusieurs écrivains. On l'a appelé Balderic et Batori [4]. Le nom latin que l'on trouve

[1]
  Odo, Wido mea mihi te celebravit in aure ;
   Pluribus indiciis te mihi significans...
  Mores jucundos Wido tibi dixit inesse,
   Et quod conveniat moribus alloquium.
  Utque mihi dixit, ditat te littera dives.
   Et vatum Musas deliciosus amas.
  Si cantare velis, cantas modulamine dulci,
   His superest vultus et facies hilaris :
  Affatu suavis, communis et omnibus omnis,
   Exhilaras mæstos... »
          (Migne, 1204, C.)

[2] Pièce inédite CCXV :
  « *Emmæ ut opus suum perlegat.*
  Rustica dicta mihi, quia rusticus incola ruris,
   Magduni natus, incolo Burgulium. »

[3] « Hic civis fuit Aurelianensis... » (Orderici Vitalis, *Historia ecclesiastica*, pars III, lib. IX. Migne, CLXXXVIII, 716, B.)

[4] Baluze, *Miscellaneorum,* libri VII. Paris, 1715, 7 vol. in-8º, t. II, p. 176.

quelquefois dans les chartes, et notamment une fois dans l'authentique n° 2, est Baldricus. La transformation d'*al* en *au*, normale en français, était déjà très-commune au xie siècle. Les chartes donnent souvent Baudricus : on retrouve cette forme deux fois sur trois dans les authentiques. Le nom de notre poète est donc Baudri. Nous n'avons aucun détail sur sa famille. Nous savons seulement par ses vers qu'il désirait un neveu, un jeune Iule qui fût sa récréation et qui, devant lui, s'essayât sur la lyre [1]. Dans une lettre à un nommé Robert, qui lui avait envoyé des vers, Baudri recommande son neveu [2]. Arnaud, l'Iule de Baudri, devenu clerc, semble n'avoir pàs quitté son oncle. Nous le retrouvons à côté de Baudri dans un voyage que fit celui-ci, alors qu'il était archevêque [3]. Mais le neveu mourut avant l'oncle [4].

Baudri nous laisse entendre que sa famille, sans avoir de grandes richesses, avait cependant cette honnête aisance qui, à la rigueur, lui aurait suffi.

« Si la Fortune m'avait regardé d'un œil favorable, elle aurait augmenté les petites commodités de ma vie. Elle m'a donné certains biens dont je lui sais gré et qui

---

[1] Pièce inédite CLXXXVIII, *De sufficientia votorum suorum :*

> « Sitque soror mulier carum paritura nepotem
> Qui mihi post annum sit jocus et cithara
> Præludat vacua mihi parvus Iulus in aula. »

[2] Pièce inédite XXIX, *Soliloquo :*

> « Curam decoris da, quæso, nostro nepoti. »

Le vers est évidemment altéré. Du reste, dans le manuscrit du Vatican, plusieurs vers de cette pièce sont effacés.

[3] Cartulaire de Dom Fouquet : « Hujus rei testes sunt Arnaudus clericus, archiepiscopi Baudrici nepos. » (P. 39.)

[4] Voir plus bas, chap. IX.

rigoureusement auraient pu me suffire [1]. » Mais une plus grande fortune lui aurait permis d'acquérir plus de science, de devenir plus habile en poésie et d'atteindre au talent poétique de Marbeuf, de Godefroi de Reims et de l'archevêque de Bourges. Alors il aurait su corriger ses vers ; il aurait trouvé dans son stylet et dans ses tablettes tout ce qui eût suffi à son bonheur [2]. C'est sans doute la modicité de sa fortune qui le retint dans sa ville natale pour faire ses premières études.

L'école de Meung-sur-Loire remontait au temps de Charlemagne. Pour répondre au zèle de l'empereur, l'évêque Théodulfe s'était efforcé d'inspirer à ses clercs l'amour de l'étude. Il avait ordonné aux curés et aux autres prêtres de tenir des écoles dans les bourgs et dans les villages où les fidèles enverraient leurs enfants pour être instruits des lettres « avec toute sorte de charité, sans qu'on pût exiger aucun salaire [3]. » Outre ces petites écoles, Théodulfe en avait fondé quatre autres plus considérables : deux à Orléans, une à Fleuri, une autre à Saint-Lifard de Meung. « On ne sait pas com-

---

[1] Pièce inédite CLXXXVIII, *De sufficientia votorum suorum :*

« Si mihi favisset vultu fortuna secundo
 Auxisset vitæ commoda pauca meae.
Ipsa dedit quædam quæ non ingrate repenso ;
 Ad modicum poterant hæc satis esse mihi. »

[2] « Nam de litterulis esset mihi copia major,
 Dictandique foret musa benigna mihi,
Qualis Marbodo, vel qualis inest Godefredo
 Qualis pontifici copia Biturico.
Et quæ dictassem nossem mandare lituris.
Et mihi sufficerent et stilus et tabulæ. »

(*Ibidem.*)

[3] *Histoire littéraire de la France*, par les religieux Bénédictins. Nouvelle édition publiée sous la direction de M. Paulin Paris, t. IV, p. 12.

ment cette école se releva de la décadence où la jetèrent les invasions normandes [1]. »

A ne lire que les vers élégiaques composés par Baudri sur la mort de son premier maître, Hubert, on aurait la plus haute idée de son talent et de sa science. Baudri ne nous donne aucun détail sur sa naissance et sur son éducation ; il nous le représente seulement comme le modèle des docteurs, digne d'entrer en parallèle avec les anciens. Il l'appelle la lumière et le flambeau de Meung ; il désirerait être emporté par la même mort tant sa douleur est profonde [2]. Mais on sait que l'emphase était la forme ordinaire des éloges de cette époque et en particulier chez Baudri, qui semble avoir été regardé comme le panégyriste officiel de ses contemporains. Ce n'est pas dans ces éloges de commande, mais dans ses épîtres familières qu'il faut chercher la pensée de Baudri. Dans une lettre qu'il écrit à un ami pour lui expliquer l'insuffisance de son instruction, il juge avec plus de sincérité son premier maître. « J'ignore, dit-il, les livres socratiques ; je ne connais pas les œuvres des sages, car on ne m'a pas dit un mot de philosophie.

[1] *Ibidem*, t. VII, p. 101.
[2] *De magistro suo planctus :*

> « Doctorum speculum, doctor amande,
> Majorum titulis æquiparande...
> Hubertus patriæ cura paterna
> Magduni cecidit clara lucerna.
> Mors mihi te tibi me compositura placet. »
>
> (Migne, 1198.)

Du Boulay dit qu'Hubert avait été disciple de Fulbert de Chartres, mais l'*Histoire littéraire* met son témoignage en suspicion (VII, 16). Elle prétend également qu'il confond le Mans avec Meung-sur-Loire, quand il dit qu'Hubert était né au Mans et qu'après avoir enseigné à Orléans il revint dans sa patrie où il continua à enseigner (VII, 66).

Mon maître m'a appris quelques éléments ; j'ai appris beaucoup par moi-même pour suppléer au défaut de ma première éducation. Cependant que mon maître repose en paix, car lorsque j'étais enfant, il a mis tout son zèle à m'instruire [1]. » On voit qu'Hubert n'était point philosophe, qu'il ne suivait pas ses contemporains dans leur enthousiasme pour Aristote. Il était plutôt de cette classe de rhéteurs qui, continuant les traditions un peu dégénérées des derniers Latins, enseignaient à leurs élèves les règles de la grammaire avec l'art de versifier.

La première étude, et peut-être la seule que Baudri fit à Meung-sur-Loire, fut celle de la grammaire, dont les règles lui furent comme des armes pour se défendre [2]. Il y avait, dans les écoles du diocèse d'Orléans, de saines doctrines sur l'enseignement grammatical. Abbon, abbé de Fleuri, a laissé un traité de grammaire qui, dès le xiie siècle, était rangé entre ceux de Priscien et de Phocas [3] : d'où l'on voit l'estime que l'on en faisait. Étant professeur à Ramsey, il écrivit une lettre circulaire à tous les moines de Fleuri, qui se trouvaient en Angleterre, pour les prier de lui soumettre les difficultés grammaticales qu'ils avaient à résoudre [4] ; il se fera un mérite d'y répondre.

[1] Pièce inédite CCXXIX :

 « Nescio Socraticos, auctorum nescio libros,
  Nam de philosophis mentio nulla mihi...
 Edocuit quædam me sic elementa magister,
  Plurima collegi qui modicum audieram...
 Attamen ille meus pauset cum pace magister,
  Toto qui studio me puerum docuit. »

[2] Pièce inédite CCXXIX :

 « Armis grammaticæ munior ad modicum. »

[3] *Histoire littéraire*, VII, 181.
[4] *Ibid.*, p. 169.

On n'est pas encore au temps de ces Cornificiens qui, renversant l'ordre naturel de l'enseignement, voudront lancer tout d'abord les jeunes gens dans les subtilités d'une fausse dialectique, sans fortifier leur esprit par l'étude de la grammaire. Au xie siècle, la grammaire, qui, outre les éléments de la langue, comprenait la lecture et l'imitation des poètes et des orateurs anciens, fortifiait les esprits par le commerce des grands maîtres de l'antiquité, et les empêchait de se jeter sans armes au milieu des chicanes, comme le feront plus tard les disciples de Cornificius.

Il faut sans doute attribuer à l'humilité de Baudri ce qu'il nous dit de son rang parmi les élèves de grammaire [1]. S'il avait été le dernier, ses contemporains ne l'auraient pas tenu en si haute estime comme latiniste. Pierre de Maillezais célèbre l'harmonie de son style et l'admirable enchaînement de ses périodes [2]. Les moines et les chanoines réclamaient sa plume pour refaire en meilleur style la vie de leurs fondateurs et de leurs évêques.

Baudri nous explique quel profit il tirait de ses leçons de grammaire, et comment il se servait de la lecture des poètes, ses modèles. Son maître lui montre, avec les premiers éléments, l'art de la composition. Il semble que nous assistions aux leçons des déclamateurs de Rome, qui apprenaient à leurs élèves l'art de mettre en vers de pompeuses futilités. Hubert montre au jeune

---

[1] Pièce inédite ccxxix :

« Inter grammaticos vix ultimus ipse resedi. »

[2] Migne, CLVI, 1061, A : « Inexplicabili obdulcoratione. » 1062, C : « Concatenatio sententiarum. »

Baudri l'art de féconder un sujet, d'imaginer tout d'abord un vaste cadre. Il lui apprend ensuite à restreindre et à exprimer brièvement un thème très-étendu, à se servir d'un ouvrage pour en faire un autre [1]. Il nous dit qu'Hubert lui a le premier enlevé la tache de l'œil [2], en lui apprenant à voir dans les choses matérielles le beau, qu'elles revêtent et qu'elles cachent pour ceux dont la vue n'a pas été purifiée par le maître. Baudri avait appris à lire les poètes et à composer des vers dans l'école paroissiale de Meung ; il devait aller dans une école épiscopale pour compléter ses études de clerc.

La renommée de l'école d'Angers, accrue encore par le bruit qui s'était fait dans l'univers autour du nom et de l'hérésie de Bérenger, attira le jeune Baudri. Ce fut là qu'il se lia d'amitié avec la plupart des hommes lettrés, à qui sont adressés ses vers. A partir de cette époque, Baudri devient Angevin ; il se mêle à la pléïade des poètes, qui faisaient l'ornement de l'Anjou ; il s'exerce et il compose avec eux.

Le rôle politique de l'Anjou, sous les comtes Ingelgériens, continué et agrandi par les Plantagenets, explique l'importance de sa capitale au moyen âge.

---

[1] Pièce inédite CCXXIX :

> « Qui mox a primis mihi signavit rudimentis
>   Qualiter a primis plurima conjicerem.
>   Qualiter in brevius restringere plurima possem ;
>   Qualiter ex alio fingere possem aliud. »

Crassus raconte que, dans sa jeunesse, il s'était rompu à de semblables exercices : « Mihi adolescentulus proponere solebam illam exercitationem... ut aut versibus propositis, quam maxime gravibus, aut oratione aliqua lecta... *eam rem ipsam*, quam legissem, *verbis aliis*, quam maxime possem lectis, pronuntiarem. » (*De oratore*, liv. I, ch. XXXIV.)

[2] CCXXIX : « Ille mei primum maculam detersit ocelli. »

Les comtes d'Anjou firent leur fortune et acquirent leur importance au temps des compétitions entre les Carlovingiens et les Capétiens. Les uns et les autres voulaient mettre dans leurs intérêts des chevaliers qui, par la position de leur territoire et par leur bravoure reconnue, pouvaient arrêter les invasions des Normands et comprimer les insurrections des Bretons. Quoique l'histoire des premiers comtes d'Anjou soit obscure, elle nous laisse cependant voir qu'ils étaient sur les *marches* de France comme des soldats toujours armés contre les Bretons et les Normands. Le roi Charles-le-Chauve donna en propriété à Ingelger la vicomté d'Orléans [1] et la sénéchaussée royale de Tours, avec le territoire qui en dépend, « laquelle il défendit valeureusement contre les Normands. » Nous voyons que Hugues-le-Grand donne au comte d'Anjou, Foulques-le-Roux, « comme ennemi naturel des Normands et des Bretons, » le pays d'Outre-Maine, qui n'était pas suffisamment défendu contre leurs incursions. Certains chroniqueurs disent que son fils aîné est mort dans un combat contre les Bretons. Geoffroy Ier, Grise-Gonelle, l'allié de Hugues Capet, nous est représenté aussi par les chroniqueurs comme l'ennemi des Bretons : selon les uns, il met en fuite une armée qui avait poussé jusqu'aux portes d'Angers, sous la conduite

---

[1] Du reste, les relations entre l'Anjou et l'Orléanais devaient exister, car en 1060, lorsque s'éteignit la première maison des comtes héréditaires d'Anjou, par la mort de Geoffroi Martel, le comté passa dans la famille des vicomtes d'Orléans et de Gâtinais par le mariage de Geoffroi de Châteaulandon avec Ermengarde d'Anjou, fille de Foulques Nerra. (*Chronique des comtes d'Anjou*, recueillies et publiées pour la Société de l'Histoire de France, par MM. Marchegay et Salmon, Paris, 1856, 1871. Introd. par M. Mabille, p. LXXXIV.)

des fils d'Isoan ; selon d'autres, il est battu par Conan-le-Tors dans la plaine de Conquéreux. Foulques Nerra, « cet autre César, » comme l'appellent les chroniques, qui batailla plus qu'aucun chevalier de son temps, qui agrandit de toutes parts l'Anjou et fut aussi grand *bâtisseur* que brave soldat, continua les traditions guerrières de sa famille contre les Bretons : il les défit en 991, en 992, dans les landes de Conquéreux. Lorsqu'en 995 Foulques est aux abois, il est secouru par une armée du roi de France. En 1058, le roi de France, Henri Ier, vient à Angers pour rallier Geoffroy II Martel et aller combattre Guillaume, duc de Normandie.

Cette alliance des rois de France et des comtes d'Anjou contre des ennemis communs, contre ceux qui à l'intérieur du royaume étaient l'obstacle le plus grand à l'unité nationale, fut pour les comtes et pour leur province la principale cause de leur prospérité. Aussi, au xie siècle, Angers est devenu une ville puissante, digne de recevoir les papes et les rois.

Quand Baudri vint à Angers, la cour des comtes, le grand nombre de ses abbayes, l'école épiscopale en avaient fait, depuis un demi-siècle, une des villes les plus célèbres de France. Les voyages de Foulques-Nerra à Jérusalem avaient établi, entre l'Anjou et l'Orient, des relations qui durent contribuer au développement du luxe et des arts. Orderic Vital, s'indignant contre les habitudes de luxe qui envahissent la France, prend à parti Foulques le Réchin, et lui reproche d'avoir mis à la mode les souliers à pointe en forme de scorpion [1]. Le récit de l'historien nous laisse

---

[1] *Hist. eccles.*, p. III, l. VII, ch. X : « Fulco Andegavensis novam cal-

croire que cette petite cour des comtes d'Anjou était, pour les provinces voisines, comme la règle du goût et l'arbitre des modes.

A l'amour du luxe, la cour des comtes d'Anjou unissait le goût des belles-lettres. La renaissance qui se manifesta dans la seconde partie du xie siècle, ne fut pas contenue dans les murs des abbayes : les laïques, les barons se mirent à l'étude. La cour d'Angers avait devancé ce mouvement. La chronique de Marmoutier nous apprend que Foulques II, le Bon, qui mourut en 958, lisait Végèce dans l'original. Ce prince, élevé avec Odon, le futur abbé de Cluny, possédait parfaitement les règles de la grammaire, les lettres, Cicéron et Aristote [1]. Il composa et mit sur des airs fort mélodieux douze beaux répons en l'honneur de saint Martin. Il écrivait au roi de France, qui s'était moqué de lui en le voyant prendre rang parmi les chanoines de Saint Martin pour chanter l'office : « Sachez qu'un roi illettré est un âne couronné [2]. »

Rien ne nous montre mieux quelle estime on faisait des belles-lettres à la cour des comtes, que le prix que l'on y attachait aux livres. Geoffroi Martel, qui mourut en 1060, ayant, avec Agnès sa femme, fondé un mo-

ceorum formam excogitat. Insolitus inde mos in occiduum orbem processit, levibusque et novitatum amatoribus vehementer placuit. Unde sutores in calceamentis quasi caudas scorpionum faciunt. » (Migne, CLXXXIX, 536, B. C.)

[1] « Qui licet litteris regulisque grammaticæ artis, Aristotelicis Ciceronianisque rationationibus perspicacius peritissime eruditus esset.... Composuit, cantu et dictamine, duodecim responsoriorum historiam, honore et amore beati Martini compulsus, dictamine præcipuam, cantu et melodia luculentam. » *Chroniques d'Anjou,* t. I, *Chronica de Gestis consulum Andegavorum,* p. 71-72.

[2] *Ibid.,* 71 : « Noveritis, domine, quia illitteratus rex est asinus coronatus. »

nastère de Bénédictines, accorda à ces religieuses la dîme des cerfs et des biches qu'on prendrait dans l'île d'Oléron, afin que de la peau elles pussent couvrir leurs livres [1]. La même comtesse Agnès acheta à très-grand prix de son chapelain, devenu évêque de Tréguier, les homélies d'Haimon, évêque d'Halberstadt. Elle lui donna pour payement : 1° cent brebis ; 2° un muid de froment, un autre de seigle, un troisième de mil, de plus, cent autres brebis et quelques peaux de martres. Les livres devaient être d'autant plus recherchés en Anjou que, de toutes parts, s'élevaient de nouvelles abbayes : Saint-Nicolas d'Angers, le Ronceray d'Angers, la Trinité de Vendôme, dépendant alors du comté d'Anjou. Car les religieux de ces abbayes, à l'exemple de leurs fondateurs, comtes et comtesses d'Anjou, se livraient à la culture des belles-lettres.

Mais le mouvement littéraire, qui dut attirer Baudri à Angers, était surtout dans l'école épiscopale. Depuis que cette école avait été restaurée au commencement du siècle par les élèves de Fulbert de Chartres, elle avait atteint une prospérité que nous avons peine à nous figurer. Les élèves venaient non-seulement de l'Anjou et des provinces voisines, mais de la France entière, de la Normandie et même de l'Angleterre. Déjà quelques-uns ont repassé le détroit : nous les trouvons sur les siéges épiscopaux de leur patrie, comme Samson, évêque de Wigorn. Il suffit de nommer des élèves comme Hildebert du Mans, Geoffroi de Vendôme, Marbœuf de Rennes, pour montrer la vie intellectuelle de cette école. La pléïade de littérateurs et

___

[1] Le Grand d'Aussy, *Histoire de la vie privée des Français depuis l'origine de la nation jusqu'à nos jours*, 3 vol. in-8°, 1815, t. I, p. 397.

de poètes qui en sont sortis, nous fait voir à quel point
de perfection y était portée l'étude de la littérature, à la
fin du xi⁰ siècle.

Il est intéressant de pénétrer dans cette école
d'Angers, la plus célèbre de tout l'Ouest au xiᵉ siècle ;
d'y étudier le genre de vie des élèves, leurs règlements,
l'enseignement des professeurs, la manière dont ils ini-
tiaient leurs disciples aux beautés de la poésie et de
l'éloquence. Baudri emportera dans sa solitude, avec
les principes de ses maîtres, comme une copie de l'école
où il s'est formé à la littérature.

Nous avons le règlement d'un élève de Marbœuf,
peut-être de Samson, évêque de Wigorn, qui logeait
chez son maître[1]. Marbœuf, étant à la campagne au
temps de la moisson, envoie à son élève un règlement
particulier. Il doit se lever de très-grand matin et lire
au moins jusqu'à dix heures ; dîner à onze. Qu'il
prenne du vin, mais médiocrement. Après le repas,
qu'il fasse une sieste légère ou qu'il joue quelque
temps. Après le repos, qu'il médite et confie aux tablettes le fruit de ses méditations. Plus tard Marbœuf
verra son travail ; cependant il voudrait que son élève
lui envoyât ses premiers essais pour juger du reste.
Après l'exercice de composition, qu'il lise jusqu'au souper ; après le souper, qu'il aille se reposer, s'il est
temps ; sinon il est bon de prendre de la récréation[2].

---

[1] Marbodus Samsoni episcopo :

> « Opto tuum vultum, mi præsul, cernere multum...
> *Hospitiique fidem, collataque munera pridem*
> Quæ labor est scribi commemorare tibi. »
> (Migne, CLXXI, B, 1658.)

[2] *Institutio pueri discipuli.* Migne, CLXXI, 1724, A. B.

Ce souci des maîtres à suivre pas à pas leurs élèves et à leur tracer leurs devoirs, dans les moindres détails, rendait inutile, dans l'école d'Angers, la sévérité usitée ailleurs. Il semble que pendant tout le moyen âge Orbilius ait passé pour le type du bon maître. On ne connaît pas de miniature, où Donat et Priscien soient représentés sans la férule, dont l'évêque Théodulfe avait armé la main gauche de la grammaire [1]. Guibert de Nogent, lorsqu'il nous retrace le tableau de son éducation, accuse son maître de l'avoir accablé presque tous les jours d'une grêle de soufflets et de coups [2].

« Un jour, dit-il, que j'avais été frappé, je vins m'asseoir aux genoux de ma mère qui, écartant mon vêtement, vit mes petits bras tout noircis, la peau de mes épaules toute soulevée et bouffie des coups de verge que j'avais reçus. Je ne veux plus, s'écria ma mère, que tu deviennes clerc et que, pour apprendre les lettres, tu supportes un pareil traitement. » La férule n'avait donc pas toujours l'effet qu'attendaient les maîtres. Guibert de Nogent n'est pas le seul qu'elle ait découragé. « En vérité, disait un abbé à saint Anselme, je ne sais que faire de ces enfants. Nous ne cessons de les frapper ni jour ni nuit, ils n'en deviennent que pires. — Seigneur abbé, répondit le Saint, si vous plantiez un arbre dans un jardin et que vous le resserriez de tous côtés, de telle sorte qu'il ne pourrait étendre ses rameaux, après plusieurs années d'une culture semblable, que serait-il

---

[1]   « Cujus læva tenet flagrum, ceu dextra macheram,
             Pigros hæc ut agat, radat ut hæc vitia. »
                                        (Migne, CV, 353.)
[2] « Interea sæva quotidie alaparum ac verberum grandine lapidabar... Dorsiculi ex viminum illisione cutem ubique prominulam... » (*De vita sua*, Migne, CLVI, 845 et 847, C.)

devenu ? C'est pourtant ce que vous faites pour ces enfants, jeunes fleurs plantées dans le jardin de l'Église,
pour y croître et donner des fleurs à Dieu. Mais vous,
par des craintes, des menaces et des coups, vous les
contraignez tellement, qu'ils n'ont pas la liberté de se
développer [1]. » Marbœuf ne parlait pas autrement que
saint Anselme : « L'indulgence, disait-il, enrichit une
nature pauvre, tandis que les coups épuisent une riche
nature [2]. »

Nous voyons par ce texte de Marbœuf, par le souvenir affectueux qu'emportent et que gardent de leurs
maîtres les Baudri, les Milon, les Samson, que la *douceur angevine*, chantée plus tard par du Bellay, avait
pénétré la discipline de l'école d'Angers.

C'est le propre des belles-lettres d'adoucir le caractère et de polir les mœurs, en même temps qu'elles
ornent l'intelligence. Les esprits les plus cultivés ont
facilement les cœurs les plus humains. Guibert de
Nogent, en nous parlant de l'excessive dureté de son
maître, nous dit qu'il était tout à fait inhabile à réciter
des vers, ou à les composer selon toutes les règles [3]. La
dureté sert souvent à couvrir la faiblesse. Les maîtres
comme Marbœuf avaient, dans leur science, assez de
ressources pour captiver et retenir leurs élèves dans
l'obéissance, sans avoir recours à la verge. Bien différents du maître de Guibert, ils étaient habiles à composer des vers selon toutes les règles.

[1] *Sancti Anselmi vita,* auctore Eadmero, I, 30. Migne, CLVIII, 67.
[2] *De pueris coercendis. Ib.,* 1724 :

    « Qui puero parcit, leve cor pinguedine *farcit ;*
      Qui flagra continuat, pingue cor extenuat. »

[3] « Dictandi enim ac versificandi ad integrum scientiæ expers erat. »
Ibid., 845, C.

Baudri put apprendre l'art de *dicter* [1] jusque dans ses raffinements ; on peut s'en convaincre en lisant le petit traité des figures de rhétorique [2] que Marbœuf nous a laissé. « C'est comme un recueil de pierres précieuses « dont l'élève doit orner ses vers et même ses écrits en « prose [3]. » Après avoir nommé et défini les figures, après en avoir indiqué l'usage, Marbœuf apporte des exemples pour les montrer dans tout leur éclat. Il expose à l'élève le mécanisme de trente figures différentes. Il lui montre les beautés que l'on peut obtenir de la répétition d'un même mot, selon qu'on le place au commencement [4] ou à la fin d'une proposition [5], ou qu'on le répète dans le même vers [6] pour l'harmonie ; de l'opposition des idées mise en lumière dans les mots [7] ; de l'exclamation qui interpelle les hommes, les villes, les choses elles-mêmes [8] ; des questions que l'écrivain se fait à lui-même pour éclairer chacune de ses propositions [9].

[1] Baudri emploie *dictare* dans le sens de composer des vers. Au moyen âge *dicter* a le même sens : un traité de versification s'appelle art de *dictier*.

[2] *Marbodus discipulo suo, De ornamentis verborum.*

[3] *Ibid.,* 1687 à 1692 :

> « Versificaturo quædam tibi tradere curo
> Scemata verborum studio, celebrata priorum,
> Quæ sunt in prosa quoque non minimum speciosa.
> Si potes his veluti gemmis, etc. »
>> *(Prologus libelli.)*

[4] « Te colo, te laudo, te glorificans tibi plaudo. » (I.)

[5] « Qui sunt, qui pugnant audaciter ? *Andegavenses*
> Qui sunt, qui superant inimicos ? *Andegavenses.* » (III.)

[6] « Semper amare velim, si quid nihil insit amari. » (IV.)

[7] « In luctu rides. » (V.)

[8] « Per hominis, vel urbis, vel rei cujuspiam compellationem. » (VI.)

[9] « Rationem petimus et uniuscujusque propositionis explanationem.»
> (VII.)

Selon Marbœuf, il faut, à la façon des anciens, semer son discours de sentences, pour exprimer brièvement une règle ou un principe de morale ; répéter les mêmes cas dans les mots, les mêmes désinences dans les verbes, pour obtenir des consonnances [1]. Marbœuf apprend encore à l'élève les ressources oratoires de l'interrogation, de la gradation, les finesses de la définition et de la transition ; il n'a garde d'oublier l'allitération, qu'il appelle *annomination*. Tous les préceptes de rhétorique, que Marbœuf enseigne à ses élèves, ne sont pas exposés dans son traité des figures. Ce n'est qu'un résumé fort abrégé de son cours ; c'est comme un plat succulent qu'il envoie à l'un de ses élèves, pour le mettre en goût et lui faire désirer le reste [2].

Il en est des littératures qui finissent, comme de celles qui commencent : quand elles n'ont pas une langue assez riche ou assez souple pour exprimer les grandes idées ; quand elles n'ont plus les saines notions du beau ou qu'elles n'ont que des idées futiles à exprimer, elles placent la beauté dans la difficulté vaincue. Elles préfèrent l'extraordinaire au naturel, le procédé à l'art. La littérature latine a commencé par l'allitération de ses premiers poètes ; elle a fini dans les jeux de mots des rhéteurs.

Marbœuf semble faire consister tout l'art d'écrire dans des artifices de style et ne donner à ses élèves que

[1]
    « Curia curarum genitrix...
    Deformes formas non formidavit... »

[2]
    « Hæc tibi de multis, ne multa forent onerosa...
    Primum pauca dedi, quasi fercula deliciosa...
    Si gustata placent, et adhuc gustanda petentur. »
             (*Epilogus, ibid.*, 1692, C.)

des recettes pour tourner des phrases en jeux d'esprit.
Cependant la fin de son petit traité nous laisse entendre
qu'il savait parfois s'élever plus haut que ses contemporains et donner à ses élèves les vrais principes du goût :
ceux qu'avait tracés Horace et que répètera plus tard
Boileau. Quand ils auront digéré ces préceptes capables
d'exciter leur curiosité [1], il leur en donnera d'autres. Il
faut, leur dira-t-il, que le poète, qui veut peindre au vrai
les caractères, ait un idéal, un exemplaire d'après lequel
il travaille comme le jeune peintre. L'art guidé par la
raison est né de la nature, et il doit garder la forme de
la nature qui l'a engendré. Celui qui veut se faire un
nom d'écrivain, doit s'appliquer à donner aux sexes, aux
âges, aux passions, aux conditions, les traits distinctifs
que leur a donnés la nature. S'il est fidèle à ces préceptes, il deviendra un Homère ; s'il les méprise, il ne
sera jamais qu'un autre Bavius.

Ainsi, dans l'école d'Angers, l'enseignement des
belles-lettres se puisait aux sources les plus pures de
l'antiquité. Mais, aux yeux du vrai chrétien, les choses
de la terre ne sont que des degrés pour monter au ciel.
Aussi, dans ces âges de foi, les maîtres ne voyaient
dans la littérature qu'un moyen d'élever leurs élèves
jusqu'à Dieu. Ils faisaient de chacune de leurs leçons
une invitation à la piété [2] ; le terme de leur enseigne-

---

[1] « ... Magis hæc placitura putavi. »
(Epilogus.)

« Interea tanquam speculum formamque poetæ,
Verum naturas qui scribere vultis habete,
Cujus ad exemplar veluti qui pingere discit. »
(Ib.)

[2] Jean de Salisbury dit de son maître, Bernard de Chartres : « Semper

ment littéraire était la science qui peut faire les saints : la Théologie. La Bible était, de tous les livres anciens, le plus étudié et le plus honoré ; même dans les questions de grammaire, on préférait son autorité à celle de Cicéron [1].

L'école d'Angers était, de tous points, fidèle à la tradition de l'enseignement ecclésiastique. Les poèmes d'Hildebert et de Marbœuf, l'un élève et l'autre maître de cette école, ont presque tous pour sujets des passages de l'Ecriture, de la Théologie, du Martyrologe [2]. L'enseignement était surtout une formation cléricale. Aussi, les exercices de piété se mêlaient-ils aux leçons de grammaire ou de dialectique. Dès le temps de saint Fulbert, les élèves de l'école d'Angers chantaient l'office divin [3]. Saint Fulbert écrit à Hubert de Vendôme de lui faire connaître comment ses élèves se comportent, et s'ils ne récitent pas les heures canoniales mieux qu'à l'ordinaire [4]. Les vigiles des fêtes solennelles et les samedis, les élèves se rendaient à l'école du chantre de la cathédrale. En 1081, le chantre Geoffroi voulut prélever un impôt sur les élèves qui entraient au chœur et qui, la veille des fêtes, venaient prévoir ce qu'ils de-

eam materiam proponebat qua fides ædificaretur et mores animarentur ad bonum. » (*Métalogique*, Migne, CXCIX, 855. A.)

[1] « Grammaticam meam non Maronis aut Ciceronis auctoritate fulcivi sed divinarum Scripturarum auctoritate adornavi, » dit Smaragde de sa *Grammaire*. (Mabillon, *Vetera analecta*, Paris, 1675-1685, 4 vol. in-8°, t. II, 421.)

[2] Migne, CLXXI.

[3] *Histoire de l'Université d'Angers*, par Pierre Rangeard, publiée pour la première fois d'après le manuscrit original, par M. Albert Lemarchand, t. I, Angers, 1872, in-8°, p. 14.

[4] *Ibid.*, II, 152 : « Scripto vestro interim quæso innotescere quomodo vos agatis et qualiter condiscipuli mei se gerant in scholis, et an melius solito celebrent canonicas horas. »

vaient chanter le lendemain. Mais l'écolâtre, qui n'était autre que Marbœuf, obtint de l'évêque Eusèbe Brunon qu'il fît tomber ces prétentions du chantre [1].

C'était du reste l'écolâtre qui prenait soin de placer ses écoliers dans le chœur, de leur prescrire les règles des cérémonies et même de la psalmodie, afin qu'ils observassent les points et les accents. A Angers, comme dans la plupart des écoles, il composait les homélies, les panégyriques, les formules de prière, les hymnes qu'il faisait déclamer ou chanter à ses élèves. Il les exerçait eux-mêmes à la composition des chants sacrés [2]. Il paraît que les maîtres d'Angers furent les premiers qui songèrent à mettre la foi et la vertu de leurs élèves sous la sauvegarde de la vie commune [3].

L'habitation commune, une vie de prière et d'étude où tout, jusqu'aux arts les plus profanes, est tourné vers Dieu, c'est déjà la vie religieuse. Aussi, ne serons-nous point étonnés de voir Baudri recevoir, à l'école épiscopale, les premiers germes de sa vocation monastique.

Quand Baudri entra dans l'école d'Angers, elle avait pour écolâtre Rainaud, « disciple de saint Fulbert, sous la discipline de qui il s'était distingué par ses progrès dans les lettres [4]. » Ce maître nous est représenté par

---

[1] *Ibid.*, I, 37 ; II, 159 : « Qualiter sopita est contentio exorta in Goffridum cantorem et Marbodum scholasticum. »

[2] *Ibid.*, 38-39.

[3] On trouve dans Rangeard (II, 158) un titre de l'Église d'Angers faisant mention de la fondation du collége de la Porte de Fer, où il est parlé de la constitution et fondation d'une chapelle appelée Saincte-Marie... mise en coullége pour y faire l'enseignement de clercs et chapellains et de la jeunesse d'Angers, en l'an 1031.

[4] Rangeard, I, 30.

Baudri comme le réformateur de son siècle, un modèle de justice, de sobriété et de zèle, un prodige d'éloquence, en un mot, la gloire du clergé et du peuple[1]. Le chanoine de Saint-Martin de Tours, Adelman, qui le met au rang de ses plus illustres condisciples à l'école de Chartres, le regarde comme un habile grammairien, un orateur aussi disert que fécond dans son style[2]. Il fit un traité des miracles de saint Florent, des répons pour son office et deux hymnes en son honneur. Dans plusieurs titres de 1033 à 1057, et notamment dans un acte de 1057, où il est appelé chancelier, il est nommé à côté de Bérenger[3]. Mais on ne voit pas qu'il ait été gagné à l'hérésie de son collègue. Rangeard, auteur de l'histoire de l'Université d'Angers, semble croire au contraire que Rainaud s'opposa aux progrès de l'hérésie, dans la ville et dans les écoles d'Angers, et qu'il en répara les maux.

Baudri, qui était venu à Angers avec une âme avide d'apprendre et étrangère aux matières philosophiques, admire la science et la parole facile de Bérenger. Bien que cet hérésiarque n'ait jamais enseigné à Angers, ses fonctions d'archidiacre devaient l'y amener souvent. Baudri semble encore sous le charme de sa parole quand il célèbre sa mort : « Toute l'éloquence des Latins se

---

[1] *Super Reginaldum clericum. De eodem :*

> « Tu decus in clero, tu decus in populo, etc. »
>
> (Migne, 1186.)

[2] Rangeard, I, 30 ; II, 14-19.

[3] L'on sait qu'au moyen âge l'écolâtre remplissait généralement, auprès des évêques et des chapitres, le rôle de chancelier. Le fait est démontré par l'école d'Angers. Outre que Rainauld est appelé ailleurs *scolarum magister* (Rangeard, II, 14), nous trouvons ces mots à la fin d'une charte du XIIᵉ siècle : « Data per manum Valloti magistri scolarum et cancellarii. » (*Ibid.*, 173.)

ranime et fleurit avec Bérenger, elle se flétrit et meurt avec lui [1]. » Ce qui touche Baudri, ce ne sont pas les innovations de l'hérésiarque ; on dirait qu'il les ignore ; ce n'est pas la subtilité de son esprit, sa science de la dialectique, qu'il applique à tort aux objets de la foi ; c'est bien plutôt sa connaissance du latin. Hildebert du Mans, son disciple, dit dans son épitaphe que, par son génie et son éloquence, il surpassait tous les poètes [2]. Lanfranc lui reproche ses citations profanes [3]. Dans un seul ouvrage, Bérenger cite cinq fois Horace ; mais ce qui choquait Lanfranc devait précisément plaire à Baudri.

Baudri rencontra dans l'école d'Angers Frodon qui semble, lui aussi, avoir gagné son admiration par sa connaissance des auteurs latins [4]. Frodon connaissait le

[1] « Tota Latinorum facundia marcida floret,
      Dum Berengario Turoni viguere magistro
      Porro Latinorum facundia florida marcet ;
      Invida sors Turonis ubi tantum lumen ademit. »
          (*Super domnum Berengarium*, Migne, 1190, A.)

[2] « Quidquid philosophi, quidquid cecinere poetæ
      Ingenio cessit eloquioque suo. »
          (*Epitaphium Berengarii*, Migne, CLXXI, 1396, B.).

[3] J.-J. Ampère, *Histoire littéraire de la France sous Charlemagne et durant les* Xe *et* XIe *siècles*, 1870, in-12, p. 330. — Cf., OEuvres de Lanfranc, Migne, CL, 409, C : « Spinis rosas interseris, et albis atque nigris coloribus phantasma depingis. »

[4] « Quod de quadrivio norat trivioque Latinus,
      Id totum Frodo pleniter audieras.
      Solers auditor superaras pene Latinos...
      Frodo quid prodest te nosse profunda librorum,
      Nocte dieque tuus tritus Aristoteles ?
      Fabula Nasonis tibi quid tot adhæsit in annis ?
      Quid tibi nunc Cicero, Statius atque Maro ?
      Frodo, labor magnis te vatibus æquipararat. »
          (*De Frodone Andegavo. Item, de eodem.* Migne, 1089, A. B. C.)

trivium et le quadrivium comme un Latin ; il feuilletait, jour et nuit, Aristote, et ne pouvait s'arracher à la lecture d'Ovide, de Cicéron, de Stace et de Virgile. Son travail l'avait égalé aux grands poètes. Frodon semble être de la famille de ces professeurs nomades qui, au xie siècle, voyagent de ville en ville, de pays en pays. Il avait d'abord enseigné à Paris, où Robert d'Arbrissel avait pris ses leçons [1] ; il vint à Angers, parcourut différentes provinces, travaillant et recueillant les enseignements de la littérature. Enfin l'amour de l'argent l'attira en Angleterre, où il mourut [2]. L'influence de Frodon dut être grande sur le jeune Baudri. Son esprit, porté vers les belles-lettres et avide des anciens, dut recevoir avec enthousiasme les enseignements de ce brillant latiniste, nourri de Cicéron et de Virgile, d'Ovide et de Stace.

Depuis un siècle, il s'était fait dans la littérature un retour vers les classiques anciens. De grands esprits regardaient encore, comme peu dignes de la gravité ecclésiastique, le commerce des auteurs païens et l'usage des citations profanes. Il est vrai que, comme dans toute renaissance, l'on se porta sans retenue vers les anciens. Les prédicateurs mêlèrent les vers d'Ovide aux versets d'Isaïe et les pensées de Sénèque aux paraboles de l'Evangile. Les citations profanes, que Lanfranc reproche à Bérenger, étaient semées dans son livre sur l'Eucharistie. On ouvrait toutes grandes

---

[1] Rangeard, I, 32.

[2] « Exul ab Andegavis peragraras impiger orbem
Litterulas rapiens, atque vacans studiis.
Auri te tandem spes invitavit ad Anglos
Quo te spemque tuam mors inopina tulit. »
(Ibidem.)

les portes des écoles aux auteurs païens ; on les écoutait sans scrupules. Il n'en avait pas toujours été ainsi. Saint Jérôme, pour s'être laissé gagner par l'élégance de Platon et de Cicéron, fut repris par un ange de ses complaisances profanes. Alcuin reprochait à son disciple Sigulfe de s'être fait lire en secret les poëmes de Virgile, et d'avoir ainsi souillé son imagination par des beautés efféminées [1]. Au commencement du xe siècle, saint Odon, qui avait été élevé à la cour des comtes d'Angers, avait osé tenter la lecture de Virgile. Mais, dès le début, son imagination s'effraya des amours de Didon. Une nuit, il vit en songe un vase d'une forme élégante d'où s'échappèrent des serpents, qui s'élancèrent et s'enroulèrent autour de son corps. Le jeune chanoine rejeta le livre, et se voua à l'étude des auteurs qui avaient commenté les évangélistes et les prophètes [2].

Quand Baudri étudiait à Angers, maîtres et élèves n'étaient plus effrayés par de pareils songes. Ils feuilletaient avec avidité Ovide et Virgile, pour embellir leurs compositions. A cette époque, qui précède d'une génération la fondation des universités et la renaissance de la philosophie scolastique, l'école d'Angers eut comme une floraison de littérateurs et de poètes latins, qui se répandirent non-seulement dans les autres provinces, mais même en Angleterre et en Italie.

Marbœuf, de qui l'on a dit, dans le langage emphatique du temps, qu'il avait fait d'Angers comme la de-

---

[1] Ampère, *ibid.*, 68.

[2] J.-H. Pignot, *Histoire de l'Ordre de Cluny depuis la fondation de l'abbaye jusqu'à la mort de Pierre le Vénérable.* Autun, 1868, 3 vol. in-8°, t. I, p. 65.

meure du génie et de l'éloquence[1], devait commencer
à enseigner au moment où Baudri achevait ses études.
On le trouve qualifié de clerc-chancelier dans une charte
de Saint-Jean, donnée par Foulques IV, en 1069[2].
Baudri n'avait alors que vingt-trois ans ; Marbœuf en
avait environ trente-quatre. Aucun maître, et plus tard
aucun ami, ne semble avoir eu sur le talent de Baudri
une plus grande influence. La conformité de leur goût
pour la poésie, pour les belles-lettres latines, l'admiration que professa toujours l'abbé de Bourgueil pour l'é-
vêque de Rennes, entretinrent entre eux une liaison
très-étroite. Quand Baudri, se laissant aller à ses rêves,
nous trace le tableau du genre de vie qui lui aurait plu
davantage, il regrette de n'avoir pas le talent poétique
de Godefroi de Reims et de Marbœuf, ce poète qui fait
la gloire d'Angers, qu'il prend pour le guide de sa muse
et le correcteur de ses vers[3].

On aime à se figurer notre élève des écoles épiscopales, au moment où il achève ses études cléricales.
C'est un jeune Romain devenu clerc. Les élégants de la
cour des comtes ont pris les modes orientales. Les pèlerinages de Jérusalem, les campagnes contre les Maures
leur ont fait connaître les usages et les costumes des

[1]   « Transtulit huc studium, transtulit ingenium. »
(*Versus Magni Ulgerii, Andegavensis episcopi.* Migne, CLXXI, p. 1463.)

[2] Célestin Port, *Dictionnaire historique de Maine-et-Loire,* article
Marbode.

[3] Voir plus haut, page 24, note 2. Pièce inédite CXLVIII : *Marbodo,
poetarum optimo :*

     « Erratus nostros ut clemens corrige censor, etc. »

Pièce inédite II :

     « Andus Marbodum laudat... »

Grecs et des Arabes. Le noble a laissé pousser sa barbe ; il a frisé ses longs cheveux ; il a pris les longs vêtements qui balayent le sol ; il s'est coiffé d'un bonnet phrygien et il a chaussé des *pigaches* en forme de scorpion. On dirait un Sarrazin sous les vêtements de cette « mode barbaresque, » contre laquelle proteste déjà l'Eglise. Comment en effet reconnaître désormais, à la barbe et à la longueur des cheveux, les pélerins, les pénitents et les prisonniers ? Notre jeune clerc porte la tunique romaine et le manteau romain ; ses chaussures gardent la forme ronde de ses pieds ; il ne porte ni barbe ni cheveux longs. Il place ailleurs sa coquetterie : sous son manteau, des tablettes enduites de cire fraîche ; à son côté, un bel étui pour son stylet fait chez Lambert l'Angevin ; sous son bras, un Horace en parchemin. Il n'est pas rare de trouver, dans nos vieilles cathédrales, des figures austères de moines ou d'évêques gaulois, faites d'après l'original, sous les splendeurs du costume byzantin. Notre clerc du xie siècle n'offre pas un contraste moins frappant, entre les habitudes cléricales de sa vocation, et l'air romain de son costume et de ses délassements littéraires.

CHAPITRE II

Baudri, moine de Bourgueil

Vocations monastiques au xie siècle. — Motifs de la vocation de
Baudri : la fragilité des choses humaines; la pauvreté monastique ;
le calme qui l'accompagne. — L'amour de Baudri pour les belles-
lettres, pour la lecture. — Les professeurs qui vendent leurs leçons.
— L'attrait de Baudri pour la vie retirée à la campagne. — Description de Bourgueil. — Fondation de l'abbaye. — Les seigneurs féodaux
protecteurs des abbayes. — Les priviléges de Bourgueil. — Gausbert,
son premier abbé. — L'abbé Raymond. — État des études au
xie siècle dans les couvents de Bénédictins. — Baudri prieur.

A la fin du xie siècle, un mouvement général entraîne
les âmes d'élite vers le cloître. Saint Bruno fonde la
Chartreuse. Robert d'Arbrissel peuple les solitudes de
Craon et de Fontevrault des foules que convertit son
éloquence. L'ordre de Saint-Benoît s'étend sur le monde
catholique tout entier : l'Eglise semble être bénédictine, tant les prieurés sont nombreux, tant les abbayes
sont florissantes. La corruption et l'ignorance du
clergé, les envahissements du pouvoir séculier, la simonie, sont un spectacle affligeant pour les âmes élevées;
elles s'y dérobent, en demandant au cloître la paix de
l'esprit et la sainte indépendance de la pauvreté monastique.

Les abbayes et les prieurés étant peuplés par les esprits les plus distingués, il s'était formé dans leur sein une société choisie, qui s'accroissait d'autant plus que plus grands étaient les désordres du clergé séculier. Quand les fils des familles nobles voulaient entrer dans les saints ordres, ils se rendaient dans les cloîtres. Ainsi, les plus grands moines de cette époque, les Pierre Damien, les Lanfranc, les Hugues appartiennent aux races les plus nobles de leur temps ou de leur pays. Les meilleurs élèves des écoles épiscopales, ceux qui avaient pris le goût des études et contracté les habitudes d'une vie vraiment cléricale, étaient facilement attirés par cette société choisie et par les avantages spirituels des communautés. Nous ne sommes donc point étonnés de voir Baudri prendre le chemin de Bourgueil, après qu'il a achevé ses études cléricales.

Son âme expansive, qui semble avoir toujours été pressée de dire ce qu'elle pensait, ce qu'elle sentait, nous laisse voir les motifs qui l'avaient attiré vers la vie monastique. Dans les épîtres qu'il adresse à ses amis pour les amener au cloître, nous voyons les causes qui l'avaient lui-même déterminé. A l'entendre presser Gérard de se faire moine, l'on devine que bien vite l'âme enthousiaste de Baudri, qui n'avait entrevu le monde qu'à travers ses rêves d'écolier et la poésie de ses auteurs classiques, dut éprouver un grand désenchantement, quand il jeta les yeux en dehors de son école pour choisir sa voie. Il avait rêvé, comme tout écolier, sa république idéale, un âge d'or « où les mois-« sons pousseraient sans culture, où la vigne donnerait « ses raisins, les arbres leurs fruits, sans exiger la « sueur de l'homme. » Au lieu de cet Eden rêvé par une imagination de vingt ans, nourrie et exaltée par ses études, il se trouve en face de la triste réalité. « Il « lui semble que les fleuves ont changé leur cours, que « l'ordre des saisons est troublé. Le monde lui paraît « dépouillé de ses richesses et de ses fleurs d'autre- « fois. »

C'est donc l'inconstance des choses.qui se fait sentir à l'âme de Baudri. Cette illusion de tout jeune homme, que sa jeunesse est quelque chose de stable, un jour brillant et sans soir, dans lequel il n'y a qu'à jouir et à s'épanouir, est la première qui s'envole, chassée par la suite même des jours et des années, qui font pâlir peu à peu le beau soleil du matin. Il semble à Baudri que « des choses humaines, comme des arbres, descend une « ombre rapide et que bientôt il n'y aura ni fleur, ni « image de fleur. » Abandonnons de notre plein gré ce que nous ne pouvons retenir, et laissons les richesses qui d'elles-mêmes nous quitteraient. L'inconstance des choses humaines se présente encore, sous une autre figure, à l'imagination riante de Baudri : « Lorsqu'un « oiseau descend sur la terre, il voltige doucement, « comme embarrassé de ses ailes ; mais qu'une troupe « d'enfants se précipite pour le saisir, il s'envole avec « légèreté jusque sous les nuages. » Il en est de même des choses humaines : elles sont tout d'abord riantes pour nous, mais nous échappent sitôt que nous voulons les saisir.

La pauvreté monastique et le calme d'esprit qui l'accompagne, plaisaient particulièrement à l'âme de Baudri. En plus de la nourriture et du vêtement, ne rien avoir, ne rien posséder de ce qu'on peut perdre, n'être pressé par aucun souci matériel, quel état digne d'envie pour un poète chrétien qui veut, en sauvant son âme, garder la liberté de son esprit pour se livrer aux belles-lettres ! Le détachement volontaire du moine assure son bonheur ; « ce n'est point, dit Baudri, sans une profonde « douleur qu'on enlève l'ongle au doigt, la dent à la « gencive, l'os aux membres. De même, ce n'est point « sans peine que ceux qui se sont attachés aux choses « de ce monde, en seront privés. »

L'âme de Baudri, malgré sa sensibilité et son besoin d'avoir des amis, ne trouve rien dans l'amour à mettre en parallèle avec les charmes et les avantages de la vie monastique. Sa plume devient facilement satirique et prend toute la causticité un peu crue de Juvénal, quand il compare le mariage à la solitude du moine[1]. Sous la beauté de la jeune fille, il voit les rides de l'âge, et sous la joie des premières années, les tristesses de la vieillesse.

A ces motifs chrétiens, qui entraînaient Baudri vers le cloître, s'en mêlaient d'autres d'un ordre moins élevé, mais bien dignes d'une âme noble et née pour les occupations de l'esprit. A tous les âges troublés, les âmes d'élite qui ne trouvent point dans les choses de la vie un lieu calme pour se reposer, se réfugient dans les belles-lettres comme dans un port. Baudri, chez qui le culte de la poésie ne le cédait qu'au culte de Dieu, était avide de se nourrir de littérature et de devenir un maître en l'art de bien dire.

---

[1] Pièce inédite cxxxix : *Ad eumdem Gerardum ut monachus fiat :*

> « Esto ; superficies pulchræ mulieris ametur,
> Interius vero, si vis, introspice quæ sit :
> Pulcher saccus erit distentus stercore multo. »

Nous suivons Baudri dans les développements de cette poésie.

Il semble qu'au milieu de cette école d'Angers, où brillaient les professeurs de poésie et d'éloquence les plus renommés de la France, il eût pu trouver pleine satisfaction à ses goûts d'étude. D'élève, il aurait pu devenir maître comme Marbœuf. Mais sa nature, plus amie de l'intimité que du grand jour des écoles, rêvait un petit cercle d'amis où elle pût s'épancher familièrement.

Du reste, les charmes de la lecture l'attirent plus que la parole du maître. Dans la génération suivante, nous verrons un peuple d'écoliers s'attacher à la parole des maîtres, les suivre de ville en ville, vivre de leur vie et de leur pensée. A la fin du xi° siècle, il y avait déjà des professeurs qui vendaient leurs leçons et qui, grâce à leur vogue, étaient entourés d'un nombreux cortége d'élèves. Baudri nous peint, avec les couleurs de la satire, l'industrie de ces professeurs payés :

« Suspendu à la bouche de son professeur, le labo-
« rieux auditeur se prépare à saisir au vol les mots de
« la leçon. Mais vienne un moment de sommeil, qu'un
« mot échappe à son oreille ou à sa mémoire, car, pour
« intelligent que l'on soit, on ne peut tout retenir, il in-
« siste, flatte, fait un nouveau marché en se mordant les
« ongles. Le maître prétexte l'ennui, traite son élève
« d'importun, de tête dure, d'esprit obtus et répète
« enfin sa parole quand on l'a payée une deuxième fois :
« cigale retentissante qui vend le bruit vain qu'elle vo-
« mit. »

Baudri s'indigne de cette vénalité de la science ; il ne peut soutenir l'orgueilleux dédain de ces professeurs, qui donnent l'enseignement au poids de l'or. Il préfère les ignorer. Assez longtemps il a entendu la parole des maîtres ; il se sent pressé de connaître par lui-même les livres et leurs mystères. Il se fait une douce peinture de la joie que lui causera une idée, une vérité découverte par lui ou trouvée dans un livre. Les livres, ces maîtres discrets que l'on peut consulter dans le calme de la solitude [1], qui ne vendent point leur conversation, qui nous redisent les meilleures pensées des meilleurs esprits des siècles passés, attirent l'âme de Baudri. Il voudrait converser avec eux, se livrer à eux tout entier. « L'esprit obtus deviendrait maître par la « lecture fréquente : la pluie creuse les rochers les plus « durs par ses coups répétés. »

Mais la lecture veut des loisirs ; elle veut des livres, deux choses rares dans la vie agitée du xie siècle. Nous avons vu à quel prix s'achetaient les livres en Anjou. En dehors de la cour des comtes, des chapitres et des abbayes, les bibliothèques devaient être rares. Puis, Baudri était d'une fortune modeste : il n'était assez riche ni pour se créer des loisirs, ni pour acheter des livres.

Ces livres et ces loisirs, il aurait pu les trouver dans l'une de ces grandes abbayes qui, au xie siècle, faisaient la vie intellectuelle d'Angers : Saint-Aubin, Saint-Nicolas, Saint-Serge. Mais, comme pour Horace, pour Baudri les livres sont surtout agréables dans la solitude des champs, loin du tumulte de la ville et des écoles. Le jeune poète désirait une maison capable par son site de récréer ses habitants, avec un portique ombragé de pampre, s'ouvrant dans un jardin ; un ruisseau qui en-

[1] Pièce inédite CLXXVIII. *De sufficientia votorum suorum :*

« Secretasque domos a nimio strepitu. »

tourât le jardin de ses replis et qui en arrosât le sol ;
des eaux ni trop rapides, ni trop bruyantes, qui por-
tassent au sommeil par un doux murmure. C'est dans
ce paysage qu'il se crée une solitude où, entouré de
quelques amis, il se livrera à la poésie [1].

La Providence avait depuis longtemps préparé à
Baudri le Paradis terrestre qu'il rêvait dans un pays
qui semble comme la patrie des fleurs et des natures
aimables, non loin du fleuve le plus riant de la France,
sur les bords mêmes d'une petite rivière qui vient à
peine de quitter sa source.

« Le monastère de Saint-Pierre de Bourgüeil, situé
« sur les confins des provinces d'Anjou et de Touraine...
« est fort bien situé, dans un air serein et tempéré, fer-
« tile en bons fruits..... et ce monastère n'est pas un
« des moindres des provinces d'Anjou et de Touraine,
« si l'on considère la qualité de la seigneurie de
« Bourgüeil qui porte le titre de baronnie, la qualité
« des habitans qui sont assez bien partagés pour les
« dons du corps et d'esprit et fort portés à la piété.....
« Et il y a un petit jardin à fleurs au bout duquel il y a
« un beau grand jardin, avec un petit bosquet de
« charmes et de sicomores fort agréable et un beau clos
« de vigne au bout du dit jardin. Au derrière du logis
« abbatial il y a de beaux jardins..... un canal de cinq
« cens pas de long et une vigne au bout et un beau pré,
« et à costé un beau parc et bocage fermé d'un costé de
« belles murailles, et de l'autre d'un beau canal à mettre
« du poisson, au-devant duquel il y a une fort belle
« prée [2]. »

[1] *Ibidem*.
[2] Manuscrit de Dom Fouquet, p. 209 et 210.

Si l'on ne savait qu'au xviie siècle les moines de Bourgueil ne connaissaient pas les poésies inédites de Baudri, on dirait que pour faire cette description, l'historien s'est contenté le plus souvent de traduire.

Ce charmant domaine faisait partie de l'apanage qu'Emma, fille du comte de Blois, Thibault-le-Tricheur, avait reçu de son père, au moment de son mariage avec Guillaume III, duc d'Aquitaine. « Le dit duc, étant bien « informé de la vertu de la princesse Emma, son épouse, « et étant bien assuré qu'elle feroit un bon usage de tous « ces grands biens dont il luy avoit laissé la disposition, « désira seconder ses pieuses intentions : ce qui donna « lieu à cette vertueuse princesse de signaler sa vertu, « et d'exécuter les pieux desseins qu'elle avoit depuis « long-tems auparavant formés, de fonder le monastère « de Bourgüeil en l'honneur de la très-sainte Trinité, « du prince des apôtres saint Pierre et de tous les « saints, sous la règle de Saint-Benoist..... comme celle « qui estoit fort bien instruite que l'ordre de Saint- « Benoist avoit toujours rendu de grands services à « l'Eglise, dans toutes les disgrâces et nécessités dans « lesquelles elle s'estoit trouvée [1]. »

La « bonne dame fonderesse, » comme l'appelle le cartulaire [2], avait voulu que, dans ce lieu charmant, s'élevât une demeure digne du Dieu qu'elle voulait y faire honorer. « On ne trouve, continue l'historien, aucun « mémoire de l'état des batiemens dudit monastère, ny « de l'église que fit bâtir laditte princesse, on peut cepen-

---

[1] Manuscrit de Dom Fouquet, 211 et 212. Cf. 17 : « S'ensuivent les chartres de la fondation du monastère royal de Bourgueil-en-Valée, et premièrement la chartre de Mme Emme. »

[2] *Ibid.*, 189. Appointement de 1437.

« dant croire qu'ils estoient magnifiques, considérant le
« pouvoir et l'attention qu'elle avoit pour ce monastère, et
« on peut tirer la magnificence des batiemens de l'église
« d'une tour qui estoit au bas d'icelle, dans laquelle on
« voyoit la place de neuf cloches, et il y avoit sept
« chambres bien voultées et percées, dont les unes ser-
« voient d'archives pour la garde des chartres, les autres
« servoient de greniers pour conserver les grains du mo-
« nastère, et les autres estoient destinées à d'autres
« usages. Il tomba une partie de cette tour en 1626, et
« en 1636 le seigneur abbé fit ruiner le reste, au lieu
« qu'il eust plutost du la reedifier, estant une fort belle
« remarque de l'antiquité et qui servoit de forteresse
« pour deffandre le monastère dans le besoin [1]. »

Dans ces temps de guerre, où trop souvent la force
faisait le droit, les monastères, pour grandir et se protéger des violences, avaient besoin du patronage des
seigneurs et des rois chrétiens. Après avoir fondé une
abbaye, le seigneur féodal la prenait sous sa tutelle.
Quelquefois même, il formait avec d'autres une association de *protecteurs*, chargés de repousser les incursions
et les brigandages loin des abbayes. Nous voyons l'abbaye de *Notre-Dame-de-la-Sauve* confiée à la garde de
dix chevaliers de la Guienne qui, après avoir baisé la
patène et fait bénir leur épée dans l'église du monastère, s'engagèrent par serment à défendre les biens des
moines et à protéger les pèlerins [2].

Voulant que sa fondation fût solide, la duchesse
d'Aquitaine la mit sous la garde des puissants de la

[1] *Ibid.*, 214, 215.
[2] Cirot de la Ville, *Histoire de l'abbaye de Notre-Dame-de-la-Sauve*,
t. I, p. 297.

terre. Elle la fit confirmer par son mari, par son frère Odon, par les rois de France, Hugues Capet et Robert[1]. A la protection des seigneurs féodaux, Emma voulut joindre celle de Rome. Les fondateurs d'abbayes ou de prieurés mettaient le comble à leur générosité en obtenant, pour leurs fondations, des faveurs et des priviléges de l'Eglise.

A la prière d'Emma, les souverains pontifes, Jean XIII et Sylvestre II, promirent à Bourgueil la durée de tout ce qui a, pour fondement, la pierre sur laquelle s'appuie l'Eglise[2]. Ils le dotèrent en outre de précieux priviléges.

Les moines de Bourgueil pouvaient choisir pour abbé l'un d'entre eux, dont la vie et les mœurs fussent selon Dieu. L'élection faite, ils la notifiaient au duc d'Aquitaine et à ses fils, qui devaient l'approuver sans y contredire. Tout abbé, que la cupidité ou la puissance séculière essayerait de leur imposer par la force, était frappé d'excommunication et menacé de la damnation éternelle[3].

Lorsque le comté d'Anjou ou toute la province étaient, pour une cause ou pour l'autre, frappés d'excommunication, les moines de Bourgueil pou-

---

[1] Manuscrit de Dom Fouquet, 213, 214.

[2] « Sylvester episcopus, servus servorum Dei, Emmæ comitissæ Pictaviensium..... Firmitas enim nulla solidior quam ea quæ hujus petræ fundamine solidatur. » *Ibid.,* I.

[3] « Electionem vero abbatis monachis ipsius loci liceat agere non ex alienis sed ex propriis cujus vita et mores secundum Deum sint. Quo electo, Duci Aquitanorum filiisque ejus eum repræsentent et ipse ei domum præbeat sine ulla contradictione..... Si quis vero Abbas cupiditate aliqua accensus aut potentia sæculi munitus cum vi intrare in hanc abbatiam voluerit... in horrendo judicio Dei incidat et de me ac meorum successorum potestate..... » *Ibid.,* 1, 2.

vaient célébrer l'office divin dans l'intérieur de leur monastère [1].

Enfin, sauf le droit synodal, l'évêque et son archidiacre n'avaient aucun pouvoir sur eux [2].

Bourgueil était donc le véritable séjour de la paix. Au milieu des agitations qui trop souvent troublaient la France, ses heureux habitants pouvaient vivre heûreux. Il avait été enjoint aux tempêtes d'expirer à leurs pieds. Gouvernés par un de leurs frères, ils n'avaient pas à craindre qu'un novateur turbûlent, qu'un étranger ignorant de leurs habitudes, vînt troubler le cours paisible de leurs pieuses traditions.

La fondatrice de Bourgueil avait eu soin, du reste, d'y mettre pour premier abbé un homme qui sût y introduire l'esprit bénédictin. Elle avait un cousin, nommé Gausbert, que son mérite avait déjà fait appeler au gouvernement de plusieurs abbayes, notamment de celles de Maillezais, de Saint-Julien de Tours et de Marmoutier. « Nostre illustre et vertueuse comtesse... le tira de l'abbaye de Saint-Julien pour prendre l'administration et gouvernement du monastère de sa fondation, lequel il gouverna avec édification des peuples et satisfaction de ses religieux... De son épitaphe, on peut conclure que ce bon abbé estoit aussi recommandable par ses vertus et mérites, qu'il estoit illustre par sa naissance ; combien il estoit zélé pour l'observance régulière, libéral et

---

[1] « Si autem comitatus Andegavensis vel etiam tota provincia, aliqua forte existente causa, excommunicationis sententia fuerit obligata, divini officii ministerium in eodem cœnobio peragendi licentia reservetur. » *Ibidem.*

[2] « Ecclesiæ autem ipsius monasterii in quibuscumque territoriis sitæ maneant absque alicujus episcopi seu archidiaconi nec non et alterius personæ inquietudine, excepto synodali..... » *Ibid.*

aumosnier [1]..... » Pour faire de ses religieux de véritables bénédictins, Gausbert, avec l'amour de la vertu, leur avait inspiré la passion de l'étude. Sachant qu'un monastère sans bibliothèque est une forteresse sans arsenal [2], il avait prélevé, sur chacune des abbayes qu'il avait gouvernées précédemment, un tribut de livres destiné à enrichir Bourgueil [3].

Le calme de la solitude, la piété, l'étude, tout appelait Baudri à Bourgueil pour y goûter le bonheur d'un beau rêve satisfait. Quand il y vint, l'abbaye était gouvernée par un religieux que recommandaient *sa piété et doctrine* [4], par un vrai fils de saint Benoit. Entouré de l'estime universelle, l'abbé Raymond voyait, comme tous ses prédécesseurs, s'accroître de jour en jour les biens légués à Bourgueil par sa fondatrice. A son école, Baudri

---

[1] Manuscrit de Dom Fouquet, 217. — L'on voit qu'à Bourgueil les moines gardaient longtemps le souvenir des bienfaits passés. Il est impossible de lire le cartulaire sans être touché de la vénération qu'ils avaient conservée pour leur fondatrice. Chaque année ils célébraient son anniversaire avec la plus grande solennité. Voir 72 : « Excerptum ex antiquis consuetudinibus Monasterii Sancti Petri Burguliensis. » — Cf. p. 189 : « Item, le Révérend Abbé doit chacun an, la vigille et jour de saint Germain, un cierge de dix ou douze livres de cire, ardant la nuit et le jour, pour la Révérence de la bonne dame Fonderesse, à son tombeau. » Appointement de 1437.

[2] « Claustrum sine armario, quasi castrum sine armamentario. » C'est un dicton bien connu du moyen âge.

[3] « Le chronologiste de Saint-Julien n'a point rendu justice à Gausbert lorsqu'il a dit qu'il avoit rendu peu de services à sa première abbaye, et qu'il l'avoit dépouillée pour enrichir ses abbayes nouvellement fondées, leur donnant des livres, des ornements et d'autres meubles de celle de Saint-Julien. En quoi certainement il ne fit qu'agir en bon père qui doit pourvoir aux nécessités de tous ses enfants, et qui prend du superflu des uns pour satisfaire aux inévitables nécessités des autres. » *Histoire de l'abbaye de Marmoutier*, par Dom Edmond Martène, publiée pour la première fois par l'abbé C. Chevalier. Tours, 1874, 2 vol. in-8°, t. I, 238.

[4] Manuscrit de Dom Fouquet, p. 224.

allait devenir un bon religieux, d'autant plus facilement qu'il apportait à ses nouveaux maîtres le goût de l'étude, de tout temps recommandé par la règle de Saint-Benoit, comme un des moyens les plus efficaces d'arriver à la sainteté.

Ce n'est pas seulement au xvii° siècle que les Bénédictins prirent, dans la science, un rang que les savants de nos jours ne leur ont pas contesté. Les religieux de la congrégation de Saint-Maur ont eu de dignes ancêtres dans les moines du xi° siècle. A cette époque, le mouvement qui pousse tous les arts et toutes les sciences dans la voie du progrès, part des monastères bénédictins [1]. Il n'est pas jusqu'à la médecine que l'on ne puisse appeler une science bénédictine. Ziegelbauer a pu commencer par ces mots un chapitre de son histoire littéraire de l'ordre de Saint-Benoit : *Historia medicinæ prout inter Benedictinos excultæ* [2]. L'école de Salerne, comme les universités d'Oxford et de Cambridge, a pour fondateurs des Bénédictins [3].

Aussi, la vie des moines dans le cloître était en quelque sorte la continuation de leur éducation première. Nous avons le programme des études que devaient, au xi° siècle, parcourir les novices bénédictins. Voici ce qu'écrit Alfano [4] au cardinal Théodin [5], qui avait étudié

---

[1] Voir surtout Montalembert, *Les moines d'Occident*, t. VI ; Paris, 1876, in-8°, livre XVIII, chap. iv : « Services rendus par les moines à la science, à l'éducation, aux lettres et à l'histoire. »

[2] Montalembert, *ibid.*, 220.

[3] *Ibid.*, 170.

[4] Alfano, des princes de Salerne, moine du Mont-Cassin en 1056, abbé du monastère bénédictin de Salerne, puis archevêque de cette ville en 1058, mort en 1085.

[5] Théodin, fils du comte des Marses, novice, puis moine au Mont-Cassin, créé cardinal par le pape Nicolas II.

au noviciat du Mont-Cassin : « Toutes les sciences di-
« vines et humaines, dans leurs moindres parties, ont
« été l'objet de vos travaux. La lecture des psaumes, la
« versification, la musique vous ont dévoilé leurs se-
« crets. Vous vous essayez, avec une égale facilité,
« dans l'hexamètre, la poésie rhythmique et la prose.
« Quel que soit votre adversaire, vous pouvez résoudre
« ses objections, en termes dignes des tribunaux civils. A
« l'aide des neuf chiffres, vous savez résoudre tous les
« problèmes. Vous connaissez les différentes sortes de
« quartes et de quintes ; les signes où se produisent les
« éclipses de soleil ; pourquoi ce phénomène n'arrive
« qu'à la treizième lune ; ce que fait Mars, l'astre brû-
« lant, qui reste dans le Cancer la moitié de l'année et
« qui, pendant l'autre moitié, va visiter les autres signes ;
« pourquoi, dans le mois de novembre, l'ombre du
« corps humain atteint trois fois trois pieds [1]. »

Baudri a fait les mêmes études que Théodin. Nous
verrons que son poème à la comtesse Adèle, n'est
qu'une brillante amplification du poème d'Alfano. Mais
comme Théodin, il sut acquérir des biens plus précieux
que ceux de la science. Heureux moine, ami de sa règle
au point de redouter la souillure du plus léger manque-
ment [2] ! Aussi l'abbé Raymond le distingua parmi tous
ses frères et lui confia la charge de prieur, la plus importante après celle d'abbé.

En cette qualité, Baudri représenta son monastère

---

[1] Giesbrecht ; *De litterarum studiis apud Italos primis Medii Ævi
seculis.* Berolini, 1845, in-4°, p. 48.

[2] *Ibidem :*

« Cuncta refutasti, quod et his meliora parasti...
Rite times felix modico vel crimine ledi. »

dans deux affaires très-difficiles. Les chanoines de
Saint-Martin de Tours réclamaient aux moines de
Bourgueil l'église de Saint-Cyr, que Landri leur avait
donnée. Baudri leur fit abandonner leurs prétentions.
Les moines de Saint-Jouin refusaient de remettre aux
moines de Bourgueil les églises d'Argenton-le-Château,
que Geoffroi de Blois leur avait données. De nombreuses
tentatives d'accommodement avaient échoué. Enfin,
l'évêque de Poitiers, Isembert, invita les deux parties à
faire valoir devant lui leurs titres. Une assemblée eut
lieu à Thouars. Ce fut Baudri qui plaida pour Bourgueil.
Il paraît qu'il gagna sa cause ; car nous trouvons, dans
une charte, qu'Isembert confirma à l'abbaye de Bourgueil les églises que Baudri avait voulu lui faire maintenir [1].

Baudri, déjà connu pour un moine pieux et lettré,
venait de se révéler comme administrateur. Aussi, à la
mort de Raimond, 25 décembre 1089, ses frères l'élurent
abbé.

[1] *Carta Isemberti, Pictaviensis Episcopi, de confirmatione Ecclesiarum Argentone Castro monachis Burgulii.* (Cartulaire de Dom Fouquet, p. 118.)

CHAPITRE III

Les occupations littéraires de Baudri, abbé.

Les habitudes littéraires de Baudri. — Sa facilité à versifier sur toute
espèce de sujets. — Abus du vers latin au xie siècle. — Ses tablettes.
— Son copiste. — Son doreur. — Influence de l'Orient sur les arts
au xie siècle. — Sur les enluminures. — Les enluminures dans les
couvents de Bénédictins au moyen âge. — Écoles d'enluminures à
Bourgueil. — Le livre de Baudri. — Public auquel il s'adresse. —
Deux publics dans les lettres au xie siècle.

Jusqu'ici la volonté d'un autre a réglé pour Baudri
l'usage des biens qu'il est venu chercher à Bourgueil ;
maintenant qu'il est abbé, il peut en jouir dans la mesure de ses désirs. Ses vœux sont exaucés ; rien ne
viendra désormais l'arracher à l'étude[1]. Il peut confier
à un autre ces soins matériels qui diminueraient ses
loisirs ; un jeune clerc, docile à ses moindres ordres,
se chargera de lui préparer ses tablettes[2]. Il est libre
d'écrire à qui bon lui semble ; on lui répondra, car les

[1] CLXXVIII, *De sufficientia votorum suorum* :

> « A studiis vero nil posset me revocare. »

[2]
> « Sit procurator puer ad mea vota paratus
> Qui properans tabulas præparet et calamos ;
> Qui domui præsit ne nobis otia desint. »

(Ibid.)

lettres d'un prélat ne restent jamais sans réponse[1]. Personne ne l'empêchera d'aller, par un beau jour, chercher l'inspiration dans la nature, de s'arrêter dans un bois pour entendre chanter le rossignol[2], ou de dormir sur les bords[3] d'un ruisseau dont le doux murmure appelle le sommeil. S'il lui plaît de voguer en rêvant sur la Loire, qu'il place à côté du Simoïs et du Xanthe[4], des serviteurs sont prêts à mettre à la voile pour lui faire, à son gré, remonter ou descendre le courant sur le bateau de l'abbaye[5]. L'allure lente d'un cheval paisible facilite en lui la rêverie, d'où naît l'inspiration. Tenir sa monture du choix d'autrui, c'est être exposé, surtout quand on est clerc, à de terribles mécomptes.

On sait que le P. Canaye avait demandé au maréchal d'Hocquincourt un cheval doux, paisible, tel que lui-

[1]   « Attamen inveniam mihi qui respondeat apte
         Qui mihi rescribat scribere si placeat. »
                                        (*Ibid.*)

[2]   « Sepibus in nostris pernox Philomela maneres.
         Antiquos fletus et querulos replicans. »
                                        (*Ibid.*)

[3]   « Unda mihi somnos exciret murmure rauco. »
                                        (*Ibid.*)

[4] Pièce inédite XLI, *Paris Helenæ* :

         « Quis prætermittat Simoentis clara fluenta
         Quis Xanthi...
         Cui præter Ligerim nullus similabitur... »

[5] « Carta Aymerici Comitis Nannetensis civitatis, qui dimisit omne debitum quod ei pertinebat de una navi, quæ per Ligerim eundi vel redeundi transitum habuerit, monachis Sancti Petri apostoli Burguliensis. Cœnobii hujus tenor sequitur..... »
« Ego Aymericus... indulgeo indultumque in perpetuum esse volo theloneum et omne debitum, etc. » (Cartulaire de Dom Fouquet, 27, 28.)
Selon Dom Housseaux, cette charte remonte à l'an 1000.

même il devait être : *qualem me decet esse mansuetum.*
Le maréchal lui donna son bon cheval, qui l'emporta
d'un train tel qu'il n'eut assurément pas le loisir de rê-
ver[1]. Plus heureux, Baudri pouvait choisir lui-même,
dans les écuries du monastère, la douce monture qui
lui convenait ; il pouvait en procurer une aussi paisible
à son secrétaire[2]. On a dit qu'un poète de notre
xixe siècle, Lamartine, partait quelquefois à cheval, dès
le matin, accompagné d'un secrétaire, faisait une longue
course, s'arrêtait dans une auberge et laissant trotter sa
plume, la bride sur le cou, écrivait quelqu'une des
pièces qui font notre admiration.

L'allure de Baudri devait être plus calme ; sa mélancolie, plus saine que celle de Lamartine. Il chevauchait
à petites journées, emportant ses tablettes, repassant
dans sa mémoire ses réminiscences classiques. Il les
mettait en œuvre lorsqu'il s'arrêtait dans quelque monastère, ou qu'il était rentré à Bourgueil.

Après une nuit où il avait continué sa rêverie de la
veille, dès le matin, comme Horace[3], il demandait ses
tablettes et son stylet. Baudri aime trop à peindre tout
ce qui le touche pour ne pas nous décrire ces instruments de travail. Il avait un stylet qui lui servait depuis

---

[1] Gidel, *Œuvres choisies de Saint-Évremond*, Paris, in-12, p. 139.

[2] Pièce inédite CLXXXVIII :

> « Et fortunatis sit in ædibus unus et alter.
> *Qui me comportet* quandoque *mitis* equus. »

[3]
> « Et prius orto
> Sole vigil calamum et chartas et scrinia posco. »
> (Hor., *Ep.* II, 1, 112.)

Pièce inédite CLIII, *Ad diem in qua lætatus est* :

> « Matutinus ego tabulas grafiumque pararam
> Invitaturus nostras ex more Camenas... »

dix ans lorsqu'il le brisa. Ce petit accident lui devient une occasion de versifier. Il nous chante toute la série de travaux, qui ont concouru à faire ce stylet qu'un instant a détruit : les fouilles du mineur, les durs labeurs du forgeron. Nous voyons les marteaux, les soufflets se mouvoir, nous entendons grincer la lime qui le polit[1]. Baudri se rappelle la forge de Vulcain et l'activité des Cyclopes. Virgile est certainemènt présent à son esprit : la fabrication d'un stylet arrache à l'abbé de Bourgueil la même exclamation, qu'au poète d'Auguste la fondation de Rome.

Baudri n'est pas moins pompeux quand il chante ses tablettes. L'abbé de Séez lui en avait envoyé, formées de huit planchettes et présentant quatorze pages enduites de cire verte. Baudri célèbre le présent de son ami. « On peut, dit-il, avoir des tablettes plus grandes « ou plus petites, mais non pas d'une beauté pareille. « Elles sont petites ; elles auraient à peine un demi-pied, « si leur longueur était double. Mais la race des géants « est passée depuis que, pour avoir voulu attaquer des « dieux, ils ont été anéantis par la foudre. Les hommes « ne sont plus que des nains ; naines sont mes ta- « blettes. » On s'attendait peu à voir Baudri expliquer la petitesse de ses tablettes par l'histoire de la destruc-

---

[1] Pièce inédite CLIV, *De graphio fracto gravis dolor :*

« Gemit incus, duplicat ictus.
Alte sustollens brachia nigra faber.
Per varios nisus tandem stilus effigiatur
Quippe stilum tantæ condere molis erat !
Rursus inest operi, limas parat ad poliendum
Hic polit, hic acuit, hic quoque quadrat homo.
Quemque tot et tanti graphium peperere labores
Et tantum tempus, abstulit una dies ! »

tion des géants. Mais il a comme besoin d'épancher à tout moment son érudition littéraire. Du reste, il descend de ces hauteurs de la Mythologie, pour nous dire exactement la dimension de ses belles tablettes. Chaque page contient à peine huit vers en largeur, et un hexamètre en longueur. Comme il y a huit planchettes enduites des deux côtés, excepté celles de l'extrémité qui ne sont enduites qu'à l'intérieur, elles peuvent contenir cent douze vers. Baudri veut pour ses tablettes de la cire verte, agréable aux yeux, des courroies solides, un stylet fait par l'angevin Lambert, un étui cousu par Arachné elle-même, qui les défende de tous les accidents. Il veut les conserver pendant toute sa vie et les avoir enfermées, avec lui, dans son tombeau[1]. S'il advient que la vétusté ronge les courroies qui les relient, il en renouvellera le cuir. Baudri prend un soin pieux de ses instruments de travail ; l'ordre et la propreté lui semblent, comme à saint Augustin, des demi-vertus. Un stylet émoussé par l'usage, une cire noircie par le temps l'offusquent[2].

Avant d'écrire avec son stylet bien affilé, sur ses tablettes enduites, dès la veille, de cire fraîche, Baudri, pour se mettre en verve, lisait des vers latins. Cette lecture l'excitait, comme l'éperon excite le cheval ; elle le

---

[1] Pièce inédite XLVII, *Ludendo de tabulis suis* (*Romania*, 30).
[2] Pièce inédite CCXXXIV, *Ad tabulas* (*Romania*, 47) :

> « Nescio quis vel quid juncturam corrigiarum
>   Discidit, at spero quod senium nocuit.
>   Huic vestro morbo nostra pietate medebor,
>   Nostro restituam munere corrigiam...
>   Et turpat vestram cera vetus speciem...
>   Ergo pro nigra viridantem præparo ceram...
>   Non stilus obtusus sulcabit jugera vestra. »

portait et lui donnait l'agilité que le vaisseau reçoit de
la rame [1]. En effet, le vers latin, quelque médiocre
qu'il soit, outre la pensée et l'image qu'il exprime, possède un élément qui s'adresse à l'oreille, et met en nous
je ne sais quelle facilité à reproduire le rhythme : c'est
l'harmonie. La lecture des vers produit en nous la
même chose qu'un instrument de musique, ou une
chanson : l'air que nous avons entendu se répète de lui-
même en notre esprit et se chante, comme à notre insu.
De même, le mouvement et la mesure du vers se fixent
en notre souvenir, et nos pensées prendraient facilement la marche et l'harmonie du vers, quand nous avons
lu une poésie. Pour certaines natures sensibles, habituées au rhythme, le vers se présente, de lui-même,
comme le moule de leur pensée.

Baudri abusait de cette facilité à revêtir sa pensée de
la forme du vers latin. Il l'emploie pour faire part de
ses joies ou de ses tristesses, pour inviter à venir le
voir, à partager son dîner. A-t-il été frappé d'une chose
extraordinaire ? il la décrit en vers latins. Les orgues
de l'église de Worcester, sa roue symbolique, lui ont
suggéré trois pièces différentes [2]. Il n'est pas jusqu'à
ses cauchemars qu'il ne raconte en vers. Pendant une
nuit d'insomnie, il s'était vu chevauchant, selon sa coutume, sur sa mule, que conduisait un soldat. Il arrive
au pont d'un grand fleuve ; ce pont lui semble solide ; il
s'avance, mais, arrivé au milieu, il sent que le bois

---

[1] Pièce inédite ccxxxv, *Ad Geraldum* :

> « Quandoque præpes equus calcaribus exagitatur
>   Et navis tonsis exagitata ruit.
> Respondebo tibi si versibus exagitabor. »

[2] Pièces inédites CCLI, CCLII, CCLIII.

tremble, il a peur, il est précipité dans les flots, d'où il ne s'échappe qu'après des efforts inouïs. Baudri nous expose, en cent trente-deux vers, les diverses phases de son cauchemar [1].

Quand on parcourt la liste des œuvres poétiques des Marbœuf, des Hildebert, on est étonné de voir avec quelle profusion ils jettent dans tous les sujets, même les plus vulgaires, les richesses du vers latin. Un moine, ami de Baudri, avait fait un poëme sur la taupe : Baudri félicite Etienne du mérite de ses vers et du plaisir que lui en a causé la lecture [2]. Mais quels regrets ! Il n'a pas songé à exploiter un si beau sujet [3] !

Il était naturel que la littérature latine, devant l'invasion du roman dans le domaine des lettres, voulût montrer ce qu'elle possédait de plus beau. Dans ce xie siècle, où paraissent les premières chansons de geste, elle prodigue la poésie, semblable à ces gueux qui, sur le point d'être chassés par le propriétaire de leur maison, pour donner une haute idée de leur fortune, portent leurs plus beaux habits, encore que ces habits ne cachent que la pauvreté. Nous sommes bien loin des belles théories sur la poésie, qui ont eu cours aux siècles de Périclès, d'Auguste et de Louis XIV. En entendant chanter les Sophocle, les Virgile, les Racine et les Boileau, on pensait que la poésie était fille du ciel, qu'elle n'avait été donnée aux hommes que pour exprimer leurs pensées les plus divines. La philosophie, disait-on, est nécessaire à la poésie ; point de poésie

---

[1] Pièce inédite XXVII, *Somnium et expositio somnii.*
[2] Pièce inédite CLII, *Ad Stephanum monachum suum.*
[3] Pièce inédite CXCIII, *De talpa se reprehendendo :*

« Væ mihi !... »

sans grandes pensées. En effet, puisque la poésie est un art, elle n'admet pas tous les sujets. La peinture et la sculpture ne s'abaissent pas aux choses vulgaires ; elles réclament un certain idéal qui donne prise au sentiment esthétique. De même, la littérature cesse d'être un art, quand elle ne fait qu'exprimer les sentiments vulgaires de la vie.

Si nous trouvons que les poètes du XIe et du XIIe siècle abaissent souvent la poésie à des sujets qui ne mériteraient même pas l'honneur de la prose, il faut reconnaître qu'ils en avaient conscience, et qu'ils regardaient la poésie comme un passe-temps honnête. Baudri tient à persuader Renouf de Bazas qu'il ne donne à la poésie que ses moments de récréation, encore en donne-t-il bien peu [1]. Cependant, comme s'il avait craint que la postérité ne s'arrêtât pas à ces aimables bagatelles, il a voulu que le manuscrit où il les faisait transcrire, nous séduisît par la beauté de l'écriture et l'éclat des miniatures.

Aussitôt que Baudri avait rempli ses tablettes, il les donnait à un copiste qui devait transcrire ses vers. Nous avons une épître à l'un de ses copistes, nommé Hugues, que son habileté à écrire lui a rendu spécialement cher. Il lui promet un prix double de ce qui est convenu, s'il écrit bien les vers qu'il lui confie [2]. Le retard n'apportera point d'ennuis à Baudri, pourvu que Hugues prenne soin de bien écrire. Pour l'exciter, il

---

[1] Pièce inédite CLIII, *Invitatio ut quidam se monacharet :*

> « Nos quoque carminibus aliquando jocando vacamus ;
> Sed neque carminibus otia multa damus. »

[2] Pièce inédite CXLVI, *Ad scriptorem suum.*

fait briller à ses yeux l'immortalité qu'il obtiendra par ces vers ; il lui promet de plus une faveur toute spéciale : il l'emmènera à Rome à ses frais. Mais qu'il se mette à l'œuvre pour gagner ces récompenses.

Soit que cet Hugues n'acceptât pas les offres de Baudri ou fût destitué de ses fonctions, soit qu'il eût besoin d'un collègue ou d'un successeur, nous trouvons, dans les vers de Baudri, un autre copiste nommé Gautier. Cet enfant, qui ne connaissait pas sa patrie, était vagabond, quand Baudri le choisit à cause de sa belle écriture [1].

Ce n'était pas assez d'avoir un copiste ; Baudri voulut un doreur. Gérard, né d'une famille de Tours, boiteux comme Jacob, habile comme Beléséel [2], vint exercer à Bourgueil l'art des enluminures [3]. Mais il paraît qu'il n'était pas aussi laborieux qu'habile. Baudri se plaint de ce qu'il ne transcrit pas ses vers assez vite sur le parchemin. « Pendant que tu paresses, j'ai rempli « mes tablettes. Comment mettre des vers sur des « vers ? » Il faut donc que Gérard secoue sa paresse et vide les tablettes, pour donner au poète les moyens d'exercer sa muse.

Gérard aimait, paraît-il, à se promener l'été et à rê-

---

[1] Pièce inédite xxxvi (*Romania*, 27) :

« Elegi puerum scribentis in arte peritum...
Qui geniale solum vagus, ut tu, dicere nescit. »

[2] Sculpteur juif dont il est parlé dans l'Exode.

[3]   « Gerardum quemdam, natu proavo Turonensem.
Claudicat ut Jacob... Beleseel similabat. »

(Ibid.)

Pièce xliv (*Romania*, 29) :

« Carmina carminibus nostris super apposuissem
Si super apposita susciperent tabulæ.
Implevi nostras, dum tu pigritare, tabellas. »

ver dans les prairies qu'arrose l'Authion. Peut-être allait-il puiser, dans la belle nature des bords de la Loire, l'inspiration dont il avait besoin pour enluminer le livre de Baudri [1].

Ce livre était un objet d'art. Les capitales, ornées de figures, devaient être rehaussées d'or [2]. Baudri rappelle, à différentes reprises, que les initiales de chaque vers se distinguaient par des couleurs différentes. Il recommande à Hugues [3] de faire alterner le rouge avec le vert, le bleu ou le noir, pour que le commencement du vers se détache du reste : « Au moins, dit-il, l'exécution du « livre lui donnera une valeur que n'ont pas les vers. « Les pensées ne sont pas assez profondes pour lui ga- « gner des lecteurs, mais la beauté du manuscrit lui en « attirera. Il séduira par ces lettres qui sont lumineuses « et comme souriantes, si toutefois il ne peut le faire « par la beauté des mots [4]. »

---

[1] Pièce n° XXXVI :

> « Et juvat æstivis Cambio temporibus. »

[2] « Præcepi fieri capitales ære figuras.
> Ad nos miserunt Arabes huc forsitan aurum
> Materiarum quo signa priora micant. »
> > *(Ibid.)*

[3] « Introitus alios minio viridique colore... »
> > *(Ibid.)*

Pièce inédite CLXVI, *Ad scriptorem suum :*

> « Altera de minio capitalis littera fiat,
> Altera de viridi, glaucove nigrove colore. »

[4] Pièce XXVI (*Romania,* 27) :

> « Ut quod non sensus res tribuat pretium...
> Ut quos allicere sententia plena nequibit,
> Hos saltem species codicis alliciat.
> Hæc igitur lucet, hæc vero littera ridet,
> Sed non arrident dicta decora tibi. »

Les relations de la Gaule avec les Orientaux donnèrent, à la fin du XIe siècle, un essor nouveau à tous les arts. Lorsque les Normands allaient dans la Pouille ou dans la Sicile visiter leurs compatriotes mêlés aux Grecs et aux Sarrazins, ils en rapportaient les modes des habits « barbaresques, » des robes traînantes, des cheveux frisés, de la longue barbe et du bonnet phrygien. Les Vénitiens, pour leur commerce, pénétraient jusqu'au centre des Gaules, jusqu'à Limoges. C'était alors que l'architecture devenait byzantine dans quelques provinces : on bâtissait Saint-Front, de Périgueux. La sculpture imitait les riches costumes des Orientaux. Il n'est pas rare de voir des statues de cette époque, comme à Chartres et à Angers, dont la figure toute gauloise contraste avec les habits byzantins. On remarque en effet comme deux caractères dans la sculpture de cette époque. L'artiste fait effort pour prendre des types existants, et les substituer aux figures inanimées de ses prédécesseurs. D'un autre côté, il drape ces figures vivantes dans des costumes riches, qui rappellent l'Orient. L'enlumineur, aidé par les mêmes causes, donne à son art les mêmes progrès. Les figures de ses vignettes se rapprochent davantage de la nature; mais les ornementations de tout genre se ressentent de l'influence orientale. Limoges, où venaient pour leur commerce les Vénitiens, offre dans ses manuscrits des caractères byzantins, que l'on ne trouverait pas dans les manuscrits du Nord. Le Midi se ressent du voisinage des Maures, et les manuscrits du XIe siècle de l'abbaye de Saint-Sever en Gascogne nous montrent des traces de l'art mauresque. Un manuscrit de l'abbaye de Montmajour, au diocèse d'Arles, datant de la seconde moitié du xie siècle, a subi l'influence mauresque, comme l'Apocalypse de l'abbaye de Saint-Sever. Un psautier du xie siècle, de la Bibliothèque nationale, n° 30 du fonds latin de Saint-Germain, nous montre David jouant de la lyre, entouré de ses quatre compagnons vêtus du costume byzantin.

Les artistes sculpteurs, peintres ou enlumineurs du xie siècle, prenaient surtout leurs nouvelles inspirations dans les dessins des étoffes que les marchands vénitiens apportaient dans les Gaules, ou que les campagnes contre les Maures, les pèlerinages en Terre-Sainte avaient multipliés dans nos contrées. Cette conquête pacifique de l'Orient, dont les arts envahissent l'Occident, s'achèvera dans la grande lutte des croisades. Pendant que l'Europe soumettra l'Orient par ses armes, comme Rome après la conquête de la Grèce, elle se laissera envahir par les arts orientaux. Il semble que ce soit une loi de l'histoire : les arts et la civilisation s'avancent de l'Orient sur l'Occident, la force brutale descend toujours du Nord.

L'abbaye de Bourgueil ressentait cette influence byzantine, dans son école d'enluminures. Baudri veut un artiste habile dans l'art des Arabes. Il parle de l'or des Arabes. Il n'est pas jusqu'à sa chape qu'il ne rêve ornée de « l'or de Phrygie. »

Par le goût, comme par le cœur, Baudri était bien un fils de saint Benoit.

C'est dans les grandes abbayes, centre du mouvement intellectuel du moyen âge, que sont écloses les patientes merveilles qui faisaient d'un livre une œuvre d'art[1]. « Dans l'exposé historique des révolutions su-

---

[1] Livre de prières illustré à l'aide des ornements des manuscrits, par

« bies par l'ornementation et par la calligraphie, ce fait
« est tellement accepté qu'une série de noms monas-
« tiques représente aujourd'hui, dans l'histoire de l'art,
« une division de la peinture longtemps dédaignée[1]. »
Les meilleurs calligraphes, les plus habiles enlumineurs
du moyen âge ont donc été des Bénédictins. « Durant les
« âges si rudes qui précédèrent la grande rénovation
« littéraire de Charlemagne..... ceux des couvents où
« l'on cultivait la calligraphie appartenaient presque
« tous à l'ordre de Saint-Benoit[2]. » C'est un bénédictin,
Alcuin, qui, sous Charlemagne, fit de la calligraphie un
art incomparable ; l'école la plus brillante en fut établie
par lui dans l'abbaye bénédictine de Saint-Martin de
Tours. Ce sont encore les Bénédictins qui tirèrent l'art
de l'enluminure du sommeil où il était resté enseveli, du
milieu du xe siècle à la fin du xie.

Transcrire les manuscrits était, pour les moines, travailler à la gloire de Dieu. « Chaque mot des saintes
« Ecritures transcrit par le moine studieux, dit Cassio-
« dore, est une blessure faite à Satan..... Un roseau
« taillé, en courant sur l'écorce, y trace la parole di-
« vine, comme pour réparer l'injure de cet autre roseau
« dont le diable fit frapper, au jour de la passion, la tête
« du Seigneur[3]. » Chaque monastère avait son scripto-
rium ou salle de transcription, où les humbles artistes
achevaient patiemment ces œuvres, que les bibliothèques
et les amateurs se disputent comme des merveilles. Ils

B. Charles Mathieu. Notice historique et texte explicatif, par Ferdinand
Denis. Paris, p. 22.
[1] *Ibid.*, p. 23.
[2] *Ibid.*, p. 87.
[3] Cassiodore, cité par Montalembert, VI, p. 216.

écrivaient, ils peignaient malgré le froid, finissant pendant la nuit ce qu'ils n'avaient pu faire pendant le jour [1], travail si pénible qu'ils ne l'achevaient point sans pousser un soupir de soulagement. Telle la joie du matelot quand il arrive au port, après avoir échappé au courroux des ondes [2]. Pour tout paiement, ils réclamaient une prière de ceux qui, dans la suite des âges, feuilletteraient les pages écrites par eux avec tant de fatigue [3].

L'école d'enluminures de Bourgueil, dut être comptée au nombre des plus célèbres. Girard était déjà un artiste, quand Baudri le fit venir [4]. Il avait été formé à Tours, la ville des enlumineurs incomparables et des précieux manuscrits [5]. Or, le séjour de Bourgueil développa le talent de Girard.

Burgulius prudens hunc educat ingeniosum [6].

Quand Baudri a orné son livre de toutes les grâces

[1]   « Dum scripsit friguit, et quod cum lumine solis
      Scribere non potuit, perfecit lumine noctis. »
                              (*Ibid.*, 212.)

[2]   « Nauta rudis pelagi ut sævis ereptus ab undis
      In portum veniens, pectora læta tenet.
      Sic scriptor fessus, calamum sub calce laboris
      Deponens... »
                              (*Ibid.*)

[3]   « Te quoque suppliciter, Christi benedicte sacerdos,
      Codicis istius frueris qui forsitan ipse
      Inter sacrorum solemnia sis memor ipse. »
                              (*Ibid.*, 213.)

[4] Pièce XXXVI :

      « Commoda sors arabem contulit artificem.
      Hunc quia callebat, quia Beleseel similabat
      Gualterio sodes addidimus socium. »

[5] Ferdinand Denis, p. 124, 125.
[6] Pièce XXXVI.

d'une belle écriture, et de tous les agréments de l'art du doreur et du peintre, il le laisse partir.

Ses souvenirs classiques et aussi sa petite vanité littéraire, ne lui permettent pas de le livrer aux aventures de la critique publique, sans lui adresser ses conseils en vers. Horace et Martial ont fait des épîtres à leurs livres, pour les fortifier contre la censure des envieux [1]. Baudri prendra ce ton classique. C'était, du reste, une occasion favorable pour prévenir les attaques des ennemis. Il fit donc la *Consolation à son livre contre les détracteurs* [2].

Si dans la vie humaine la censure du public soutient souvent notre vertu, elle devient facilement une occasion de plus grande perfection dans le domaine des arts. Quand le poète compose et qu'il songe aux envieux qui le liront, pèseront ses vers et en discuteront la valeur, il devient plus sévère, il châtie son style pour ne pas laisser prise à la critique. S'il est bon pour le poète d'avoir un censeur ami, il lui est presque aussi avantageux d'avoir des envieux.

Ces ennemis, si utiles au poète, servent aussi à ceux qui veulent l'étudier. Les amis d'un homme, en ne montrant que ses beaux côtés, le déguisent plus qu'ils ne le font connaître. Ses ennemis, au contraire, par le soin qu'ils mettent à dévoiler ses petits côtés, à discuter ses défauts, nous donnent peut-être plus exactement sa valeur. Puis lui-même, obligé de répondre à leurs attaques, de dévoiler ses intentions et la fin de ses œuvres, nous met au vrai point de vue d'où il faut le juger.

---

[1] Horace, *Ep.*, I, 20 ; Martial, *Epigr.*, I, 4.
[2] Pièce inédite XXXVI, *Contra detrectatores consolatur librum suum.*

Le secours des envieux n'a pas fait défaut à Baudri poète. Il semble même que ces ennemis aient formé cabale, tant il prend soin de se défendre et de s'assurer des patrons puissants. Il supplie Godefroi de Reims de corriger ses vers, pour que ses fautes ne tombent pas sous leur censure : « Car, lui dit-il, produit-on quelque « chose, aussitôt on est attaqué par un homme gras et « ventru, qui cependant est incapable de produire même « une maigre idée? » Il semble avoir quelqu'un en vue [1]. Mais bientôt ses plaintes s'étendent ; ce Zoïle se change en légion. C'est le parti des incapables qui ne peuvent supporter le mérite qui s'élève, comme s'il mettait en lumière leur petitesse. C'est la troupe des paresseux qui, après la bonne chère, ne connaît que les douceurs du sommeil.

Outre les envieux qui lisaient Baudri pour le plaisir de la critique, il y avait un public plus indulgent, plus juste, dont les sentiments nous sont parvenus à travers les éloges qui, au moyen âge, ont été décernés à son talent poétique. Le livre de Baudri nous donne comme une image des goûts, des habitudes d'esprit et des récréations littéraires de ce public. Le latin était encore la langue littéraire, la langue non-seulement des traités de théologie ou de philosophie, mais des œuvres légères qui s'adressaient aux classes cultivées, plus nombreuses que l'on ne pourrait se l'imaginer. Ce sont les moines et les clercs, les religieux de certains monastères, les

[1] Pièce inédite CLXI, *Ad Godefredum Remensem* :

> « Ergo vide passim ne nostra errata patescant,
> Ne derodar ego calliditate mala...
> Meditare aliquid, pinguis venter reprehendit
> Qui tamen et sensum non generat tenuem. »

laïques élevés dans les écoles épiscopales ou monastiques.

A côté de ce public, un autre écoute les premiers essais de la littérature romane ; mais il est moins lettré, il a des goûts littéraires moins élevés. Pour lui chantent les troubadours et les trouvères. C'est le public des cours seigneuriales. Si l'on compare aux poésies latines de Baudri ce qui nous reste des œuvres de Guillaume IX, comte de Poitiers, son contemporain, on pourra se faire une idée de ces deux publics dont les amusements littéraires sont si différents. L'un, élevé dans le culte des auteurs anciens, se plaît aux jeux poétiques ; il prend un plaisir enfantin à voir éveiller les souvenirs de la Grèce et de Rome. L'autre, nourri au milieu des batailles, a des plaisirs plus grossiers. Il aime à entendre chanter l'amour. Il ne place plus son idéal littéraire dans les réminiscences des poètes latins, mais dans la peinture réelle de ses plaisirs sensuels. Il aime à entendre célébrer les aventures galantes et les victoires amoureuses. On retrouve jusque dans la littérature ces deux sociétés si différentes, qui persistent à travers le moyen âge : l'une représente le monde latin purifié par le christianisme, l'autre le monde barbare issu des invasions germaines.

CHAPITRE IV

Baudri poète didactique

Côté pratique de la lecture des poètes au moyen âge. — On fait des vers pour instruire et pour édifier. — Vogue de l'Alexandréide de Gautier de Châtillon. — Profit que Baudri a tiré de ses lectures des anciens. — Son poème sur la mythologie. — Tentative d'un poème sur la Genèse. — Son poème à la comtesse Adèle. — Supériorité de son cadre sur celui de Gautier de Châtillon. — Baudri modèle de Gautier. — Ébauche d'un poème épique sur la conquête d'Angleterre. — Leçon d'astronomie, de géographie. — Description de la philosophie, de la musique, de l'arithmétique, de la géométrie, de la dialectique. — La secte des Cornificiens. — La grammaire. — La médecine. — Poésie didactique au moyen âge issue du poème de Martianus Capella. — Cause de la fortune de ce poème.

Les Muses n'ont pas été chassées du monde chrétien par l'Église ; les Pères, les Écolâtres ont pris grand soin de les y retenir, après les avoir fait toutefois descendre du rôle de déesses à celui de maîtresses d'école. Vêtues d'habits sombres, les cheveux ras [1], la verge en main,

---

[1] Raban-Maur, *De Institutione clericorum*, l. III, c. XVIII, t. CVII, C. 396 — Cf. *Sermones Domini Jacobi Vitriacensis*. Bibl. nationale, fonds latin n° 17509 : « Quod si quis de filiis Israël mulierem pulchram captam in uxorem ducere voluerit, introducet eam in domum suam, et circumcidet ungues, et *radet cesariem*, et *deponet vestem*. Hoc moraliter intelligi potest de libro a philosophis gentilibus edito, qui, si

les filles de Piérus ne sont plus ces divines charmeuses à qui Jupiter avait. confié la mission d'endormir les soucis des hommes et d'exciter leurs joies : préparer les enfants à l'étude de l'Écriture sainte et de la théologie, les former à la pratique des vertus chrétiennes [1], voilà, pendant tout le moyen âge, leur tâche austère. Elles doivent instruire et édifier.

Elles psalmodient, en se conformant à l'accentuation liturgique [2], les vers harmonieux par lesquels les poètes latins ont célébré les exploits des héros et des faux dieux. Elles les expliquent à leurs élèves ; elles leur montrent à en tirer, avec l'intelligence de la langue latine, des encouragements à la vertu. Elles leur font apprendre par cœur des poèmes, des livres entiers, en leur recommandant de réserver ces trésors de leur mémoire pour la gloire de Dieu et l'édification du troupeau qui, plus tard, leur sera confié [3]. Quand ils s'échapperont de la classe de grammaire, véritable Égypte où il leur faut vivre dans la société des idoles et de leurs adorateurs, ils partiront comme le peuple Hébreu, chargés des trésors et des armes des infidèles. Avec les

nobis placuerit, eo quod multa consonantia veritati inveniantur in illo, resecatis superfluis, residuum convertere poterimus in utilitates nostras. » (Folio 32.)

[1] Jacob. Vitr. : « Tales libros ad eruditionem nostram eligamus, in quibus honestæ sentenciæ ad informationem morum continentur et mentes legentium ad virtutem vel ad theologicam disciplinam preparentur. » (*Ibid.*, folio 31.)

[2] Jacques de Vitry (*Ibid.*, folio 31) dit que les livres des anciens ont, entre autres utilités, celle de nous apprendre l'accentuation : « Ut in pronunciatione accentuum non erremus. »

[3] A la fin du XII° siècle, les sermons même sont remplis de citations profanes. Dans un sermon sur l'Ascension, Hélinand de Froimont cite Horace, Quintilien, Salluste, Stace, Térence, Cicéron, Juvénal, Virgile, Ovide et Lucien. (Migne, CCXII, 595.)

armes, sentences philosophiques ou morales, ils abattront les hérétiques et les libertins ; des vases d'or ou d'argent, ils orneront le temple de Dieu [1].

C'est ainsi que, sous l'œil de l'Église, les Muses apprenaient aux écoliers à goûter les poésies anciennes. Que si parfois elles demandaient à composer pour eux de nouveaux chants, il leur était permis, à condition de ne pas se laisser arrêter par des scrupules prosodiques, de chanter un passage d'histoire, une thèse de morale, une leçon de mathématiques. Jamais elles n'étaient plus applaudies que lorsqu'elles chantaient la Bible ou la vie d'un saint [2]. Quoi de plus édifiant, en effet, et quel moyen de mieux préparer les enfants à l'étude de la science sacrée ?

Quand dans leurs rudes mains habituées à l'épée et à la charrue, tombèrent pour la première fois les œuvres d'Eschyle et de Sophocle, les vieux Romains se demandèrent quel gain ils pouvaient en retirer. Dans les écoles du moyen âge, les poètes sont classés suivant le bénéfice qu'ils rapportent. Le poète favori, expliqué de préférence à Virgile dans toutes les écoles de l'Europe, est un clerc

---

[1] C'est une comparaison fréquente à toutes les époques du moyen âge. Jacques de Vitry (*Ibid.*) l'exprime ainsi : « Dominus instituit scolares suos qualiter spoliandi sint Egyptii ut ditentur Hebrei. In libris gentilium quædam sapientia dicta invenientur. Tales ergo sententias ex hiis assumere, est aurea vasa de Egypto tollere, vestesque ab Egyptiis assumuntur cum..... etc. »

[2] Jacques de Vitry dit qu'il faut, à tous les livres des poètes, préférer la Bible, comme beaucoup plus édifiante : « Et precipue Biblia versificata. »

Pour se convaincre de ce que nous disons, il suffit de jeter un coup d'œil sur les principaux poètes de la fin du XIe et du XIIe siècle. On verra que toutes leurs œuvres ne sont guère que des traductions en vers de livres utiles aux étudiants. Au besoin, ils ont recours à l'allégorie, pour rendre édifiants des sujets qui ne le sont pas.

qui avait fait de la vie d'Alexandre une encyclopédie des sciences ecclésiastiques [1]. Les scholies qui surchargent les nombreux manuscrits de son poème, témoignent que Gautier de Châtillon dut son succès à l'abondance des choses instructives et édifiantes, dont il a rempli l'*Alexandréide* [2].

Quoi qu'il lui ait plu de dire sur son éducation, Baudri a lu, interprété, pillé l'antiquité comme on le faisait au moyen âge. Voyez-le marcher, le front superbe, chargé qu'il est des « serves dépouilles de la cité romaine [3]. » Nous traduisons Baudri, nous ne citons pas du Bellay. Voyez-le revenir de « l'assaut du temple delphique ! » Il invite les rives de l'Authion à se réjouir, parce qu'il va les parer de ces dépouilles sacrées. Ne cherchez pas, dans son latin, ces dieux infâmes dont l'exemple excite à la débauche. Il les a laissés dormir leur honteux sommeil, dans la poussière de leurs temples en ruines. Mais

---

[1] Au XIIe siècle, Henri de Gand disait de l'*Alexandréide* : « Qui liber tantæ dignitatis est hodie, ut præ ipso, veterum poetarum lectio negligatur. » Cas. Oudin, II, 1666.

[2] Les professeurs l'avouent au début de leurs leçons sur ce poème : « Intentio actoris ut sapientia imbuamur. » Bibl. nationale, fonds latin n° 8486. « Actor iste communi omnium deserviens utilitati, hanc historiam de *moribus* Alexandri scribit cujus itaque patet magna libri utilitas. » *Ibid.*, 8358. — « Multa fecit quæ ad *morum instructionem* pertinent. Utilitas communis est cognitio historiæ. » *Ibid.*, 8359.

[3] Pièce inédite CCXXXVIII, *Ad dominam Constanciam :*

> Captivos ideo gentiles adveho nugas,
>> Lætor captivis victor ego spoliis...
>> Lætetur Graiis Cambio mancipiis.
> Ut tibi gentilis sit gens et pagina vilis
>> Quæ colit impuros semimaresque deos.
> Ut sunt in veterum libris exempla malorum,
>> Sic bona quæ facias sunt in eis posita...
> Ergo sepositis lenonibus et maculosis,
>> Alterius partis aggrediamur iter.

voici des héros, des dieux dont les exploits sont un appel à la vertu. Cette statue de Diane, placée dans un cloître, y prêchera la virginité ; cette image d'Hercule y enseignera la force. Persée, vainqueur de Méduse, encouragera les moines et les vierges à redoubler d'ardeur, dans leur lutte contre le malin esprit [1] ; qui peut mieux leur faire comprendre la rapidité avec laquelle le temps nous emporte que ce Saturne, qui dévore ses propres enfants aussitôt qu'ils sont nés [2].

Telles sont les idées que Baudri développe dans un long poème de onze cents vers sur la Mythologie. Les moines et les disciples qu'il a par le monde sont ravis et édifiés. Aussi le poète est-il félicité sans mesure. Quelle bouche divine ! Quelle sagesse dans les paroles ! Quelle prudence dans les actes ! A lui seul, il vaut une foule d'Aristotes ; on l'appelle un autre Homère. Rome, pour l'éloquence, l'eût placé à côté de Cicéron ; à côté de Caton, pour la sagesse ; mais Rome ne méritait pas de lui donner le jour ! Il s'est jeté sur les anciens ; il leur a

---

[1]   « Laudatur propria pro virginitate Diana
          Portenti victor, Perseus exprimitur.
        Alcidis virtus per multos panditur actus ;
          Omnia si nosti talia mistica sunt. »
                              (*Ibid.*)

[2]   « Devorat et tempus quicquid genuisse videtur,
          Hoc est Saturnus quod generat comedit. »

Pièce inédite ccxvi. Voici un autre passage du même poème, d'une interprétation non moins curieuse :

        « Musarumque novem comitatu gaudet Apollo
          Additur et Musis ipse novem decimus.
        (Pictus ?) enim citharæ joculatur cum decachordo.
          Totque instrumentis indiga vox hominis :
        Gutture, pulmone, bis bino dente, palato
          Conditur et lingua conditur et labiis. »

dérobé leurs glaives pour les tourner contre leurs poitrines. Tel David perce Goliath de l'épée qu'il vient de lui arracher [1].

Pour avoir fait un poème si édifiant sur la Mythologie, Baudri n'avait pas encore mérité la renommée de poète parfait. Le *chef-d'œuvre* exigé alors des aspirants à la *maîtrise* en poésie, était la traduction en vers d'une vie de saint ou de la Bible. Il lui restait à tenter cette épreuve. Ses moines, ses amis, ne cessaient de l'en solliciter ; que ne luttait-il avec les plus grands poètes de son temps, avec Marbœuf, son ancien maître, Hildebert, son condisciple ? Que ne donnait-il cette consolation à ses admirateurs ? Les amis d'Hildebert montraient avec orgueil les livres des Rois, de Suzanne, des Machabées, le Nouveau Testament, qu'il avait versifiés à leur prière ; ils lisaient, pour s'édifier, ses poèmes sur la sainte Messe, saint Vincent, sainte Agnès et Marie l'Égyptienne ; Marbœuf n'avait-il pas, lui aussi, fait un poème sur les Machabées ? Quant aux vies des saints qu'il avait mises en vers, qui pouvait en dire le nombre ?

De telles prières étaient alors impérieuses. Celui des auteurs du xiie siècle qui eut le plus de succès dans la versification biblique, Pierre de Riga, nous avoue que

[1] Pièce inédite ccxxxix, *Constance à Baudri :*

« Omnia prudenter et facit et loquitur.
Hunc si Roma sibi quondam meruisset alumnum
   Iste Cato rigidus, Tullius iste foret.
   Multos iste valet solus Aristoteles.
Iste videtur et est et dicitur alter Homerus...
Evaginato David mucrone Golie
   Ejusdem victor percutit ense caput.
Taliter hic vates adiens penetralia greca
   Gentilesque domos dispoliatit eas.
Decipulas ensesque suos detorsit in hostes. »

la seule pensée de se refuser à de pareilles instances, le glaçait d'effroi [1]. Baudri se mit à l'œuvre. Il ne lui fut pas difficile de versifier quelques vies de saints ; mais il ne put aller plus loin que la moitié de la Genèse. Alors les injures de pleuvoir sur lui : « Voyez donc ce mutilateur de Moïse! A quoi passe-t-il son temps? A composer des niaiseries pour les femmes [2] ! » On en vint, parmi les moines, à se demander si l'abbé de Bourgueil lisait jamais les saints livres [3].

Baudri répondit à ses détracteurs par un long poème où il parcourait, en commençant par l'Écriture Sainte, le cycle des sciences cléricales. Ce poème était dédié à la bienfaitrice la plus dévouée de l'abbaye de Bourgueil, Adèle, fille de Guillaume le Conquérant, épouse d'Étienne, comte de Blois. Depuis que la fille de Thibault-le-Tricheur avait fondé et doté princièrement Saint-Pierre de Bourgueil, la tutelle de l'abbaye était regardée, par la maison de Blois, comme un précieux héritage qu'elle se montra toujours jalouse de conserver.

---

[1] « *Frequens* sodalium meorum *petitio...* ut librum Geneseos stylo metrico depingerem... instanter persuasit... Petitioni sodalium obviare *formidabam...* Neque enim fas erat offendere illos... *Assidua ergo sociorum prece* devictus. » Prologue de l'*Aurore*. Migne, CCXII, 18, 19.

[2] Pièce inédite CCXXXVIII, *Ad Dominam Constanciam* :

> « Inceptum Moïsen jam repetunt socii.
> Scilicet insultant Genesim quia dimidiavi,
> Defessusque via substiterim media ;
> Improperant nugas quas scriptito sedulus ad te. »

[3] Pièce inédite XXXVI, *Contra detrectatores*, etc. :

> « Scriberet aut legeret divina volumina, dicent.
> Tu : Scripsit, legit, fecit utrumque diu.
> Incubuit metrice magno conamine Moysi ;
> Vitas sanctorum lucidius cecinit. »

Les bienfaits d'Adèle avaient inspiré à Baudri une telle confiance que, dans ses besoins, il s'adressait à elle avec la plus grande liberté : « Que la chape que je vous « ai demandée, lui écrivait-il, et que je vous demande, « Adèle, soit digne de vous et de moi, et de comtesse « que vous êtes, vous deviendrez une reine pour moi. « Il me faut une chape dont l'or de Phrygie fasse « étinceler les bords, et qui recouvre de pierres « précieuses la poitrine qu'elle entourera. Ma demande « n'est pas trop ambitieuse, car il vous appartient de « pourvoir d'ornements les ministres de l'autel et d'en- « richir les trésors des églises. Mon rôle est de deman- « der, le vôtre de donner ; mais prenez bien garde d'ou- « blier la frange de la chape [1]. »

La comtesse Adèle regardait le dévouement à Bour- gueil comme un devoir sacré pour la maison de Blois ; elle en inspira l'amour à ses enfants. En 1102, Étienne, l'un de ses fils, cède aux moines de Bourgueil tous ses droits sur l'église de Migné, en y joignant des biens considérables. Il déclare que c'est en souvenir de sa mère qu'il fait cette donation [2]. La comtesse Adèle méritait donc de voir son nom attaché au poème qui a coûté le plus de travail à Baudri, à l'œuvre où l'abbé de Bourgueil a surtout fait éclater la supériorité de son goût sur celui de ses contemporains.

On aime, à cette époque du moyen âge, à évoquer du passé tous les peuples et tous les temps. Historiens et poètes font défiler devant eux tous les hommes de

---

[1] Migne, 1203, *Ad comitissam Adelam pro cappa quam sibi promi- serat.*

[2] Cartulaire de Dom Fouquet, 165 : « Specialiter pro anima genitri- cis meæ. »

tous les âges ; mais ils leur imposent leurs goûts, leur costume, leur langage. On voit Ipocras, l'aumonière au côté, se rendre au temple pour chanter Primes et se placer, dans le banc des clercs, à côté de l'empereur Augustus Cesar [1] ; le sénéchal Judas compte les dîmes qu'il a reçues ; Pilate, bailli des Romains, rend la justice dans le diocèse de l'évêque Caïphas [2]. Alexandre, « pour se batailler as dragons qui ont cornes de moutons au front, et à une manière de bestes con apele escorpions, » emprunte à un chevalier haubert, heaume, gamboison, gants, épée, écu armorié [3].

Il était inutile d'apporter le moindre scrupule dans le choix du cadre, alors qu'on en mettait si peu dans la composition du tableau. Gautier de Châtillon prend la vie d'Alexandre, pour y déployer sa science encyclopédique. Là vivent, dans le meilleur accord, l'Olympe et le Paradis ; les dieux déploient leurs machines épiques à côté des saints qui font leurs miracles : saint Paul, Théodose, saint Maurice et la légion thébéenne, saint Thomas de Cantorbéry, le pape, les cardinaux, les évêques se meuvent pêle-mêle avec Jupiter, les Titans, Mars, Bellone, Auguste, César, Cléopâtre, Pompée et Paul-Émile. La leçon de théologie est faite par Gautier lui-même, ou récitée par Alexandre et par Darius. L'Écri-

---

[1] *Les Romans de la table ronde,* mis en nouveau langage, par Paulin Paris, t. I, Paris, 1868, in-12. *Histoire d'Ipocras,* p. 248, 251.

[2] *Ibidem, Joseph d'Arimathie,* p. 125 et 126.

[3] Voir les miniatures du xiiie siècle reproduites par M. Lacroix : *Sciences et lettres au moyen âge et à l'époque de la renaissance,* Paris, 1877, in-4°, p. 127, 129. Ce n'est pas seulement dans les *Romans* que l'on trouve de pareilles fables. Pierre le Mangeur commence l'un des chapitres de son *Verbum Abbreviatum* par ces mots : « Quomodo Alexander consuluit arbores solis et lunæ, etc. » (Migne, CXCVIII, C. 1496.)

ture Sainte est dans toutes les bouches. Le poète lui-même nous en récite des passages, en nous faisant admirer le bouclier de Darius ; il n'attend qu'une occasion favorable pour nous montrer ce résumé en vers de la Bible, qui doit lui valoir le titre de maître en poésie [1]. La femme de Darius vient de mourir ; il lui faut un tombeau digne d'elle. Or, Alexandre a près de lui Apelles, qui connaît admirablement la lettre et l'esprit de l'Écriture Sainte. Il lui ordonne de sculpter sur une montagne tous les faits, tous les personnages dont parle la Bible, depuis l'origine du monde jusqu'à la bataille d'Issus. Gautier nous explique l'œuvre du sculpteur, à mesure que celui-ci l'exécute. Le tombeau achevé, Alexandre s'aperçoit qu'il est temps de livrer la bataille d'Arbelles, et se hâte de faire lever le camp.

Festinus castra moveri
Imperat, et rapido cursu bacchatur in hostem [2].

La mort de Darius permet à Gautier de nous faire sa leçon de géographie. Il couronne le tombeau d'un globe de cristal. Sur ce globe paraissent la fastueuse Normandie, la Lombardie avare, l'Arabie parfumée, la France belliqueuse, la Champagne avec ses vignes, Rome et la maison d'Evandre, la Bretagne avec son cycle de la Table Ronde, les Anglais avec une grâce aimable qu'ils n'ont pas tous su garder, et les Teutons avec un défaut dont nous n'avons pas appris qu'ils se soient corrigés :

Teutonicusque suum retinet de more furorem [3].

M. Gualtheri ab Insulis dicti de Castellione, Alexandreis... recensuit F. A. W. Mueldener. Lipsiæ, 1863, in-16, II, 494-540.
[2] *Ibid.*, IV, 176-278.
[3] *Ibid.*, VII, 379-430.

Pour nous parler des arts libéraux, Gautier met aux prises avec Alexandre un mage, docteur *in utroque*, « véritable hôtel des sept arts [1]. » Dirons-nous que le conquérant tombe plus d'une fois malade à point, pour que nous entendions une leçon de médecine [2] ?

Le succès prodigieux obtenu par l'*Alexandréide* dans les écoles, nous invite à la prendre pour le type du poème didactique, tel que le demandait le moyen âge. De plus, dans sa partie didactique, l'*Alexandréide* a été moulée sur le poème d'Adèle, au point que l'on retrouve plus d'une fois les mêmes expressions [3]. Gautier avait raison de se faire disciple. Baudri, par le goût, lui était supérieur, comme il l'était à ses contemporains.

Il a vu, en imagination, la chambre d'Adèle : une de ces vastes salles, si communes alors, aux murs couverts de tapisseries, aux meubles chargés de sculptures, aux voûtes peintes, au pavé en mosaïque. Là peuvent se réunir, sans se confondre, les époques les plus opposées, les sciences les plus diverses, comme dans une bibliothèque sont rassemblés les ouvrages les plus différents.

---

[1] *Ibid.*, III, 140, 188 :

> « Et caput astriferum sibi vindicat utroque laurus,.. » (172)
> « Vive precor, moriensque suum ne destrue tantis
> « Artibus hospitium. »   (175.)

[2] *Ibid.*, II, 165-170 ; IX, 471-490.

[3] *Poème adressé à Adèle, fille de Guillaume le Conquérant*, par Baudri, abbé de Bourgueil, publié par M. Léopold Delisle, Caen, 1871, in-4°. Baudri avait dit du pavé de la chambre d'Adèle, sur lequel la carte du monde était tracée :

> « Lucida materies, lucidiorque vitro. » (730.)

Gautier dit aussi du cristal de sa mappemonde : « Lucidior vitro. » (VII, 394.) « Circuit Oceanus. » (Baudri, 836.) « Circuit Oceanus. » (Gautier, VII, 416.)

Les tapisseries, les mosaïques, les sculptures qui fournissent un prétexte aux développements didactiques, la comtesse a pu les exécuter ou les faire exécuter à loisir. Baudri sait que de pareils travaux ne s'achèvent pas dans un jour, surtout quand ce jour est une veille de bataille. Lui-même pourra prendre son temps pour versifier ses leçons et nous les réciter, car il n'est pas obligé comme Gautier, poète épique, de se hâter pour atteindre le dénoûment.

Tout d'abord Baudri donne à ses contemporains une leçon importante, dont ils ne devaient pas profiter. Il les engage, par son exemple, à ne plus mêler les légendes de la Fable et les histoires de la Bible. Il a fait tisser à part ses résumés de l'Écriture et de la Mythologie et, comme s'il craignait que son intention ne fût pas comprise, il a soin d'expliquer que, les sujets étant différents, il a voulu qu'on les développât sur des tapisseries séparées.

> At domus in longum velis obtenta duobus
> Temporis ejusdem *dissona* signa dabat.
> Sensus imaginibus erat alter, et altera gens est,
> Hac genus hebræum, hac fabula græca fuit.

Soudain bouillonne la verve de Baudri. Il a vu, sur une autre tapisserie, l'histoire de la conquête d'Angleterre par le père de la princesse Adèle. Il ébauchera un poème épique, comme autrefois Catulle, quand, sur une tenture de la chambre nuptiale de Thétis, il retrouva les aventures de Mars et d'Ariadne. L'admiration exclusive de ses contemporains pour la *Pharsale* les abuse. Ils croient que l'épopée n'est autre chose que la traduction en vers d'une histoire écrite en prose. Ils auraient besoin d'entendre la leçon qu'Eumolpe faisait à son

siècle. « Il ne s'agit point de rédiger en vers une série
« de faits ; les historiens s'en acquittent bien mieux que
« nous. Il faut qu'à travers mille détours des interven-
« tions divines, le merveilleux des machines et des con-
« ceptions, se précipite l'essor de notre enthousiasme, si
« bien qu'on reconnaisse plutôt le délire prophétique du
« poète, que la scrupuleuse véracité du narrateur qui a
« ses garants. Telle serait, si vous l'approuvez, cette
« rapide esquisse [1]. » (*Satyricon*, 118.)

La Normandie regorgeait de héros ; Guillaume la
gouvernait. Soudain brille au ciel un astre à la chevelure flamboyante. Dix fois renouvelé, le prodige effraie
les vieillards, fait trembler les mères, étonne les jeunes
gens qui en demandent le sens à leurs pères. Le conseil
des Normands s'assemble ; Guillaume expose ses droits
à la couronne d'Angleterre. (235-264.) « Je ne suis pas,
dit-il, l'un de ceux qu'on lèse impunément ; le clairon
de Mars ne m'a jamais épouvanté. Que les lâches se
contentent de leurs propres domaines ; les Normands font
d'autres prouesses. Ils ont dompté les Manceaux, sub-
jugué l'Apulie. Au seul nom de Guiscard, Rome a la
fièvre. Les épées des féroces Gallois se sont maintes
fois émoussées contre vos poitrines. La Bretagne tout
entière n'a pu vous arrêter, l'Anjou lui-même nous
craint, sauf Bourgueil, qu'il a plu à notre clémence d'é-
pargner. Eh bien ! l'Anglais parjure apprendra que
notre rage ne sait pas dégénérer. Je vous attends dans
cinq mois. » (301-329.)

[1] Les poètes latins du XIIe siècle sont nombreux et quelques-uns
remarquables ; leur travail s'est presque toujours borné à versifier,
avec une fidélité plus ou moins grande, des originaux en prose. G.
Paris, *Dissertation critique sur le Ligurinus attribué à Gunther*. Paris,
1872, in-8º, p. 32.

Il dit, et comme au souffle de l'aquilon se courbent les arbres des forêts, à sa parole s'incline le peuple des guerriers. De tous les points du monde accourent des artisans. Moins nombreuses les abeilles butinent sur l'Hybla ; en troupes moins serrées volent les grues de Strimonie. Les forêts sont dévastées ; l'orme tombe à côté du chêne et de l'yeuse, le pin est dépouillé de son tronc et l'antique sapin descend de ses hautes montagnes. Une flotte se réunit, plus nombreuse que celle du puissant Xerxès. O prodige ! voici déjà trois mille carènes, remplies de guerriers armés. (331-352.)

Du vaisseau royal, à la proue dorée, un cri s'est élevé : « Levez les ancres ! » Les matelots se précipitent à leur poste ; une clameur joyeuse s'échappe de leurs poitrines. Sur le rivage, immobile, pleure la foule des épouses et des mères ; les vierges éplorées suivent de l'œil les vaisseaux qui emportent leurs fiancés. La reine de l'Asie, la ville de Priam, Troie, prise et brûlée par Sinon, tomba avec moins de fracas ; avec moins de fracas s'écroula Rome incendiée par Néron. Ce bruit épouvantable d'un peuple dont toutes les voix éclatent, non, la vaste machine du monde tombant en ruines, non, la mer engloutissant dans ses flots la terre tout entière ne pourraient l'égaler !

Cependant, la flotte a gagné la haute mer ; le silence s'est fait tout à coup. Matelots et pilotes, actifs, vigilants, sont à leur devoir ; l'Angleterre est en vue (357-387) :

« Salut, ô terre ! si tu me gardes la victoire, salut ! Un tyran parjure veut t'enlever à moi. Laisse-moi le châtier ; laisse-moi te reconquérir. Je ne t'apporte pas

le pillage, ô mon royaume ! A mes ennemis, la guerre ;
à toi, ô mon pays, la paix ! » (388-395.)

Le roi dit et range ses troupes. Déjà résonnent la
trompette et le clairon de Mars. Mais le combat n'est
pas commencé, que les cœurs des Normands se des-
sèchent de frayeur. Les ennemis se sont mis à couvert
d'un retranchement inexpugnable. Qui peut dire leur
nombre ? Cependant, les Anglais vont mourir frappés
de flèches invisibles. Ils vont mourir debout ; ils ne
peuvent tomber, tant leurs rangs sont pressés. Soudain,
parmi les Normands, se répand le bruit que Guillaume
est mort. Ils s'enfuient en désordre : « Demeurez, demeurez, je vous en prie, montrez-vous dignes de vous
et de moi. Je vis, je vis. Retrouvez votre vaillance, la
vaillance de vos aïeux ; ils sont perdus..... Où fuyez-
vous ? La flotte est loin du rivage. Avez-vous des villes
fortes ? Non... Votre bras seul peut vous défendre. A
vous de voir si vous voulez vivre ou mourir. » (395-
442.)

Il dit, et de son éperon d'airain presse les flancs de
son coursier. Moins terrible fut Achille pour les
Troyens ; moins terrible pour les Grecs, Hector ; bien
braves pourtant l'un et l'autre. Les deux armées se précipitent au carnage ; la mort les suit. Ce jour-là, les
trois sœurs ne purent suffire à leur tâche. Cependant,
le Ciel lui-même prend le parti des Normands ; une
flèche lancée au hasard transperce Harold. Ce fut la fin
de la guerre. (442-464.)

Les vaincus fuient en désordre. Animés par leur
succès, les vainqueurs les poursuivent. Telle la tigresse
à la suite de l'inoffensive brebis. Pas de pitié, pas de
pitié, pas de merci ! Le loup ne sait pas pardonner

quand la faim le lance à l'assaut d'une bergerie. La nuit seule peut sauver les Anglais. (467-488.)

Le jour venu, devant les enseignes victorieuses, le duc félicite ses soldats : « O mes compagnons, ô nation de toutes la plus invincible ! Oui, les astres du ciel vous appellent à régner ! Cependant, aujourd'hui même, de nouvelles fatigues vous attèndent ; c'est le moment de poursuivre l'ennemi tremblant, irrésolu. A demain le repos, et que Dieu recueille les âmes de ceux dont les corps vont demeurer sans sépulture. » Il dit, et ses guerriers le suivent, emportés, les uns par leur vaillance, les autres par l'amour de leur chef. La mort en retient plusieurs ; bien peu, leurs blessures. (495-521.)

Dans l'autre camp retentissent les sanglots ; pas une famille que le deuil ait épargnée ; pas une femme qui ne pleure ; pas un jeune homme, pas un vieillard. Et le vainqueur est aux portes : c'est bien le hennissement de son coursier ; il annonce une nouvelle bataille. Que faire ? Encore s'il leur restait des guerriers, des murailles, des armes, un général ! Mais à quoi bon ? la peur rendrait ces ressources inutiles. Du moins, ils ne viendront pas à merci sans avoir demandé la paix. Des enfants, des vieillards, des vierges couronnent les murailles : légion inoffensive, muette prière d'un peuple belliqueux qui demande la paix. (523-542.)

De son côté, Guillaume disait aux chefs de son armée : « Offrons la paix à l'ennemi ; s'il la refuse, la guerre que nous lui ferons n'en sera que plus juste. » La paix est offerte, acceptée, signée aux applaudissements de toute l'Angleterre. Le peuple et la noblesse, les villes et les campagnes réclament Guillaume pour leur souverain. C'est ainsi que le duc de Normandie devint roi ; ainsi que la comète fut le présage d'une guerre sanglante. (542-556.)

Comme Baudri veut faire de son poème une encyclopédie, après ces élans de poésie épique inspirés par l'histoire contemporaine, il descend à l'exposé technique des sciences cultivées à son époque.

« L'ordre de Saint-Benoit, dit M. Lacroix, s'était emparé, pour ainsi dire, des sciences mathématiques, qui ne cessèrent pas d'être en honneur dans les abbayes du Mont-Cassin, en Italie, de Saint-Martin de Tours, en France, de Saint-Arnould, à Metz, de Saint-Gall, en Suisse, de Prum, en Bavière, de Cantorbéry, en Angleterre..... etc. [1]. » Saint-Pierre de Bourgueil n'eût-il pour titre que les vers scientifiques de Baudri, méritait de figurer dans cette glorieuse énumération. C'est à peine si un astronome moderne trouverait à reprendre quelques inexactitudes dans la description du ciel de lit de la comtesse Adèle, où Baudri avait vu la voûte céleste représentée. Toutes les figures astronomiques sont décrites dans les moindres détails de leur forme, de leur rôle, de leur position :

« A l'endroit où le zodiaque rencontre la voie lactée, se trouvent les Gémeaux, d'une blancheur de neige. Les Gémeaux sont séparés du Taureau par le Cocher et les Chevreaux. De son pied recourbé le Cocher frappe le Taureau, qui se précipite sur Orion. Le pied d'Orion presse l'Eridan. Dans les sinuosités de sa course, l'Eridan se rapproche de la Baleine. Vient ensuite le Bélier, qui égale le jour à la nuit, ce qu'à son temps fait aussi la Balance..... » (643-653.)

Ibid., 92.

Baudri n'est guère moins exact quand il parle du soleil, de la lune et des planètes. Il se trompe, il est vrai, sur Vénus. Mais avec quel charme et quelle précision il décrit les autres astres !

« Le frileux Saturne, chauve et décrépit, vieillard que la glace des ans a rendu stérile, a peine, le paresseux, à fournir sa course en trois fois dix ans [1]. Plus rapide que son père, Jupiter, astre propice, met deux fois six années à parcourir le zodiaque. Mars, astre redoutable et stérile, guerrier infatigable, a la couleur rouge du sang et de l'incendie. C'est lui qui, dit-on, fait tomber sur les mortels les épidémies soudaines, les guerres sanglantes. On assure qu'il lui faut deux ans pour achever sa révolution. Il est longtemps invisible. » (693-704.)

Nous remarquons, à la gloire de Baudri, qu'il a longuement décrit l'astronomie, sans parler de l'astrologie, cette science des esprits crédules qui, malgré les défenses réitérées de l'Eglise, compta, pendant tout le moyen âge, de si nombreux partisans.

Baudri connaît moins bien la terre que le ciel. Comme tout le moyen âge, il croit que le globe terrestre est divisé en quatre parties, *quadrifidum*. Deux de ces parties sont attribuées à l'Asie qui couvre la moitié de la terre ; l'Europe et l'Afrique se partagent l'autre moitié. C'est d'après ces données qu'a été faite la mosaïque qui forme le pavé de la chambre. Elle four-

---

[1] « Vix in ter denos cursum piger explicat annos, » et non « inter denos, » comme on le lit dans la brochure de M. Delisle, ce qui est sans doute une faute de l'imprimeur. Il est par trop clair que Jupiter, qui met douze ans à fournir sa course, ne peut être plus rapide, *patre citatior ipso*, que son père, si celui-ci en met dix. D'ailleurs, la révolution de Saturne s'accomplit en trente ans environ.

nit à Baudri le sujet d'une leçon de géographie (719-949), œuvre à la fois d'un poète qui anime tout ce qu'il décrit, et d'un esprit judicieux qui n'admet pas facilement les fables dont ses contemporains crédules sont charmés. Il peuple en effet les forêts de bêtes sauvages; les ondes, de poissons si bien représentés, qu'on serait tenté de les prendre avec la main [1]; mais il interdit l'entrée de son univers aux monstres, aux bêtes fabuleuses. Seuls les griffons, les basilics, les dragons, gardiens des montagnes d'or, sont parvenus à tromper sa vigilance. Si les faunes et les satyres y sont aussi, c'est moins une concession à la crédulité de l'époque qu'une réminiscence de l'antiquité.

Comme le font quelquefois les peintres, Baudri s'est représenté dans un coin de son tableau. C'est un bénédictin qui distingue le Mont-Cassin parmi les montagnes du globe ; c'est un habitant des bords de la Loire qui en fait cet éloge :

« Salut à la Loire ! nul fleuve n'est plus agréable ;
« nul ne roule des ondes plus saines. Que si, égarés
« par l'envie, les anciens omirent de la chanter, moi
« je ne la passerai pas sous silence. Comme le Tage,
« la Loire coule sur un lit d'or ; les marais et la vase,
« le jonc et le roseau lui sont inconnus. Aucun
« fleuve n'a des poissons comparables à ceux de la
« Loire divine. Quand les jeunes vierges se baignent
« dans la Loire, leur corps devient d'une éblouissante
« blancheur. »

---

[1] « Gurgitibus propriis pisces innare putares,
    Sique forent pisces, prendere posse manu. »
                    (739.)

Enfin, c'est un habitant de Bourgueil qui a fait de l'Authion un fleuve d'une grande renommée :

Est et adhuc fluvius, non parvi nominis, undas
Qui sociat Ligeris, Cambio Burgulii. (877-890.)

Baudri achève de décrire le lit de la comtesse, que décorent les statues des arts et des sciences. Au chevet, assise comme sur un trône, apparaît l'image gigantesque de la Philosophie. C'est une vierge à l'aspect sévère, ni trop jeune ni trop vieille, bien que pleine de jours. Sa main est étendue, comme pour donner des ordres. Sept disciples, les sept Arts, sont à ses pieds. (951-965.)

Pour régler entre eux la préséance, Baudri consulte sa nature aimable à qui rien ne peut tant plaire que l'harmonie des êtres, des sons, des idées et des cœurs. La place d'honneur est pour la Musique. N'est-ce pas à elle que les arts et les sciences doivent l'accord fraternel qui les unit, et cette entente harmonieuse qui les fait vivre et prospérer [1] ? La Musique sera donc toujours assise auprès de la Philosophie, comme un premier ministre à côté de son roi. (965-1004.)

A droite encore, mais loin de la Musique, l'Arithmétique compte sur ses doigts. La gauche du chevet est occupée par l'Astronomie et par la Géométrie (1087-1119) : la Géométrie qui, sur l'abaque poudreux, compte le nombre de pieds que contient chaque con-

---

[1] « Fecerat hanc ideo sibi philosophia secundam
Jusserat et pedibus semper adesse suis :
Quippe per hanc aliæ sibi consensere sorores,
Atque per hanc ipsas consona mens aluit. »

trée, la quantité d'eau que roule l'Océan ; en un mot, résout toutes les questions de mesure qu'on lui présente ; l'Astronomie qui peint les signes célestes dont nous venons d'entendre la description, et achève, en chantant, la leçon commencée par Baudri. « Eh quoi, pensais-je en moi-même, existe-t-il donc dans les cieux des images pareilles ? Et la Vierge répondant à ma pensée : Garde-toi, me dit-elle, de cette erreur. Il n'existe au ciel rien de semblable ; c'est pour fixer dans la mémoire la position des étoiles que ces formes et ces noms ont été imaginés. » (1041-1087.)

Tel est le groupe du Quadrivium. Le groupe du Trivium a pris place au pied du lit. Au milieu se tient la Rhétorique. Ses yeux semblent lancer la flamme. Jeune encore, elle a la sagesse de l'âge mûr. D'un mot elle apaise les révoltés ou soulève les esprits pacifiques ; elle change le sourire en larmes, les larmes en sourire. Elle peut, s'il lui plaît, faire rejeter aux hommes la conviction qu'elle vient de leur imposer. Le Grec et le Latin lui doivent l'un et l'autre l'éloquente richesse de leur langage. Un jour, elle réunit dans un même fleuve toutes les sources de son génie : ce fleuve, elle le fit boire à un fils de Romulus qui, né de la boue, s'éleva jusqu'au ciel[1]. Ce même Tullius enseigna l'art de se servir des lieux communs, et des mouvements pathétiques. Démosthène n'avait pas reçu d'elle des faveurs moins grandes : Démosthène et Cicéron, l'un et l'autre, par leur talent, les rois de leur époque ; esprits également sensés ; intelligences également riches et sagaces. (1123-1165.)

---

[1] « Stercore natus homo, cœlicus ingenio. » (1138.)

A côté de la Rhétorique, quelle est cette femme au visage pâle, aux yeux vifs, mobiles, ardents[1]? Sa main gauche porte un serpent qui l'enserre de replis nombreux ; quand on la regarde, elle montre en souriant sa main droite grande ouverte, pendant que de la gauche elle vous enlace dans ses nœuds de vipère. Les Grecs l'appelaient Dialectique, et les Latins n'ont pas su lui trouver d'autre nom.

Tout entière occupée à définir, elle se plaît à embarrasser ses auditeurs dans les termes univoques et plurivoques, les formes subalternes et individuelles, les modes implicites et conditionnels. La tête haute, elle jette à pleines mains une semence de graines amères. Entourée de sophismes de toutes sortes, elle tend avec adresse des rêts où tomberont les imprudents. Elle multiplie les arguments sous les pas de tous les hommes, comme autant de souricières dans lesquelles ils seront pris. (1165-1200.)

L'Église n'eût pas désapprouvé cette peinture de la Dialectique. Ayant réuni toutes les sciences dans un même royaume, sous le sceptre de la philosophie, l'Église avait voulu que les Muses en fussent les gardiennes. La seule porte par laquelle on pouvait y pénétrer, était la Grammaire ; nul n'était admis alors à présenter ses hommages à la reine des sciences, s'il n'établissait qu'il s'était acquitté de tous ses devoirs envers les Muses. Si grave, si austère qu'elle fût, la souveraine accueillait toujours d'un

---

[1] Baudri dit que ses cheveux sont *intorti*. Aurait-il, pour compléter la charge, frisé la Dialectique ? On a un portrait de la Philosophie, du XVᵉ siècle, qui la représente les cheveux frisés. (P. Lacroix, *ibidem*, page 79.)

sourire ceux qui traînaient à ses pieds l'Antiquité captive.

Il se rencontra alors une secte pernicieuse, qui entreprit de chasser la Grammaire du poste d'honneur que l'Eglise lui avait confié. « A quoi bon tout ce tourment que l'on se donne pour comprendre l'antiquité ? Quel avantage procure cet insupportable labeur ? Une bonne langue, voilà l'instrument du succès ; or, les livres ne donnent point de faconde. Lire les historiographes, les poètes, quelle infamie ! Quiconque s'en rend coupable est un lourdaud, une souche, un âne d'Arcadie, un bœuf qu'il faut renvoyer aux troupeaux des patriarches. Plus de lettres, plus de sciences ! la seule logique suffit [1]. »

L'Eglise protesta par la bouche de ses clercs les plus illustres. Les portraits qu'Alain de Lille et Gautier de Châtillon font de la Logique, ne sont pas plus attrayants que celui que Baudri a crayonné. L'un et l'autre en parlent comme d'une vieille femme étique, aux

---

[1] Jean de Salisbury, *Entheticus* (Migne, t. CXCIX) :

« Infelix labor est quem commoda nulla sequuntur. »
(C. 966. D.)

« Ut garrire queas, noli percurrere libros,
Esto verbosus, scripta repelle procul....
Nam veterum fautor logicus esse nequit.
Disceptaturus qui dogmata prisca sequetur
In patriarcharum bobus habendus erit. »
(C. 967. B.)

Metalogicus, l. I, c. III :

« Poetæ, historiographi, habebantur infames, et si quis incumbebat laboribus antiquorum, notabatur, et non modo asello Arcadiæ tardior, sed obtusior plumbo vel lapide omnibus erat in risum. » (C. 829. B.)
« ..... Vix homines sinunt esse sed boves Abrahæ vel asinos Balaamitas duntaxat nominant. » (C. 831. D.)

doigts noueux, dont la peau se marie avec les os, « sans parenthèse aucune[1]. » Ils ne pouvaient attaquer trop violemment cette ennemie dangereuse des lettres et de la philosophie.

« Toute la vie, selon les Cornificiens, devait se passer à ergoter. N'est-il pas absolument indispensable de savoir si un porc que l'on mène au marché, est traîné par l'homme ou par la corde ; si, quand on achète une chape entière, l'on achète aussi le chaperon ? Questions délicates que l'on ne pouvait résoudre sans un grand renfort de particules négatives. Or, comme une phrase est affirmative ou négative, suivant le chiffre pair ou impair des négations, il importait de ne pas en oublier le nombre. Chose facile, puisque l'on n'allait point à une école de Cornificiens sans s'être muni de fèves, de pois ou de cailloux qui servaient à compter les particules. Aussi, un logicien ne mettait-il pas plus de temps à se former qu'un poussin à se couvrir de plumes. Au printemps, on voyait s'envoler ensemble les oiseaux des nids et les nouveaux maîtres des écoles. Les uns et

---

[1] « ... Macer pallens incompto crine magister...
Nulla repellebat a pelle parenthesis ossa,
Seque maritabat tenui discrimine pellis
Ossibus in vultu, partesque effusa per omnes
Articulos manuum macies jejuna premebat. »
(Portrait d'Aristote, *Alexandréide,* I, 59.

« Et decor et species afflasset virginis artus
Ni facies quadam macie respersa jaceret :
Vallat eam macies, macie vallata profunde
Subsidet et nudis cutis ossibus arida nubit.
..... Sinistram
Scorpius insidens caudæ mucrone minatur. »
(Portrait de la Logique. Alain de Lille, *Anticlaudianus,*
lib. III, c. I ; Migne, CCX, c. 509.)

les autres avaient mis le même temps pour se former[1]. »

Jean de Salisbury s'égaye ainsi aux dépens de la dialectique, avec non moins de malice que Baudri. Baudri est donc d'accord avec l'Église ; avec elle il attaque, non pas la logique, mais l'abus qu'on en fait au détriment des lettres.

Si nous en croyons le savant qui, de nos jours, a pénétré le plus avant dans les études du xie siècle, la médecine, au moyen âge, était sortie de la grammaire comme de sa source naturelle[2]. Nous ne nous étonnerons donc pas que Baudri la chante. Sa statue est faite de boue comme les corps dont elle s'occupe. De quelque couleur que soit un homme, elle peut, à le voir, dire sa maladie. Si le genre humain la voulait croire, la vieillesse ne l'accablerait pas ; c'est à peine s'il connaî-

---

[1] Jean de Salisbury, *Metal.*, I, c. iii (Migne, C. 829) : « A. Insolubilis in illa philosophantium schola quæstio habebatur an porcus qui ad venalitium agitur, ab homine an a funiculo teneatur. Item, an capucium emerit qui cappam integram comparavit... multiplicatis particulis negativis per esse et non esse, ita ut calculo opus esset, quoties fuerat disputandum. Alioquin vis affirmationis et negationis erat incognita... B. Ut ergo, pari loco an impari versetur, deprehendi queat, ad disceptationes, collectam fabam et pisam deferre consueverat..... C. Fiebant ergo summi repente philosophi ; nam qui illiteratus accesserat, fere non morabatur in scholis ulterius quam eo curriculo temporis, quo avium pulli plumescunt. Itaque recentes magistri e scholis, et pulli volucrum e nidis, sicut pari tempore morabantur, sic pariter avolabant. » Jean de Salisbury continue longtemps sur le même ton. On pourrait, dans ses phrases satiriques, retrouver tous les mots dont Baudri s'est servi. C'est donc bien la même cause que l'un et l'autre défendent, la même erreur qu'ils attaquent.

[2] « Hæc vero medicinæ peritia, qua tum Salernum florebat, haud dubie ex arte illa grammatica et poetica... tanquam ex fontibus erat profecta. Libros enim, ex quibus rerum medicarum cognitio hauriebatur, ex Græco et Arabico in Latinum sermonem verti oportebat, eosdemque fere Salerni grammaticos præstantes et medicos peritissimos videmus celebratos... » (Giesbrecht, *ibid.*, 20.)

trait la mort. Elle prouve que de quatre humeurs dépendent le caractère et la couleur des hommes ; c'est là ce qui les fait colères ou doux, vifs ou lents, généreux, spirituels, blonds, roux, noirs et rouges. Elle connaît le poumon et les pores, les fibres, l'hypocondre, le cœur, le foie, les poils et le cerveau. Elle connaît bien d'autres choses que Baudri ne suffirait pas à dire, car rien n'échappe à sa science. De toutes les régions du globe, elle a fait venir des herbes dont elle possède pleinement les vertus. Elle a étudié avec le plus grand soin les propriétés de la séve, de la graine, de la fleur et de la feuille. Elle ne cesse de broyer des racines pour en faire des médicaments. A ses pieds, l'on voit mille fioles pleines de remèdes, et sur chacune d'elles le nom du mal qu'elle guérit. Autour de la médecine, on a placé ses deux fils Gallien et Hippocrate qui, l'un et l'autre, ont si bien exposé les secrets de la nature qu'ils ont presque égalé l'homme aux dieux. (1257-1343.)

Il y a, dans ce poème à la comtesse Adèle, avec le résumé des connaissances du temps, un retour agréable vers la poésie de l'antiquité. Les sept arts libéraux prennent un corps ; ils deviennent des déesses. C'est une mythologie d'école que ne connaissaient ni Homère ni Virgile. Nous en trouvons l'origine chez Martianus Capella, au ve siècle, dans le mariage de Mercure et de la Philologie. De ce mariage naissent sept déesses, qui sont les sept *arts libéraux*. Cette façon poétique de donner un corps aux choses les plus abstraites est d'une convenance merveilleuse avec l'imagination un peu grossière des écoliers du moyen âge, qui se recrutaient parmi les descendants des barbares, des Francs ou des Normands. C'est sans doute ce qui fit la fortune du livre de Martianus à travers tout le moyen âge, et ce qui lui donna tant d'imitateurs. Les écoliers du moyen âge, accoutumés aux récits des batailles, étaient bien plus avides d'entendre des aventures que des explications didactiques. Ils n'ont point encore, au xie siècle, un esprit d'abstraction assez fort pour préférer les subtilités du syllogisme et les argumentations sèches, aux peintures riantes et aux tableaux animés des sept déesses, qui règnent dans la chambre d'Adèle. Ce sont encore des enfants à qui il faut montrer l'histoire avec des figures, et les sciences les plus abstraites avec des images sensibles. Outre que cette méthode s'accorde mieux avec les besoins de notre raison, qui commence toujours par le sensible ses investigations, elle pouvait seule prêter à Baudri les charmes de la poésie.

CHAPITRE V

Baudri et les rouleaux des morts

Origine des rouleaux des morts. — Ils deviennent le champ clos d'une
joûte littéraire. — Amplifications de mauvais goût. — Invasion de la
mythologie dans la date du titre, puis dans les vers. — Exemples de
la lutte. — Passes poétiques : vers léonins, vers rimés, etc. — Baudri
attaque les abus. — Il donne comme une esquisse du genre. — Amé-
lioration dans les vers des rouleaux. — Le porte-rouleau. — Les rouleaux témoignage des relations entre les peuples chrétiens. — Baudri
auteur d'épitaphes.

Parmi les nombreuses pièces de vers inscrites sur les
rouleaux, à la fin du xie siècle et dans les premières
années du xiie, il n'en est pas de plus remarquables que
celles de Baudri. Nous avons parlé ailleurs des associa-
tions que les monastères et les chapitres concluaient
entre eux, au moyen âge, pour assurer des prières à
leurs frères et à leurs *familiers* défunts. Chaque année,
au jour fixé par le traité d'association, les monastères
alliés s'envoyaient un rouleau de parchemin, sur lequel
étaient écrits les noms de leurs religieux et de leurs
bienfaiteurs décédés. A l'arrivée du rouleau, le chapitre
était convoqué, et on lisait les noms qui s'y trouvaient
écrits. On allait à la chapelle pour réciter des prières
fixées d'avance. Les noms des défunts étaient transcrits

du rouleau sur le Martyrologe, pour être récités au chapitre ou à l'office, au jour anniversaire de leur décès.

Les abbés et les bienfaiteurs insignes avaient ordinairement un rouleau spécial que l'on envoyait, le jour même de leur mort, par un messager qui parcourait les communautés associées. A chaque station du messager, le scribe du couvent inscrivait sur le rouleau le nom du monastère visité, le détail des prières qu'on y allait offrir pour le défunt, et la liste des frères nouvellement décédés, pour lesquels on réclamait le même service. Comme ces accusés de réception se composaient en grande partie du nom, *titulus*, de l'abbaye ou de l'église, écrit en majuscules, on les appela des Titres.

Tels étaient les rouleaux des morts, dans leur primitive et chrétienne simplicité. La vanité les gâta bientôt, comme toutes les choses d'ici-bas, auxquelles elle trouve le secret de se mêler. Aussi bien, pensaient les religieux, les formules sèches et sans art que l'on répète en tête de tous les rouleaux, suffisent aux humbles frères ; mais, quand il s'agit d'un grand évêque, d'un saint abbé, d'un bienfaiteur insigne, n'est-ce pas manquer gravement à toutes les convenances que de parler d'eux avec si peu de recherche? Les études renaissent et, avec elles, l'éloquence et la poésie. A quoi bon ces arts admirables, s'ils ne servent pas à exalter les grands serviteurs de Dieu ?

Le moine le plus lettré du couvent fut donc requis de déployer son talent, dans la composition d'une encyclique annonçant la mort de l'illustre défunt. On attendait de lui quelque chose de rare, d'étonnant ; il n'avait garde de tromper cet espoir. Quels beaux développements à faire sur les maux dont la faute originelle est la source,

misères innombrables que la mort vient compléter et
finir ! Par les circuits harmonieux de longues périodes,
l'orateur, de notre premier père Adam, arrivait à l'abbé
ou au bienfaiteur défunt, c'est-à-dire à une nouvelle
source d'amplifications où il puisait abondamment. Il
fallait bien, il est vrai, aboutir à la demande des prières,
conclusion habituelle des encycliques ; mais la transition
n'était-elle pas indiquée ? Pour parfait qu'il fût, le défunt
avait eu des faiblesses ; or, ces faiblesses appelaient,
dans l'autre monde, une expiation que les vivants
devaient abréger par leurs suffrages.

L'encyclique achevée était lue dans le chapitre, aux
applaudissements de la communauté. Mais ne convenait-
il pas d'inviter discrètement les communautés associées
à célébrer, en prose ou en vers, les qualités du défunt ?
Elles aussi étaient renommées pour leur amour des
belles-lettres. La tournée du porte-rouleau achevée, ne
serait-ce pas, pour les tristes fils de l'abbé défunt, une
grande consolation, de se trouver institués juges de la
joûte littéraire qui allait s'engager, entre tant de saintes
communautés? Quelle joie de constater que l'avantage
leur était resté, pour la plus grande gloire de leur saint
fondateur ! Il fallait donc choisir une bande de parchemin
bien longue et la régler à l'avance [1], comme pour y appeler la prose éloquente et les vers harmonieux. On l'en-
roulerait autour d'un cylindre, que le messager pourrait
se suspendre au cou et porter ainsi facilement, sans dom-

---

[1] L. Delisle, *Des monuments paléographiques concernant l'usage de
prier pour les morts. Bibliothèque de l'Ecole des Chartes*, deuxième
série, t. III, p. 383 : « Avant de le mettre en circulation, on avait unifor-
mément tracé à la pointe sèche les lignes sur lesquelles s'appuie l'écriture. »

mage pour le précieux manuscrit [1]. « Allons, porte-rouleau, mets-toi des ailes au talon ; cours à travers le monde. Nous t'en conjurons par ta barbe, ne cesse pas de courir de pays en pays, que tu ne puisses nous revenir chargé de vers [2]. »

La provocation, jetée de vingt monastères à la fois, était généralement relevée. Pendant plus de deux siècles, sous prétexte de louer leurs morts et de soulager leurs âmes, les monastères se livrèrent de rudes combats, en prose et en vers. Cependant, cette infraction aux lois du bon goût et de la modestie religieuse, ne passa pas en usage sans avoir soulevé d'abord quelques réclamations. « J'écris comme je puis, dit un moine, en me contentant de compter les syllabes. J'ai été bref ; j'ai pris un style simple : ainsi le demandaient les convenances. En effet, parmi ceux qui écrivent des vers sur les rouleaux, il n'en est guère qui n'aient pour but de conquérir à leur science un grand nombre d'admirateurs. C'est ainsi qu'ils comprennent le vers de Perse :

Scire tuum nihil est, nisi scire tuum sciat alter.

« Ta science n'est rien si ta science ne vient à la con-

---

[1] « Inde cutis colli teritur præ pondere rolli.
Rolligeri collum nequit ultra tollere rollum. »
  (*Rouleau de Saint-Bruno*, n° 173, *Acta Sanctorum. Octobris*, tom. III, p. 763.)

[2] « Qui defers gerulus tam lamentabile munus,
Calcibus adjungens alas, discurre per orbem.
Et conjuro tuas retinet quas barbula setas,
Ne prius absistas regiones currere totas
Donec carminibus nobis redeas oneratus. »
  (*Rouleaux des Morts, du* ix° *au* xv° *siècle*, recueillis et publiés pour la Société de l'Histoire de France par Léopold Delisle. Paris, 1866, in-8°, p. 43 (x° siècle).

naissance d'autrui. Mais on n'est pas obligé de l'entendre comme eux. Tel est du moins notre avis [1]. »

« C'est dans la prière qu'il faut mettre toute son énergie, dit un autre, et non pas dans le langage, qui doit être simple. Gardons-nous d'écrire des paroles vaines comme le vent, et de mettre notre gloire à remplir de beaux sons les oreilles oisives. Je sais bien que quelque superbe va me critiquer, et mordre dans mes vers à belles dents. Oh ! que volontiers je lui écraserais le front sous le poids d'un rocher [2] ! »

Il y eut même des monastères qui se refusèrent à recommencer sans cesse ce travail puéril de la composition des titres. On y fit, une fois pour toutes, des formules en prose ou en vers, que l'on transcrivit sur tous les rouleaux, en remplaçant, par le nom du défunt, le nom de convention ou le pronom que l'on avait mis sur le modèle [3].

Malgré ces résistances isolées, le mauvais goût l'emporta, et marqua ces ébauches d'oraisons funèbres des défauts mêmes que Cicéron reprochait aux premières oraisons funèbres des Romains.

« Ces éloges funèbres, dit Cicéron, existent, car les familles elles-mêmes les conservent comme des titres et des monuments, pour s'en servir en pareille circonstance et pour perpétuer le souvenir de la gloire domestique, comme pour rehausser l'éclat de leur maison. Ces

---

[1] *Ibid.*, p. 26 et 27 (xe siècle).

[2] *Ibid.*, 27.

[3] Formules à l'usage du monastère de Saint-Pierre de Melun :
« Debita quæ petitis nostris concedite functis (Friderico, Hugoni)....
Hi versus pro episcopo, pro abbate, pro abbatissa, pro monacho....
possunt scribi. — Fratribus et dominis famulantibus almo *illi* apostolo
(*vel* martiri, *seu* antistiti...) (*Ibid.*, 151-152.)

éloges, cependant, ont altéré gravement notre histoire. Ils contiennent des faits qui ne sont jamais arrivés, de faux triomphes, des consulats plus nombreux qu'il n'y en a eu ; ils bâtissent des généalogies menteuses et rattachent impudemment des plébéiens à de nobles familles, qui portent le même nom, comme si je me disais issu du patricien M. Tullius, qui fut consul dix ans après l'expulsion des rois [1]. »

On pourrait adresser ces reproches de Cicéron à ce moine de Reims qui écrivait : « Oui, Reims est une belle ville, aux murailles élevées. Elle a pour fondateur Romulus, qui lui donna le nom de son frère assassiné par sa main impie [2]. » Le moine de Saint-Martin n'ose pas dire que Tours a été fondé par Turnus ; mais, avant d'arriver à l'abbé Gauzbert, comme il se complaît dans l'éloge de saint Martin ! Soudain, il arrête sa plume ; une réflexion judicieuse lui est venue : c'est que personne n'a encore pu dignement raconter les hauts faits du saint évêque, et que s'il voulait en entreprendre le récit, il lui faudrait s'arrêter épuisé à mi-route [3]. Et ces moines de l'Auvergne, vous pensez qu'eux du moins auront la sagesse de ne pas s'arrêter à vous raconter leur glorieuse origine? Ils seront discrets, il est vrai, mais en deux mots ils trouveront moyen de nous apprendre qu'ils sont de noble lignée, *nobili prosapia* [4].

Quand on a de tels aïeux, ne faut-il pas bien se rap-

---

[1] *Brutus*, 16.

[2] *Roul. des morts*, p. 17.

[3] « Sed quo penna ruis...
    Nec medium fessus exposuisset opus. »
    (Ibid., p. 42.)

[4] « Catervam nobili prosapia. » (*Ibid.*, p. 115.)

peler que noblesse oblige, et travailler soi-même à rehausser l'éclat de son blason? Or, les moines qui sont des hommes d'étude, où peuvent-ils chercher la gloire, si ce n'est dans l'éloquence et dans la poésie? La Providence ne les invite-t-elle pas à prouver au monde entier, qu'ils ne sont pas des fils dégénérés de si glorieux pères? Le rouleau parcourra la France d'une extrémité à l'autre, passera le Rhin, visitera l'Angleterre. Tout le monde monastique lira le titre qu'il s'agit maintenant de composer. N'est-ce pas un devoir de le faire bien long et bien beau? La matière, il est vrai, est presque épuisée; tant de poètes et d'orateurs l'ont mise en œuvre! De la faute d'Adam, point de départ obligé, il faudra arriver au défunt; annoncer que l'on récitera pour lui les prières convenues, et terminer en offrant quelques consolations à ses enfants affligés. Mais dire quelque chose de nouveau, là où tout semble avoir été dit, c'est le privilége du génie.

« Rien qu'à la manière de dater notre titre, on verra si nous sommes ingénieux! Ces bons frères de Sorèze en sont encore à la routine du calendrier ecclésiastique : « Le quatre des Nones de Mars, vingt-et-unième jour de la lune, sur l'heure des vêpres de la première férie [1]. » — Ames vraiment simples, humble monastère perdu dans les montagnes, où la *clergie* n'a pu encore pénétrer ! Laissons ces bonnes gens se servir du comput, et datons notre titre à la manière des poètes anciens. Déjà, sur le rouleau, Phébus a paru avec son attelage qui vomit la flamme [2]; on l'a vu, tout essoufflé, atteindre le milieu

---

[1] *Ibid.*, 56.

[2]   « ..... Sydereis quanquam clarescat in oris
        Phebus, quadrigis qui micat ignivomis. » (21.)

du ciel et de là lancer ses coursiers à toutes guides [1].
Titan n'est plus bien neuf maintenant que, deux fois au
moins, on nous l'a montré s'acheminant vers l'hypogée [2] :
« Le soleil atteignait les confins de la zone où règnent
les deux frères, fils de Léda [3]. » Nous aurions pu nous
servir de cette image si nos frères de Saint-Nicolas ne
l'avaient employée assez à propos. Mais que ne disons-
nous : « Apollon, au plus haut de sa course, dévorait la
seconde moitié du royaume des Tyndarides [4]? » Fort
bien. La victoire est à nous. »

Une fois la main dans le trésor de la Mythologie, les
moines y puisèrent abondamment. Aussi bien, comment
les rouleaux des morts auraient-ils échappé à ce singulier mélange du paganisme et du christianisme, que nous
avons déjà signalé dans la littérature du moyen âge? Il
est assez étrange d'entendre dire que, pour punir en
nous la faute originelle, la justice divine nous ballotte
sans cesse entre Charybde et Scylla [5]; que si Homère,
Silène, Orphée et *Titire,* grands poètes assurément,
pouvaient sortir des abîmes de l'enfer, ils seraient incapables de louer tel défunt [6]. La pensée ne nous serait pas
venue d'invoquer Aristote, Platon et Socrate comme des

---

[1]   « Dum medium Phœbus cœli penetraret anhelus. » (87.)
« Cum Fœbus late fusis habenis suorum radiorum poli teneret medium... » (68.)

[2] « Jam Titane vergente ad ipogea. » (55.) « Cum Titan vergente oc-
casum. » (62.)

[3]   « Sol Ledeorum veniebat ad ultima fratrum. » (73.)

[4]   « Tyndaridas medio plus hauserat altus Apollo. » (76.)

[5] « Et licet innumeris inter Schillam et Charibdim jactati naufra-
giis. » (7.)

[6]   « Hujus si laudes, decet ut, quis scribere vellet...
        Quos nec si baratri possent traherentur ab imis
          Homerus, Silenus, Orpheus et Titirus. » (23.)

Pères de l'Église [1]. Nous nous étonnons quelque peu de voir les moines de Saint-Martial se recommander de Minerve [2] et de trouver, à chaque instant, le Tartare, le Styx, l'Arverne, l'Hérèbe, employés avec quelque ostentation pour l'enfer ; l'Olympe, pour le paradis. Mais, nous répondront les moines, quand la fleur est belle, la plante salutaire, qu'importe le jardin qui les a produites [3] ?

La lutte se porta jusque sur le nom du messager, qui varie selon les caprices du poète [4]. On chercherait vainement, dans ces luttes, les traces de l'irritabilité qui envenime d'ordinaire les combats littéraires. Mais, pour se livrer entre gens pacifiques et dévots, la bataille n'était pas moins vive, ni moins bruyants les cris de triomphe de ceux qui se flattaient d'avoir vaincu. Les moines de Saint-Servais ont pu faire jusqu'à neuf pièces de vers pour le même rouleau. Aussi, avec quel orgueil ils s'écrient à la fin de leur œuvre : « Total, deux cents

---

[1]   « Si mors est aliquid, aut est substantia præsens,
     Aut est acciduum, vel nihil esse liquet....
   Ergo nil esse dicendum credo necesse
    Dicat Aristoteles, vel Plato, vel Socrates. » (228.)

[2]   « Minervæ interpretationes tantum collegimus. » (33.)

[3] Petri Blesensis *Epistola* VIII : « Nam nec de herbis quæritur, in qua terra, vel cujus hortulani cultura adoleverint, dummodo vim habeant sanativam. » (Migne, CCVII, ch. XXIV A.)

[4] *Ibid.* Bajulus (12), cursor (4), delator (74), delator luctifer apicum (10), gerulus (55, 61, 75), gerulus rotuli (14), gerulus grammatophoris (55), gerulus ferens tomulum (68), gerulus flebilis voluminis (153), gerulus sportule (65), lator litterarum (15), lator apicum (113), missus (74), nuggigerulus (67), nuncius defunctorum (79), pellifer (18, 57, 95, 132), portator rotuli (71), portitor (66, 73), portitor diplomatis (104), portitor indiculi (32, 115), portitor membranulorum (10), portitor rotule (66), portitor rotuli (13), portitor thomi (60), rollifer (135), scedaforus (64), terispes (84), tomifer (42, 68).

vers [1]. » Qui osera se mesurer avec de tels rivaux? Vous,
ô moines de Liége? Sans doute vous êtes venus à bout
de refaire quinze fois l'éloge du même défunt, et vous
nous avez prouvé que vous maniez le vers héroïque et
le vers élégiaque avec une égale facilité. Mais avez-vous
fait deux cents vers? Il s'en faut, aussi vous n'osez pas
faire l'addition [2].

Voici des vers qui ne sont pas très-bons, mais prenez
bien garde qu'ils sont l'œuvre d'écoliers [3], et ne méprisez
pas trop leurs essais modestes. Eux aussi pourraient
vous apprendre des choses que vous ne connaissez pas.
Essayez plutôt de nous dire les fonctions du paranymphe,
que viennent de nommer les écoliers de Longueville [4]. Il
est tels de ces novices qui pourraient lutter avec les
profès les plus habiles. Voyez ces vers des écoliers de
Sainte-Marie de Soissons [5]; ils sont si parfaits que Poncius a voulu nous apprendre qu'il était leur maître.
Vous croyez peut-être les chanoines incapables de se
jeter dans la mêlée? Lisez ces vers et soyez avertis qu'ils
ont été faits par les chanoines de Saint-Loup de Troyes [6].
Or, écoutez maintenant les moines de Saint-Pierre de
Châtillon avouer piteusement leur défaite : « Le temps
leur manque, disent-ils ; le jour fuit, et la nuit qui vient
abrégera leur poésie [7]. » Pour d'autres, ce n'est pas le

---

[1] *Ibid.*, p. 95-102.

[2] *Ibid.*, 107-113.

[3] *Ibid. Vox scolarium* (192); *Versus Othonis juvenis* (195); *Versus dis-
cipulorum* (274); *Versus scolares* (255).

[4] *Ibid.*, 296 : « Longevillenses clerici, litterarum doctrine dediti, Vitali,
paranimphorum nobilissimo. » Le paranymphe était le professeur qui
amenait au chancelier les candidats à la licence.

[5] *Ibid.*, 276 : *Versus scolares, Poncius magister.*

[6] *Ibid.*, 273 : *Istos versus fecerunt canonici sancti Lupi Trecensis.*

[7]   « Lux fugiens et nox veniens carmen breviabit. » (*Ibid.*, 215.)

temps, c'est la charte qui est trop courte : il y en a qui ont la manie d'écrire en longues majuscules, comme pour empêcher les poètes de prendre leur essor. Que n'ont-ils, comme les moines de Corbigny, fait en marge une vignette pour peindre ce qu'ils ne pouvaient dire [1]?

Il en est qui, après s'être avancés dans la lice, se sont repliés en désordre. Tels les moines de Saint-Léger de Préaux, qui *ont raturé avec un couteau* les vers qu'ils avaient écrits [2]. Aussi bien, qui n'eût pas eu peur en voyant l'assurance avec laquelle les moines de Saint-Pierre de Hauteville marchent au combat? « Vous nous provoquez à faire des vers sur l'abbesse Mathilde ? En voici une première pièce. En voulez-vous une deuxième? *Item versus.* Une troisième? *Itemque.* Nous pouvons

[1] Migne, CLVI, 1182, C. :

    « Breviter loca subtitulate.
    Ne calamus vehemens pariat dispendia chartæ.
    Ampla fuit charta, nunc parva videtur et arcta ;
    Qua sors, qua fatum, qua scribitur omne creatum,
    Dicere si nossem non est quo scribere possem.
    Intus et a tergo jam pellis scribitur ergo. »
             (*Rouleau de Saimt-Bruno*, n° 178.)

« L'abbaye de Corbigny s'est dédommagée de n'avoir pu inscrire le moindre vers, en dessinant au trait une assez grande vignette représentant une scène de diables et de monstres. » (L. Delisle, *Des Mon. paléog.*, p. 383.)

Une majuscule du rouleau de Saint-Vital ne compte pas moins de douze centimètres et demi de hauteur, sur douze de largeur. M. Lacroix, qui la reproduit, la décrit ainsi : « Callot, dans sa *Tentation de saint Antoine*, n'a rien imaginé, croyons-nous, de plus étrange que la figure où un démon, monté sur un Cerbère, forme le jambage médial du T, pendant que deux autres diables, qui ont les deux pieds dans la gueule du premier, simulent les branches de cette lettre. » (*Les Arts au moyen âge et à l'époque de la Renaissance*, 6e édition. Paris, 1877, in-4°, p. 433.)

[2] *Rouleaux des morts*, p. 207, note : « Il y a cinq vers raturés avec un couteau. »

vous en donner une autre : *Alioquin;* une autre encore : *Prœterea* ; et si vous ne vous déclarez vaincus, nous allons reprendre le combat : *Iterum* [1]. »

Toutes les passes poétiques, alors en faveur, furent exécutées dans ces tournois : vers léonins, vers rimés de toutes manières, rien n'y manqua. L'abbé Vital mourut fort à point, pour permettre aux moines de faire assaut de jeux de mots et d'allitérations. Le nom Vitalis rappelle trop *vita* et *vitis* pour ne pas amener d'innombrables rapprochements, dont les vers suivants sont le type le plus accompli :

> « Vitam Vitalis vitalem vita reliquit... [2]
> Possideat vitam Vitalis, vitis amator
> Per vitem, vitam, cœlis vivens habitator.
> Vitis amator erat, quia Christum vivus amavit,
> Qui se vite, suos in palmite, significavit [3]. »

Il arriva, plus d'une fois, qu'un poète encore novice essaya un exploit au-dessus de ses forces, et ne put en venir à bout. Alors survenait un maître, qui reprenait l'œuvre inachevée et la conduisait à la perfection, trop heureux d'avoir trouvé cette belle occasion de faire éclater sa supériorité.

Moins habile qu'une religieuse de Winchester, qui avait fini douze vers par le mot Maria [4], Pierre, moine de Sainte-Marie d'York, n'avait pu terminer que quatre

---

[1] *Ibid.,* 257-260.

[2] *Ibid.,* 301.

[3] *Ibid.,* 320. Cf. 228 :

> « Femina femineum domuit non femina sexum,
> Mathildis, mente non femina, femina carne. »

[4] *Ibid.,* 187.

vers par le nom de Mathilde [1]. Aussitôt, un moine de Saint-Pierre de Hulme compose une série d'hexamètres, dont Mathilde est le dernier mot [2]. L'abbesse de Sainte-Marie de Saintes veut essayer une longue tirade mono-rime, mais elle est obligée de clore par des rimes en *ata* une série de rimes en *atur* [3]. Survient un moine du monastère voisin de Bouteville, qui achève sans peine une tirade de vingt vers rimés en *eris*. Il est vrai qu'il est docteur [4]. Enfin, un poète est parvenu, ô merveille ! à faire dix vers qui commencent par un *O*, et finissent par un *o*, à la césure penthémimère et au dernier pied [5]. Il semble qu'il ait atteint la perfection. Il est vaincu pourtant, sur son terrain même, par un rival qui aura l'idée merveilleuse de disposer dix vers semblables sur trois circonférences concentriques [6].

Pendant cent cinquante ans (950 à 1096) les moines se livrèrent en paix à ces jeux puérils, si préjudiciables à la saine littérature. Il était temps qu'un homme de goût les arrachât, par ses critiques, à ces occupations futiles, aussi peu dignes de leur vocation que de l'éducation littéraire qu'ils avaient reçue.

Un maître de Baudri, Marbœuf, avait attaqué dans les épitaphes un des ridicules qui nous ont choqués dans les rouleaux. Il paraît que les faiseurs d'épitaphes, eux aussi, se travaillaient pour marquer les dates d'une manière surprenante. Marbœuf se moque d'eux avec

---

[1] *Versus Petri.* (*Ibid.*, 197.)

[2] *Ibid.*, 201.

[3] *Ibid.*, 243, *Versus abbatissæ.*

[4] *Ibid.*, 246, *Versus doctoris Botevillæ.*

[5] « Omnis de nihilO fluxit mortalis origO. »
(*Ibid.*, 105.)

[6] *Ibid.*, 115.

esprit : « Vous nous avez dit que l'abbé Jean, pour avoir observé la loi de Dieu, jouit dans le ciel du sort des bienheureux. C'est bien, mais le reste nous ennuie. A quoi bon, dites-moi, ajouter que le mois de février fut pour lui un trait mortel, et qu'il sortit de ce monde alors que Phébus entra dans les Poissons? Pourquoi vous arrêter et ne pas ajouter toutes les bagatelles que vous connaissez : alors que le ciel était en haut, la terre en bas ; lorsque la Loire coulait et que le vent gonflait ses ondes ; quand nageaient les poissons et que les passereaux volaient ; quand la femme filait et que pleurait la petite fille[1] ? »

Baudri imita son maître ; il poursuivit de ses satires les faiseurs d'éloges funèbres. Il écrivit sur le rouleau de Noël, abbé de Saint-Nicolas d'Angers : « Beaucoup se montrent très-soucieux de commencer par Adam la pièce de vers qu'ils inscrivent sur le rouleau. Mais pendant qu'ils pleurent sur la faute de notre premier père, il leur arrive bien souvent d'enfiler de longues séries de mots inutiles. Il faut maintenant faire l'éloge de l'abbé Noël. Or, je pourrais m'essouffler à faire des vers pour Noël, si le nombre des vers importait beaucoup à un pauvre défunt. Mais comme ces bavardages poétiques lui sont complétement inutiles, laissons là, je vous en prie, toute cette poésie frivole, et mettons notre application à prier[2]. »

Il fallait plus d'un coup pour ébranler un abus si fortement enraciné. Baudri écrit sur le rouleau de Rainaud, archevêque de Reims : « Si ma Muse pouvait être utile

---

[1] Migne, CLXXI, 1675 : *Reprehensio superfluorum in epitaphio Joannis abbatis.*
[2] Migne, 1181.

aux défunts, je devrais assurément lui faire réciter de longues tirades. Mais il convient plutôt de faire, pour les défunts, deux choses réclamées par l'usage et par le devoir : pleurer et prier. Le rouleau, il est vrai, a recueilli çà et là beaucoup de vers, mais je passe outre, ne voulant pas me mettre en frais de bagatelles. D'ailleurs la charte est courte, il convient de l'épargner [1]. » Horace n'eût pas dit autrement pour faire passer, à force d'enjouement et de grâce, une leçon pénible.

Nous ne voulons pas exagérer le mérite de Baudri. Les vers que nous venons de traduire sont rimés. Il en a d'autres sur Noël qui sont léonins ; on trouve plus d'une fois, dans ses titres et dans ses épitaphes, ces jeux de mots si chers à ses contemporains. Bien plus, dans le rouleau d'Adam, lui aussi remonte à notre premier père [2]. C'est ainsi qu'il tombe dans les défauts dont il sent si bien le ridicule. Plus tard, sur le rouleau d'Audebert, archevêque de Bourges, il traça comme une esquisse du genre, qui n'est pas loin d'être parfaite.

« Cet Audebert était encore dans la fleur de l'âge quand la mort cruelle nous l'a enlevé, la mort qui ne sait pardonner à personne. Mais voici que la vue de ce rouleau m'arrache de vraies larmes, larmes que le regret ne cessera de ramener dans mes yeux. Non, Audebert, ton souvenir ne quittera jamais mon cœur et tu ne

---

[1] *Ibid.*, 1183.

[2] « Clauditur in Jano tibi doctor janua vitæ
Vel magis in Jano patuit tibi janua vitæ. »
(Super domnum Berengarium. Ibid., 1110.)

Cf. 1198, *In rotulo de Adam abbate :*

« Profluit ex Adam quod vester pertulit Adam. »

seras pas réprouvé, si mes prières ont quelque puissance [1]. » .

L'exemple de Baudri, sa critique habile devaient porter leurs fruits. A partir de 1096, il n'est pas rare de trouver dans les rouleaux des recommandations comme celles de notre poète [2]. En l'an 1100, les moines de Marmoutiers écrivent dans l'encyclique de leur abbé Bernard :

« Attendu que notre dévot abbé fut un homme d'une austérité sainte, qu'il détesta, qu'il évita autant qu'il le put, non-seulement les paroles coupables, mais encore tout mot vain, inutile et plaisant, nous supplions votre sainteté de ne pas mettre sur cette charte de ces vers futiles et ridicules qui, sans servir au défunt, causent la damnation de leurs auteurs. Bornez-vous à indiquer, sans phrases, les noms de vos communautés avec les prières que vous ferez pour nos pères défunts et pour nous, afin que nous sachions ce que nous devons faire pour vous en retour [3]. »

« Si la raison l'exigeait, écrivent en 1107 les moines de Cluny, nous pourrions nous aussi faire des vers et en couvrir ce parchemin. Mais puisque c'est une œuvre inutile et superflue, nous vous avertissons brièvement, nos très-chers frères, d'échanger vos vers contre le deuil des saintes prières [4]. »

Le rouleau de l'abbesse Mathilde porte des avis aussi sages [5].

---

[1] *Ibid.*, 1184. D.
[2] Cf. *Rouleau de Saint-Bruno*, n° 178, *Ibid.*
[3] *Rouleaux des morts*, p. 155.
[4] *Ibid.*, p. 165.
[5] *Ibid.*, p. 212, 218.

En 1123, les moines de Saint-Aubin d'Angers sup-
plient qu'on ne charge pas le rouleau de Marbœuf de la
vanité des vers et du clinquant des phrases [1].

Il semble même que les conseils de Baudri aient fait
partie de l'enseignement littéraire. Voici du moins ce
que les écoliers de Saint-Pierre de Bath écrivirent sur
le rouleau de Mathilde :

« O nonnes, quelle est votre fureur? Quel amour vous
possède de la vaine poésie? Achevez donc de nous dire
clairement ce que vous avez à dire. A quoi bon nous
accabler, ô bouches retentissantes, du poids de vos
paroles? A quoi bon perdre le temps à coudre des vers
et des lamentations puériles? Le beau malheur qu'une
vieille femme soit morte ; c'est pour cela que vous nous
ordonnez de pleurer! Mais vous élevez au-dessus des
astres la vie de votre abbesse, et vous la placez, sans
hésiter, sur un trône du ciel. Vous êtes donc de vraies
folles puisque vous pleurez, alors que se réjouit votre
maîtresse. En deux mots, si la mort est un mal, c'est
bien fait qu'une femme l'éprouve; si c'est un bien, votre
bonne abbesse, croyez-le, ne s'en plaint pas [2]. »

---

[1] *Ibid.*, 346.

[2] *Ibid.*, 192, *Vox scolarium ejusdem urbis (Bathoniensis)* :

> « Quid furitis, nonnæ?.....
> Quid nos buccicrepa sermonum mole gravatis ?
> Hoc igitur quantum careat ratione videtis.
> Quod vos de domina, cum gaudeat ipsa, doletis...
> Nam mala si mors est, subit illam femina jure ;
> Si bona, non illam patitur bona femina dure. »

Le 147° titre du même rouleau est encore plus acerbe : « Réjouissez-
vous donc, jeunes nonnes ; votre maîtresse morte, vous n'en vivrez que
plus libres. » Il est vrai qu'il finit par ce vers :

> « .... Versus facti post pocula vini. »
>
> (*Ibid.*, 245.)

On a reconnu la fougue, toujours un peu brutale, de la jeunesse. Cet âge est sans pitié. Il faut dire, pour excuser les écoliers, que les religieuses réclamaient des vers et des périodes avec une indiscrétion sans égale. Leur rouleau, long de dix-sept aunes et demi-quart, était réglé des deux côtés. Elles avaient marqué, sur l'itinéraire de leur messager, plus de deux cent cinquante communautés de France et d'Angleterre.

Les leçons malignes de Baudri, les rudes invectives des écoliers de Bath ne sont pas les seules satires que l'on voie sur les rouleaux de cette époque. On y trouve, contre le porte-rouleau, de très-piquantes invectives.

« Selon Virgile, dit Marbœuf, le hibou est un oiseau de mauvais présage, dont le chant annonce la condamnation de la gent volatile tout entière. Arrière, ô porteur du rouleau funèbre, toi qui ressembles à cette bête honteuse. Arrière, hibou dont le chant est lugubre, et qui pourtant veut en être payé. Oui, toi qui n'annonces que mort et tristesse, tu réclames de l'argent d'une main importune ; il te faut des souliers, une bonne nourriture. C'est ainsi que tu fais un commerce de la mort, ô noir habitant de l'enfer, esclave de Pluton, ambassadeur de perdition qui ne cesses de nous crier : Allons, au chapitre ! gémissez et pleurez ; sonnez la cloche, hurlez comme des Corybantes, chantez dans le chœur en deuil des cantiques lugubres. Mais d'abord, payez-moi mes frais de voyage et préparez-moi un repas solide [1]. »

« Or çà, reprend Baudri, cheval de poste, viens moins souvent, toi dont une expérience trop répétée nous a

---

[1] *Ad nuntium mortis,* Migne, CLXXI, 1672, 1673.

appris à redouter les paroles. Que puissent vivre les prélats dont la mort te fait vagabonder, vautour vorace, noir corbeau, cheval de poste volant, hibou qui n'annonces aux mortels que de tristes présages [1]. »

Marbœuf et Baudri en voulaient plutôt à la mort qu'à son noir messager. Non pas que celui-ci ne méritât parfois de vertes réprimandes. Ce n'est pas sans raison que l'Église ne croit pas à la sainteté de ceux qui sont toujours en route [2]. Comment se fier au porte-rouleau, alors que ceux qui l'envoyaient invitaient à se défier de lui : « De peur, dit plus d'une fois l'encyclique, de peur que le messager ne nous dupe, comme il en a la coutume, ayez bien soin de marquer la date de son arrivée. — Mais, ajoutait-on incontinent, traitez-le bien afin qu'il soit plus dispos pour continuer sa route [3]. »

Recommandation inutile. Pouvait-il venir à la pensée des moines de ne pas bien accueillir ce porteur de nouvelles, cette gazette vivante qui avait tant de choses à raconter, outre celles que contenait son immense parchemin ? Dès qu'il arrive dans un couvent, il est entouré et pressé de questions. De quelle abbaye vient-il ? De quelle contrée ? De qui est ce rouleau ? Où l'ont porté ses pas errants ? Et lui de nommer son couvent, son pays et de raconter le grand deuil dont il répand la nou-

---

[1] Migne, 1084, 1085, *Invectio in rolligerum.*

[2] On connaît le dicton : « Raro sanctificantur, qui sæpe peregrinantur. »

[3] *Rouleaux des morts,* 6 : « Ne lator hujus diplomatis colludio alicujus astutiæ... atque ut ad nos absque famis injuria remeare queat opem liberalitatis vestræ ei impertiri satagite. » 7 : « Ne vero, uti assolet, nos geruli mendosa fraus deludat, rogamus diem kalendarum quo vos adierit subnotare ; idemque cursori, ut alacrius iter carpat, diarium largire. » (Cf. 4.)

velle [1]. Baudri et Marbœuf n'ont pas plus songé à renvoyer le porte-rouleau, qu'ils ne penseraient aujourd'hui à refuser leur journal. Il mangeait beaucoup, mais il était bien las ; ne portait-il pas à son cou la cour de Jupiter tonnant, le soleil, la lune, l'air, la terre, la mer, le Tartare, le soufre, la fumée, la lumière, le pôle, et tant d'autres choses que l'on avait écrites sur le rouleau [2] ; il buvait un peu plus qu'un moine, mais il avait marché sous un soleil ardent [3] ; il demandait des souliers, parce qu'il avait usé les siens sur les routes. Nous sommes sûrs qu'à Bourgueil et à Saint-Aubin d'Angers, le rotulifère était accueilli, comme ailleurs, avec toute la douceur de la charité chrétienne [4]. Les moines de Saint-Aubin, dans l'encyclique de Marbœuf, recommandent expressément de bien accueillir le porte-rouleau, en l'honneur du saint pontife [5].

Dans ce temps des divisions féodales, où les seigneuries de toute sorte partageaient le territoire et l'autorité,

[1] *Ibid.*, 42, 43 :

« Tomiferum fratres ut conspiciunt venientem...
Unde domo quærunt, vel qui genus, unde rotellus.
Unde vel errantes proferat unde pedes ?
Edocet ille domum, gentem, funus quoque magnum. »

[2] *Ibid.*, 62 : « Adiit portitor lassabundus. »

« Rolligeri collum nequit ultra tollere rollum,
Quo tot cum tantis scribuntur, et aula Tonantis
Et sol cum luna, stellarum cursus et una
Lux, polus, aer, humus, mare, tartara, sulphura, fumus. »
(*Rouleau de Saint-Bruno*, n° 178. *Ibid.*)

[3] *Ibid.*, 133 : « Gerulus, incalescente sole, adiit limina. »
[4] *Ibid.*, 60 : « Cum dulcedine charitatis excepimus illum. »
[5] *Ibid.*, 346 : « Latori quoque præsentium, pro amore Dei et mirandi pontificis honore, necessaria ministrate, ne si dimiseritis vacuum, quod absit, deficiat in via. »

l'Église établissait l'unité, non-seulement entre les provinces d'un même peuple, mais encore entre les divers États. Tous les monastères sont les sujets d'un même prince qui est à Rome, et les prosélytes d'une même foi. Au-dessus du morcellement féodal de la souveraineté règne, dans le monde religieux et jusque dans le monde lettré, une union, une communauté de pensées, de sentiments et même d'action, dont n'auront pas idée les peuples du XVIIᵉ siècle ou même du XIXᵉ siècle. Le monde lettré a encore la même langue, la langue latine. Aussi ne pourrait-on pas distinguer, dans la littérature de l'époque, cette variété, cette diversité qui plus tard marquera les écrits littéraires de chaque peuple et fera reconnaître, même sous le voile de la traduction, l'œuvre d'un Français et celle d'un Allemand, l'œuvre d'un Anglais et celle d'un Italien. Les rouleaux des morts demeurent comme un témoignage de cette union des âmes chrétiennes et des esprits cultivés, qui vivent dans une même communauté de foi et de sentiments ; ils attestent que l'Église, au moyen âge, était la principale puissance, parce qu'elle possédait les hommes dans l'unité.

A voir le nombre d'épitaphes funèbres que renferment les œuvres imprimées de Baudri, on dirait que son époque l'a choisi pour auteur d'*épitaphes*. Ce choix était heureux ; il nous a valu mainte inscription correctement versifiée, où le goût a peu de chose à reprendre : mérite d'autant plus grand qu'il est plus rare : on peut en juger par ce que nous venons de dire des rouleaux. Mais cet ensemble de qualités négatives nous touche peu ; nous doutons qu'il soit possible de lire maintenant, sans ennui, la longue suite d'épitaphes composées par Baudri.

C'est que Baudri n'est guère aimable que dans la conversation, et l'on ne peut causer sur la pierre, ni sur le
bronze : c'est un poète dont la verve jaillit à son heure,
et non sur commande ; un esprit délicat qui s'épanche
volontiers avec un petit auditoire d'élite, mais qui devant
la foule reste froid. Il fait des efforts pour satisfaire ses
clients : mais la bonne volonté ne produit pas l'inspiration. Qui fut plus désireux de faire une belle ode que
Boileau ? Tout son bon vouloir n'aboutit qu'à l'ode sur
la prise de Namur. Baudri ne fut pas mieux servi par
son désir de pleurer dignement, dans une poésie lyrique,
son maître Hubert. Ce n'est pas une docte et sainte
ivresse qui lui fait la loi, mais une suffocation, un
essoufflement produit par l'abondance des sanglots, qui
ne lui permet pas de fournir d'une haleine la carrière de
l'hexamètre, mais le force de choisir l'asclépiade. Pour
rendre sa douleur plus sensible à la foule, il l'exagère [1].

Il est simple et naturel, quand il pleure sans témoins.
Peu s'en faut qu'il n'atteigne le comble de la grâce et de
la mélancolie, dans cette épitaphe sur la mort d'un
enfant :

> « Urna brevis, modicusque lapis super additus urnæ
>   Signant materiam quam foveant modicam.
> Quod premit iste lapis pueri sunt ossa tenelli ;
>   Si tamen una satis riguit ossa dies [2]. »

Ces vers n'étaient pas faits pour la foule ; la foule ne
se presse pas aux tombeaux des enfants.

---

[1] Migne, 1198, *De magistro suo planctus* :

> « Hinc est creber anhelitus.
> Singultus peperit carmina lubrica
> Haud arcens elegos claustra poetica. »

[2] Migne, 1197, B, *Super Odonem puerum.*

Ainsi, comme nous l'avons dit, Baudri n'est pas le poète de la foule :

« Non ego ventosæ plebis suffragia venor [1]. »

Il est poète pour ses amis :

« Nec recito cuiquam, nisi amicis [2]. »

[1] Ep. i, 19, v. 37.
[2] Serm. i, 5 ; v. 73.

CHAPITRE VI

Baudri et ses amis

Ovide premier maître de Baudri dans le genre épistolaire. — Baudri
l'imite dans des lettres fictives. — Raisons de la vogue d'Ovide au
moyen âge. — L'amour de Baudri pour la campagne. — Ses relations littéraires avec ses amis. — Baudri directeur des jeunes gens :
directeur littéraire ; directeur moral. — Comparaison de sa direction avec celle d'Horace. — La douceur et la sagesse de sa direction.
— Ses *Juvenilia*. — Interprétation du paganisme au moyen âge. —
Baudri défend ses poésies légères contre ses détracteurs. — L'amour
platonique au moyen âge. — Instruction des religieuses au XI⁰ siècle.
— Les femmes lettrées d'Anjou au XI⁰ siècle. — Les relations de
Baudri avec des femmes lettrées. — L'idée de la pudeur au moyen
âge.

Les maîtres de Baudri avaient dû l'habituer à corres-
pondre en vers. C'est en vers que Marbœuf semble avoir
écrit la plus grande partie de ses lettres. Professeur, il
versifie des conseils pour ses élèves, des invitations pour
ses amis, de pieuses exhortations pour les vierges chrétiennes ; évêque, il adresse à ses collègues des lettres
en vers. Mais on chercherait en vain, dans cette correspondance, le laisser-aller qui fait le charme du style
épistolaire. L'on s'attend à voir un ami qui s'épanche
dans les libres détours d'une conversation sans apprêts,
et l'on trouve un professeur, préoccupé avant tout

d'étaler toutes les ressources de son talent de versificateur. Presque toutes les lettres de Marbœuf sont en vers
léonins ou en vers rimés ; aussi manquent-elles des
qualités du style épistolaire : la simplicité et l'abandon.

Nous savons que Baudri s'adressait aux anciens pour
achever son éducation première. Pour se parfaire dans
l'épître en vers, il eut recours à un maître qui faillit le
gâter : Ovide, vers qui le poussaient une sympathie de
caractère, une certaine ressemblance de nature.

Baudri avait fait des œuvres d'Ovide comme son livre
de chevet ; il ne peut se résoudre à s'en dessaisir ; il
faut qu'on le lui arrache. En vain on le supplie, l'on se
jette à son cou, l'on se roule à ses pieds. Il refuse. Il
faut, pour l'ébranler, qu'on lui promette, sous la foi du
serment, de lui rendre bientôt le précieux manuscrit ; il
est tellement étonné d'avoir cédé, qu'il se demande s'il
n'a pas été dupe d'enchantements magiques. Enfin, le
temps lui semble si long, sans son Ovide, qu'il s'imagine
avoir eu affaire à un fourbe : « Plaise au ciel que son
serment ait été sincère et qu'il me rende cet Ovide,
dérobé à ma crédulité [1] ! »

Quand on parcourt la liste des poètes lus au moyen
âge, dont le nom nous est parvenu ; quand on relève les
citations ou les imitations d'auteurs païens, faites par les
prédicateurs ou par les versificateurs, on est tout étonné

---

[1] Pièce inédite CLXXIII, *Ad eum qui Ovidium ab eo extorsit :*

    « Pendulus a collo, pedibusque cubando volutus....
    Abnuo.....
    Et puto quod magica me tandem eluserit arte.
    O utinam verum juraverit ! ut mihi reddat
    Quem male decepto sustulit Ovidium ! »

de voir qu'Ovide est dans toutes les mains, qu'il est dans toutes les mémoires, que son autorité est apportée dans la chaire et qu'il fait les amusements des poètes. Aucun ancien peut-être, à travers le moyen âge, jusqu'à la réforme de la chaire, au xviie siècle, ne fut autant cité par les prédicateurs chrétiens. Il est dans la bibliothèque des élèves. Au xiiie siècle, nous le trouvons parmi les livres que vend pour boire un étudiant. Il n'est pas jusqu'aux mystiques qui ne l'exploitent ; ils tournent ses vers dans un sens moral, et ne craignent pas de faire des emprunts à ses pièces les plus passionnées.

Cette faveur étonnante du poète le plus libre de l'antiquité, dans les âges de foi, est un reste du sensualisme païen que n'a pas encore étouffé l'esprit du christianisme. La religion eut à lutter contre la barbarie germaine : elle la dompta peu à peu par les institutions pacifiques, par la trêve de Dieu. Puis elle eut à lutter contre le sensualisme païen de la société romaine ; elle l'attaqua par la virginité chrétienne, par le monachisme. Mais la lutte devait d'autant plus durer, que le sensualisme reposait sur des passions plus naturelles à l'homme, et mieux garanties des changements de la mode. Ovide demeura comme l'amusement du moyen âge, parce qu'il chantait l'amour, la passion qui échappe le plus aux variations de la vogue, la passion que comprenaient le mieux les peuples les plus grossiers. Citer Ovide du haut de la chaire chrétienne, c'était donc apporter aux auditeurs l'autorité qu'ils connaissaient le mieux ; c'était tourner contre leurs passions des armes fournies par eux-mêmes.

La vogue d'Ovide, à travers le moyen âge, nous est donc comme un indice de ce courant de sensualisme païen, que la religion a peine à dessécher. Nous savons que le rétablissement de la famille, de ses priviléges, est l'œuvre du christianisme. Or, pendant le moyen âge, nous voyons sans cesse ses droits méconnus et remplacés par ceux de l'amour coupable. Il n'est pas rare de voir, dans les poésies, l'amant substitué, et comme légitimement, au mari. Il était naturel qu'Ovide fût le poète favori de ceux pour qui l'Amour était l'objet d'une véritable religion.

Sans doute Baudri, pas plus que les prédicateurs, n'obéissait à des pensées sensuelles en citant ou en imitant Ovide. Mais ils subissaient le goût de leur époque ; ils partageaient ses préférences littéraires.

Baudri lit les œuvres d'Ovide pour y apprendre l'art épistolaire. Après les avoir longtemps méditées, il s'essaie à les reproduire. Il refait la correspondance de Pâris et d'Hélène, qu'il avait lue dans les Héroïdes. Sa copie est assez fidèle, mais son pinceau, plus chaste que celui du maître, a voilé plus d'une esquisse trop libre [1]. Après avoir rajeuni l'œuvre d'Ovide, il entreprend de le faire revivre lui-même avec ses amis. Il nous reste une lettre d'Ovide à Florus, et la réponse de Florus à Ovide [2]. Tous ces essais montrent que l'apprentissage de Baudri ne lui a pas été inutile. Mais le disciple y laisse voir qu'il se sent à une école qui ne lui convient pas. Aussi bien, pourquoi faire parler les morts quand on a soi-même tant de choses à dire et tant d'amis pour les écouter ? Baudri ne peut rester dans ce rôle : il interrompt Pâris pour répondre à Hélène des choses qu'elle

---

[1] Pièces inédites XLII, *Paris Helenæ* ; XLIII, *Helena Paridi*.
[2] Pièces inédites CLIX, *Florus Ovidio* ; CLX, *Ovidius Floro suo*.

n'entendrait pas, si toutefois elle devait les lire. Sous prétexte de louer les vins de la Troade, il vante les vins de Rébréchien, lieu voisin d'une ville nommée Orléans. « Le roi Henri, dit-il, en portait toujours avec lui pour se donner du cœur au combat. » Voilà donc Hélène transportée dans la patrie de Baudri, sur les rives de la Loire. Vous entendez que le poète va l'inviter à saluer son fleuve favori. Or, l'Authion est un affluent de la Loire ; c'est bien le moins qu'Hélène descende jusqu'à la charmante solitude du poète et qu'elle ne rentre pas dans la Troade sans avoir vu Bourgueil. Dans un siècle où les historiens et les poètes confondent tous les temps comme à plaisir, c'est le seul anachronisme que Baudri commette. Il est donc bien vrai qu'Ovide l'eût gâté. Il le quitta, ne retenant guère de son commerce qu'une grande facilité à manier les distiques : mètre alerte et court, qui convient aux saillies de la conversation.

Baudri est un amant de la campagne, *ruris amator*. « Mes vers, écrit-il, sentent les champs. J'habite la campagne où l'on trait les brebis, où l'on paît les grands troupeaux de bœufs, à l'abri des soucis de la ville. Les places publiques ne me voient pas, non plus que les châteaux. Les nouvelles du monde entier, dont le bruit trouble les villes, je les ignore ; mais je connais les mugissements des bœufs, le bêlement des brebis ; je connais le gai babil des oiseaux [1]. »

Mais, pour Baudri, le plus joyeux paysage est triste, le ciel le plus riant est morne, s'il n'y voit rayonner un visage aimé. Plus heureux que le maître de Tibur, Baudri, pour satisfaire son besoin d'aimer, avait à sa

---

[1] Pièce inédite CCXXIX.

disposition les trésors de la fraternité chrétienne. Ses premiers amis étaient ses moines : « Hâtez-vous, écrit-il à Étienne ; vous absent, c'est la moitié de moi-même qui me manque. Un seul jour sans vous me semble une année entière ; mille jours avec vous me semblent rapides comme un seul jour [1]. »

Aussi, comme les moines de Baudri l'aimaient ! Le seul bruit d'une absence prochaine de leur abbé les mettait en larmes. Il les console avec une délicatesse toute maternelle : « Il ne faut pas pleurer, mon cher Raoul, encore qu'un bruit fâcheux soit venu à vos oreilles. La renommée est une déesse menteuse. Ne vous affligez pas des maux qui sont encore à venir [2]. »

Comme cette Loire qu'il a tant chantée, comme ce fleuve aux flots puissants que ne peuvent contenir ses rives, le cœur de Baudri s'épanchait souvent en dehors de son monastère. Alors partaient ces lettres aimables, les meilleures de ses compositions, parce qu'elles coulaient de la source d'où jaillit la vraie poésie : « C'est ma coutume, a-t-il dit, d'écrire en vers à mes amis ; je ne sais pas le faire autrement : de là me vient ma valeur [3]. »

Comme Horace, Baudri pense que la critique bienveillante est le premier devoir de l'amitié. Il ne craint pas la censure du public lettré : il lui arrive d'écrire, au

[1] Pièce inédite CLII, *Ad Stephanum monachum suum :*

> « Sola dies sine te mecum decernitur annus ;
> Mille dies tecum, parva brevisque dies. »

[2] Pièce inédite XLVIII, *Ad Radulphum monachum.*
[3] Pièce indédite CCIV, *Constantiæ :*

> « Carmine mos meus est nostros nostrasque salutem
> Non aliter possum ; non aliter sapio. »

bas de ses vers, cette note en prose qui appelle la critique : « Qui que vous soyez qui lisez ces vers, voyez de vos yeux combien je suis imparfait, et daignez suppléer à mon insuffisance [1]. » Mais c'est à ses amis surtout qu'il réclame des critiques et des conseils. Sans doute, il attend bien quelques éloges : « Si j'ai fait quelques bons vers, écrit-il à Marbœuf, louez-les dans une juste mesure ; j'entends retirer de mon travail cette récompense qui ranimera mon zèle pour l'étude. Louer le poète quand il le mérite, c'est lui donner un coup d'éperon ; c'est, aux talons, lui attacher des ailes. Mais, ajoute-t-il, gardez-vous de louer ce qui appelle la critique ; corrigez mes fautes en censeur indulgent, en ami [2]. »

Baudri n'oubliait pas son ancien maître ; il avait toujours confiance dans sa direction ; il le consultait ; il le voyait souvent et conversait avec lui de vive voix et par lettres [3]. Parmi les autres poètes que Baudri conjure de corriger ses vers, nous trouvons Godefroi de Reims, puis Payen d'Angers, un nommé Galon et un certain Robert. De bonne foi, il les croit bien plus habiles que lui. Jamais poète n'a moins marchandé la louange à ses rivaux. Marbœuf est pour Baudri le prince des poètes, un poète divin. C'est du jugement de Payen que ses vers recevront toute leur illustration, comme son ma-

---

[1] Pièce inédite CCVI, *Pro tabulis gratiarum actio :* « Quicunque hos versus legeritis, imperfectum meum videant oculi vestri, et vos imperfecti mei supplementum estote. »

[2] Pièce inédite CXLVIII.

[3]   « Me tibi, teque mihi, quoniam, divine poeta,
          Mutuus affectus et mutua fabula jungit,
          Verborumque frequens nos alternatio pascit. »
                                        (*Ibid.*)

nuscrit, du titre et des lettres capitales [1]. Et de quel ton modeste il parle à Godefroi ! « Je sais bien que vous vous nourrissez des chefs-d'œuvre de la poésie : vous savez, au ton grave de Virgile, unir le ton léger d'Ovide. Veuillez pourtant me recevoir, moi chétif, au nombre de vos amis, et lire mes vers de bon cœur. Aux grands poètes, vous donnerez un an ; à moi, vous m'accorderez bien au moins un jour. Voyez comme les petites choses font bien, mêlées aux grandes. Dans les ailes des oiseaux, une grande plume se rattache à une petite, que suit une plume plus petite encore. Il n'est point de maison dont toutes les parties soient égales : cette colonne-ci est petite, cette autre est grande [2]. » — « On a cessé d'aimer ses amis, a dit quelqu'un, quand on a cessé de jouir de leur supériorité. » Baudri n'a jamais cessé d'aimer ses amis.

Un cœur si aimant avait encore plus besoin de voir ses amis que de leur écrire. Il se les figurait auprès de lui le jour ; la nuit, il les revoyait souvent dans ses songes [3]. Mais il voulait davantage. Sa Muse se joue dans les imaginations les plus gracieuses, pour leur faire sentir combien il serait aise d'aller les rejoindre. Il voudrait être le messager, le parchemin qu'il leur envoie et que touchera leur main. Alors il examinerait à

---

[1] Pièce inédite ii :

> « Tu quoque sis titulus, tu littera sis capitalis,
>   Tu castigator codicis esto mei. »

[2] Pièce inédite clxi, *Ad Godefredum Remensem.*

[3] Pièce inédite clxv, *Ad amicum post reditum suum :*

> « Si plus non poteram mihi te vigil effigiabam ;
>   Teque figurabant somnia multa mihi.
>   ..... nec eram longinquior a te. »

loisir la physionomie et les sentiments de son lecteur[1]. Mais des devoirs sans nombre ne lui permettraient pas de quitter pour longtemps son monastère. Que ne vient-on plutôt à Bourgueil ? Il saurait, lui, se ménager du temps et un lieu pour voir ses amis[2]. Oh ! s'il pouvait enfin les entretenir ! Quel réveil pour sa Muse, car loin d'eux le sommeil l'engourdit ; son génie s'étiole et sa veine se dessèche[3].

« Viens donc, écrit-il à Avitus, viens donc habiter avec moi. Quelles aimables conversations nous aurons ensemble ! J'ai un jardin rempli de plantes parfumées où fleurissent la rose, la violette, le thym et le crocus ; le lys, le narcisse, le serpolet et le romarin ; le jaune souci, le daphné et l'anis. D'autres fleurs s'y épanouissent à leur tour, de sorte qu'à Bourgueil le printemps est perpétuel. Une fleur n'est pas fanée qu'une autre fleurit à sa place. J'ai un ruisseau qui coule doucement et doucement murmure ; son eau vive et fraîche arrose mon jardin. L'onde transparente se brise sur les cailloux de marbre et va se perdre, après mille détours, au milieu d'une prairie. Quand le soleil darde ses rayons

---

[1] Pièce inédite CLXX, *Ad amicum cui cartam mittebat :*

> « O utinam legatus ego meus iste fuissem
> Vel quam palparet cartula vestra manu !..
> Tunc explorarem vultumque animumque legentis. »

[2] Pièce inédite CL, *Ad Simonem qui cum eo morabatur :*

> « Multiplices curæ non me paterentur in urbe
> Esse diu tecum, sed si tu veneris ad me
> Ipse parabo mihi tempusque locumque vacandi. »

[3] Pièce inédite CLI, *Ad eum cujus colloquium exspectabat :*

> « O si colloquium nos nobis contiguaret !
> Pigritie sopitum me evigilares...
> Ingenii nam vena mei quasi sopita marcet. »

ardents, je puis, pour refaire mes hôtes fatigués, les cacher sous d'agréables ombrages. Bourgueil a son bosquet où croissent l'osier, le laurier et le myrte ; où le poirier se mêle à l'olivier, le cerisier au pin, et le pin au pommier. Là, pendant la nuit, Philomèle poursuit sa plaintive chanson, et, d'une voix amoureuse, reprend le récit de ses antiques douleurs. Viens donc que nous passions, dans ce jardin, des heures joyeuses ! Tu me réciteras tes vers ou je te chanterai les miens, car moi aussi j'ai composé des vers en grand nombre [1]. »

Horace est-il plus séduisant et fit-il jamais, avec plus de grâce, la description de son petit domaine ? Dans son désir de plaire, Baudri va jusqu'à transplanter à Bourgueil les arbres de Tibur. Avait-il donc une serre pour abriter l'olivier et le myrte, ou ne faisait-il qu'user du privilége des poètes qui, sous tous les climats, font s'épanouir toutes les fleurs ?

Quel accueil, quand l'on s'est rendu à son invitation ! De quel air heureux l'hôte aimable invite le visiteur, à goûter avec lui la joie la plus pure, de ce qu'il appelle si bien une amitié sainte que ne souille aucune tache [2] ! « Réjouissons-nous d'abord, s'écrie-t-il : enfin je suis tout à vous ; vous, tout à moi ! Puisqu'aujourd'hui nous pouvons nous parler, mettons de côté style et tablettes et passons-nous du messager [3]. »

Une fois en possession de ses amis, Baudri use de tous les artifices pour les retenir. Quelle tristesse l'ac-

---

[1] Pièce inédite CXCI, *Ad Avitum ut ad eum veniat.*

[2] Pièce inédite XLVI, *De Johanne desiderato diutius :*

> « Est quoque sanctarum genus illud amicitiarum,
> Quod tandem nullis officitur maculis. »

[3] Pièce inédite CLXIV, *Amico quem ante non viderat.*

cable quand l'hôte bien-aimé songe aux préparatifs du départ ! « Vous allez me quitter pour revoir votre pays ; pour revoir les vôtres, vous allez me quitter. Plût au ciel que ce ne fût pas une nécessité ! » Baudri accompagne son ami jusqu'à la porte du monastère ; pendant que celui-ci monte sur sa mule, ils échangent un dernier adieu. Il faut promettre que l'on reviendra, souvent et bientôt. Pour obtenir cette promesse, comme l'aimable abbé sait bien faire valoir à chacun les avantages particuliers que peut lui procurer le séjour de Bourgueil ! « Eh bien ! — dit-il à Guillaume, qui habite un pays où l'on ne boit que de la bière — eh bien ! il faut donc que vous veniez ici chaque année, pour boire avec nous le vin que nous avons en abondance. Si j'ai quelque bon vin de réserve, je vous le donnerai ; vous, donnez-vous à moi [1]. »

Quand ses amis l'ont quitté, Baudri est si triste, qu'il ne sait plus chanter : « O douleur, le destin cruel, en vous arrachant à moi, m'a enlevé toute ma joyeuse humeur. Voici que ma Muse daigne à peine me regarder de travers, ou plutôt elle s'est enfuie avec vous [2]. »

A ces plaintes, que l'absence arrachait à Baudri, ses amis avaient une réponse facile : « Que ne venez-vous

---

[1] Pièce inédite CCXL, *Ad Willelmum Lisoiensem :*

> « .... si quæ meliora supersunt
> Largiar ipse tibi ; mihi te largire roganti. »

[2] Pièce inédite CLXXI, *Amicis qui ab se recesserant :*

> « En vix obliquo me musa revisit ocello...
> Credite vobiscum fugiens mea Musa recessit
> Ex tunc incedo reptans sermone pedestri,
> Ergo pedes vadam, cum mihi desit equus. »

nous voir? » Mais les soins qui le retenaient à Bourgueil étaient si nombreux, qu'ils ne lui permettaient guère de quitter l'abbaye, si ce n'est pour des affaires graves. Enfin, le voilà libre ! Il peut se rendre chez un ami qui l'a invité à dîner. Aussitôt son esprit enchanté lui peint, chemin faisant, un repas splendide où figurent bien des mets défendus par sa règle et que, croyez-le bien, il ne goûtera pas. Mais quand on est libre et que, par un beau temps, on va voir des êtres aimés, n'est-ce pas alors que l'imagination chante les rêves les plus séduisants ; n'est-ce pas le moment où l'on se forge les félicités qui font pleurer de tendresse ? « Un de mes amis, se dit Baudri, le meilleur de tous assurément, m'invite à sa table. Il me promet un véritable festin ; sa cuisine est renommée ; il a ce vin qui réjouit les cœurs tristes. Voici que s'éteint le feu où coule la graisse des viandes ; la graisse des volailles mises à la broche le fait fumer. Je vois du gibier de toute sorte ; la Loire a fourni son tribu de poissons variés ; partout des casseroles où chante la chair qui grille ; partout des oiseaux à rôtir. L'ail, le serpolet, les herbes odorantes, le poivre sont broyés par un cuisinier qui sait son métier. Il les mêle ensemble et les humecte de frais vinaigre. Un entretien qui se prolongera dans la nuit nous mettra en joie ; la maison elle-même nous rendra la fête plus aimable : le bruit de la foule, les rayons du soleil n'y pénètrent pas. Nous serons juste autant de convives que le veulent les anciens ; neuf, comme le chœur des Muses. Les anciens n'en veulent pas souffrir un plus grand nombre. La foule, en effet, nuit à la décence des repas ; il est impossible d'y régler la conversation et d'empêcher le tumulte. » Dans la peinture de son festin, Baudri se souvient de Varron [1]. Quand l'âme est en fête, n'est-ce pas alors que la mémoire se pare de ses plus beaux souvenirs ?

Baudri était fidèle à ses amis, surtout quand ses amis étaient malheureux. L'abbé de Saint-Rémi de Reims avait été déposé par Manassès, archevêque de cette ville. Pour lui faire rendre justice, Baudri s'adresse à l'évêque d'Ostie, en très-grande faveur auprès du pape, qui avait été, comme lui, moine de Cluny. Baudri se contient quelque temps pour se concilier, par un compliment, la faveur du prélat. Mais enfin sa douleur éclate : « J'ai un fils que j'aime uniquement ; il est abbé comme moi. L'amour que je lui porte me fait tomber à vos pieds. Sur lui s'est appesantie la colère de l'archevêque de Reims, qui mérite d'être écrasé par la colère du pape. Eudes, c'est pour ce fils que je répands mon cœur devant vous ; faites, je vous en prie, une chose qui vous est si facile ! Prenez le parti de l'abbé. Que mon fils soit rétabli dans sa charge. Rome a confirmé son élection ; il faut que le choix de Rome soit irrévocable. Si vous ne méprisez pas ma prière, Eudes, vous pouvez, vous devez rendre son abbé à Saint-Rémi. Je ne serai pas ingrat : pour vous témoigner ma reconnaissance, j'ajouterai mes vers aux présents, mes présents aux vers [2]. »

---

[1] Pièce inédite CCXLIX, *Ad ipsum qui eum invitaverat* :

  « Convivæ tot erunt veterum quot præcipit usus ;
   Ut non Musarum transiliant numerum. »

[2] Pièce inédite CCXXXII, *De Hostiensi episcopo.* Migne, 1205, D.

Baudri devait à sa foi et à son caractère sacerdotal une aptitude spéciale pour un ministère qu'Horace aimait à remplir : la direction des jeunes gens. Nous n'avons pas précisément en vue la direction littéraire : dans ce rôle difficile, l'ami des Pisons atteint la limite du tact, de la finesse et du goût; l'on ne peut lui comparer personne. Baudri sait cependant donner aux jeunes gens un encouragement affectueux, un bon conseil. « Ecrivez-moi en vers, écrit-il à Giraud, et vous me contraindrez à faire des vers pour vous répondre. Le jeune homme que je préfère, est celui qui applique son esprit à la composition. Si donc vous désirez m'être agréable, faites que l'on vous voie toujours un livre ou une tablette à la main. Tournez et retournez vos livres : demandez, redemandez-leur ce que vous ne savez pas : faites quelque œuvre que vous puissiez réciter à vos amis[1]. » Ces conseils de Baudri n'étaient pas sans fruits. Un jeune Normand, du nom de Guillaume, alla même jusqu'à quitter sa patrie pour se mettre en quête de livres. L'amour de l'étude lui avait fait accepter la vie pauvre et nomade de l'exil. Sans argent, sans demeure, vêtu de haillons, les cheveux en désordre, bon toutefois, aimable et poli, il était toujours à la recherche des livres : Baudri le félicite, l'encourage et compatit à ses peines. Il partage avec lui ses modestes richesses : c'est peu de chose, mais il fera davantage quand Guillaume sera de retour. Il lui

---

[1] Pièce inédite ccxxxv, *Ad Geraldulum* :

« Ille mihi puer est puero jucundior omni
Qui proprium tabulis applicat ingenium. »

écrira, lors même que ses lettres resteraient sans
réponse [1].

Nous voulons parler surtout de la direction morale que
Baudri a exercée, sous la forme d'épîtres en vers adressées à des jeunes gens. Parfois, Baudri s'en tient à la
morale naturelle, qui ne serait pas au-dessus d'un poète
païen. S'il veut ramener à des sentiments plus humbles
un jeune homme trop fier de sa beauté, il se contente,
ou peu s'en faut, de la sagesse d'Horace. Mais il pare
ses vers de je ne sais quelle grâce inaccoutumée : on
dirait qu'il a dérobé le pinceau de Virgile : « Ta beauté
nous plaît, parce qu'elle est à la fois digne et charmante ; ta joue rosée nous plaît, ainsi que ta chevelure
dorée et ton visage modeste. Ta voix charme nos
oreilles comme une suave mélodie ; l'on se demande si
c'est la voix d'un adolescent ou celle d'une vierge. Tu
seras un autre Orphée, si l'âge n'altère pas ta voix : l'âge
qui distingue le jeune homme de la jeune fille. Ton
regard, limpide comme le cristal, va jusqu'à mon cœur :
on dirait la lumière pure des deux astres jumeaux. Ta
chair a la blancheur du lait. Voilà ce qui me plaît en
toi. Je te loue aussi parce que tu n'as pas voulu être le
Ganymède de Jupiter ; plaise au ciel que l'amour ne te
corrompe jamais ! Mais je ne puis louer ta sévérité af-

---

[1] Pièce inédite CCXII, *Guillelmo Normanno :*

« Intonsi crines, capitis dissuta lacerna
   Et color illotæ luridus interulæ.....
   Sunt, puer, exsilii tristia signa tui.
Factus es exsul, inops, pauper, vagus et fugitivus,
   Ut tibi librorum sarcinulas rapias.
Ergo compatiens quam suffers anxietati
   Te volo divitiis participare meis....
   Respondebo tibi si taceas etiam. »

fectée. Ton orgueil est si grand, que tu daignes à peine nous honorer d'un regard de travers. D'aventure, on obtient de toi un bonjour jeté du bout des lèvres ; mais il faut t'avoir salué le premier. Sans doute, tu crois que l'univers entier ne pourrait t'opposer un rival. La terre produit beaucoup de troënes, beaucoup de lys et beaucoup de violettes ; elle n'est pas avare de fleurs charmantes. Tu n'es pas le seul qui soit chaste, ni le seul qui soit beau. Beaucoup ont une beauté égale à la tienne, sinon plus grande. Tu es chaste ; beaucoup le deviennent en vieillissant. Il y a des ânes que la nature a faits plus beaux que les autres. Si donc tu veux me plaire, chasse bien loin cette superbe qui rappelle le cothurne. Souris à qui te sourit ; réponds à qui te parle honnêtement. Apprends à fléchir la tête, apprends à baisser les yeux. Le temps, crois-moi, emportera ta beauté dans sa fuite. Alors ta peau se ridera ; alors se dessèchera ta chair ; la toux t'agitera ; ton poumon se fondra en humeur et ton foie malade allumera la guerre au dedans de toi [1]. »

Pour préserver de l'orgueil un autre adolescent, aussi remarquable par ses talents que le premier par sa beauté,

---

[1] Pièce inédite XXXVIII, *Ad juvenem nimis elatum* :

> « Forsitan ipse putas quia regnes solus in orbe.
> Multa ligustra parit tellus et lilia multa ;
> Et violas multas et flores edit amœnos...
> Pulcher es et pulchros plures natura creavit ;
> Et natura facit ut asello præstet asellus.
> Pelle coturnosos et fastus rejice tantos ;
> Ridenti arride ; responde digna loquenti ;
> Flectere disce caput et lumina flectere disce.
> Crede mihi, speciem tibi labilis auferet ætas ;
> Cum te tussis aget, fluidus cum pulmo liquescet,
> Cum tabes jecoris bella intestina ciebit. »

il semble d'abord que Baudri ne va puiser que dans ce bon sens, commun à tous les temps et à tous les hommes. Mais après un éloge presque complaisant des talents de cet adolescent, il s'écrie tout à coup : « Je suis heureux, je suis fier, je me réjouis avec celui qui a reçu tant de bienfaits, et je dis : Gloire au grand Dieu qui les lui a donnés ! Garde-toi donc de l'orgueil et ne prête pas l'oreille aux flatteurs [1]. »

D'un coup d'aile, Baudri s'est élevé jusqu'à Dieu : il plane au-dessus d'Horace à des hauteurs que celui-ci ne songeait pas à atteindre, puisqu'il ne les connaissait pas. Du reste, Horace n'a jamais eu l'ambition de s'élever jusqu'aux sommets de la sagesse humaine. Il s'est fait, à mi-côte, entre le libertinage et la vertu — j'entends le *decorum* païen — une petite demeure tranquille où il invite Florus, Lolius, Celsus Albinovanus, Scæva, Numicius, à se rendre, sans se presser, par une route facile qu'il leur trace. De là, ils s'acheminent ensemble vers le monde, marchent loin derrière les stoïciens, un peu en avant du troupeau d'Epicure, auquel le maître se mêle parfois, sans défendre à ses disciples de se retourner pour voir ses honteux ébats. Chemin faisant, ils se gardent contre les impressions trop fortes ; saluent, sans trop se courber ; ne tendent pas la main, mais accueillent tous les bienfaits ; remercient, mais avec la dignité d'hommes libres qui ne se vendent pas ; s'arrêtent à la demeure de toutes les sirènes, mais sans s'y fixer, pour avoir la joie d'y revenir. Jouir beaucoup

---

[1] Pièce inédite CLXXV, *Ad puerum mirandi ingenii :*

> « Lætor et exsulto ; congaudeo suscipienti ;
> Et dico : Danti gloria summa Deo !
> Extolli noli, neque præstes laudibus aurem. »

et longtemps : Horace ne se propose pas d'apprendre autre chose à ses jeunes amis.

Baudri ne s'est pas donné, il a reçu la mission de conduire les jeunes gens dans la route du ciel. Bien différent d'Horace, qui montre à ses amis la voie la plus facile, Baudri pousse les siens dans le chemin le plus rude. Il n'a pas de repos qu'ils ne soient entrés dans le sentier âpre et solitaire, où les pieds saignent, où le cœur s'immole à chaque instant. Il n'écrit guère à un jeune homme sans l'engager à se faire moine. Quand il parle de vocation religieuse, il se pare de tous ses attraits, déploie toutes ses forces, jette à pleines mains les trésors de son esprit et de son cœur. Il semble n'aimer les jeunes gens, que pour les attirer dans la voie sûre qui mène au ciel. Presque toutes les épîtres qu'il leur adresse portent un titre qui ressemble à celui-ci : « *Ad quemdam ut se monacharet.* » « Notre liaison, écrit-il à Gautier, deviendrait parfaite si vous changiez d'habits ; si, comme moi, vous preniez le nom de moine, pour en fixer les liens [1]. »

Baudri, pour parler aux jeunes gens le langage qui devait les faire moines, n'avait qu'à lire dans son cœur les sentiments toujours vivants qui l'avaient conduit à Bourgueil ; les joies douces et paisibles qu'il goûtait dans ce paisible séjour. Aimable et séduisant, il s'élevait sans efforts à une éloquence irrésistible : « Venez

---

[1] Pièce inédite XLI, *Cuidam Gauterio* :

> « Id consummaret si nexus altera vestis,
>   Et monachi nomen perpetuaret idem
> Ut vero nostro diuturnus amore fruaris...
> Quod si decernis ad nos accedere talis,
>   Mandavi nostris ut tibi sint comites,
> Nunc igitur propera : nocuit differre paratis. »

ici, s'écriait-il, pour embrasser le repos d'une vie sainte ; venez ici, pour méditer, pour apprendre, pour prier ; venez ici, pour donner à un grand nombre un modèle généreux de sainteté. Venez, pour enseigner et pour donner à vos disciples la leçon de l'exemple. Soyez pauvre avec moi, ou plutôt avec le Christ qui fut pauvre. Un jour, vous règnerez avec le Christ et vous serez riche avec lui [1]. »

A entendre Baudri déclarer qu'il veut faire moines tous ses jeunes amis, nous avions senti quelque regret, éprouvé certain embarras. L'abbé de Bourgueil, disions-nous, n'aurait-il pas été un directeur d'un zèle indiscret ? Mais de pareils appels à la vie monastique n'ont pu séduire que des âmes fortes : ils n'ont jeté personne en dehors de sa voie dans le chemin de Bourgueil ; ils n'ont fait moines que ceux que Dieu appelait.

Du reste, avant d'inviter un jeune homme à la vie religieuse, Baudri s'assurait de sa vertu : « Nous ferons un moine de Létaud, dit-il, parce qu'il est très-bon clerc [2]. » Lui qui envoyait ses gens pour emmener, à première réquisition, ceux qu'il croyait appelés à la vie monastique, il n'ouvrait pas, au premier coup, la porte de Bourgueil à ceux qui venaient y frapper d'eux-mêmes. Il leur faisait des objections si longues et si

[1] Pièce inédite cxxxix, *Ad Gerardum ut monachus fiat :*

> « Huc ades, o sanctæ complectens otia vitæ :
> Huc ades ut videas, ut tu mediteris, ut ores,
> Huc ades ut multis sis strenua forma salutis....
> Præbe discipulis exempla sequenda magister.
> Sis mecum pauper, immo cum paupere Christo ;
> Cum Christo vives, cum Christo divite dives. »

[2] Pièce inédite clxiii :

> « Clericus optimus est, ipsum monachum faciemus. »

graves que, pour ne pas rebrousser chemin, il fallait être vraiment soutenu par la grâce de la vocation :

« Je ne loue ni ne blâme votre projet ; je ne le loue pas, car je crains une défaillance. Vous êtes dans la première fleur de la jeunesse, et vous voulez déjà cueillir des fruits. Ne devancez pas le temps ; craignez que l'âge, qui vous changera, n'amène le repentir. J'admets que vous soyez pur ; j'admets que vous triomphiez des tentations de l'enfance. Vous avez vaincu la nature ; vous vous êtes vaincu vous-même. Mais l'avenir vous réserve d'autres combats. Il vous faudra supporter des jeûnes longs et fréquents, vous dont l'impatience devance l'heure des repas. Cet estomac bien nourri, pourra-t-il s'accoutumer au jeûne ; cette poitrine délicate, saura-t-elle supporter la faim ? Il faudra vous contenter d'aliments grossiers ; dire adieu au vin pour boire un peu d'eau. Vous qui vous nourrissez de mets délicats et bien assaisonnés, le pain et l'eau pourront-ils vous suffire ? Vous êtes vêtu de toile fine, qu'on dirait tissée par une araignée ; pourrez-vous supporter le poil de chèvre et vous accommoder de l'étoupe ? Vous êtes joyeux, pourrez-vous devenir grave ; bavard, saurez-vous garder le silence de la règle ? Cette chair si tendre, renoncera-t-elle volontiers aux bains ? Ce corps élevé en serre chaude, le brouillard et la gelée vont le faire périr. Saurez-vous coucher sur la pierre ou sur la cendre ? Prenez bien garde de chanceler, car si vous chancelez, vous perdrez deux vies. Ne vous fiez pas à votre légèreté d'enfant ; éprouvez-vous. Prendre des villes d'assaut, prendre d'assaut des forteresses et des tours, c'est bien, mais moins difficile que de se vaincre soi-même. Si vous restez ici, je vous en loue ; si vous partez, je ne vous en blâme pas. Retournez chez vous et croyez-en votre père. Si vous êtes sage, passez une année à méditer sérieusement. Si d'ailleurs vous tenez à savoir mon avis, je vais vous le donner : Que celui-là navigue dans le port, qui craint le courroux de la mer. Votre barque est bien fragile; ne la confiez pas au souffle de Borée [1]. »

Pour avoir été parés de toutes les grâces de la poésie, les conseils de Baudri n'ont rien perdu de leur prudence et de leur efficacité.

Au milieu de ces poésies si chrétiennes, apparaît plus d'un vers trop païen. « Mes livres, dit Baudri, sont des témoins qui m'attireront des reproches. Mes œuvres devraient être graves ; il ne convient pas à un vieillard de réciter des mimes puérils. Mais je demande que l'on me pardonne, et l'on me pardonnera puisque je le demande. Or, voici pourquoi j'ai voulu courir dans cette arène. Il eût mieux valu chanter les rois, la nature ;

[1] Pièce inédite CLVI, *Ad juvenem qui heremita fieri cupiebat :*

« Olim pigmentis nutrito et mollibus escis,
  Quando sufficiet panis et unda tibi ?
Tectus tam tenui quam texit aranea tela
  Deliciosus adhuc membra tenella foves.
Ergo quando pilos poteris tolerare caprinos ?
  Quando tela tibi stuppea conveniet ?....
  Dediscetne cito balnea pulpa caro ?
Alta calore caro bruma geluque peribit;
  An tibi lectus erit testula sive cinis ?
Nam cave ne titubes.....
  Quippe duo perdes sæcula si titubes...
  Naviget in portu qui freta sæva timet.
Tam fragilem cimbam Boreæ committere noli. »

prendre pour sujet la nation des antipodes, le char de Phébus, les révolutions mensuelles de la lune, la rage de Scylla, le gouffre terrible de Charybde. Mais des œuvres pareilles étaient au-dessus de mes forces ; d'ailleurs, des sujets si graves eussent promptement amené l'ennui ; on ne m'eût pas lu. Or, pourquoi écrit-on, si ce n'est pour se faire lire ? J'ai donc écrit dans le goût des adolescents et des vierges, pour que, relu par eux, mon ouvrage courût le monde [1]. »

C'est donc pour se conformer au goût de son temps que Baudri a composé des poésies légères. « La mytho- logie, comme le remarque très-bien Ozanam, n'est pas une résurrection posthume, un prodige de la renais- sance, un effort pour faire rentrer dans la littérature des éléments qui en seraient sortis ; la mythologie, c'est le paganisme se perpétuant dans les lettres, comme il se perpétue dans la religion, dans le droit et dans les mœurs [2]. » Pendant le moyen âge, les mains les plus pures imitent et copient les œuvres les plus licencieuses de l'antiquité : Ovide, Catulle, l'Alexis de Virgile ; avec la naïve audace de l'innocence, elles en font ressortir les nudités. C'est à partir du xvie siècle, alors qu'elle est censée reprendre une vigueur nouvelle, que la sen- suelle antiquité perd de son influence sur le langage : ainsi, les écrivains ont commencé de respecter le lecteur

---

[1] Pièce inédite CXLVII, *Qua intentione scripserit :*

> « Me reprehendendum testantur opuscula nostra,
> Quandoquidem lubricas insector et audeo nugas...
> Sed veniamque peto, veniamque petendo merebor...
> Ergo quod pueros demulceat atque puellas
> Scripsimus... »

[2] *La Civilisation au* ve *siècle*, in-12, tome I, p. 319.

français au moment même où ils auraient dû apprendre, de la mythologie renaissante, à braver l'honnêteté.

Il est vrai que les artistes du moyen âge eussent été bien étonnés, de s'entendre dire qu'ils manquaient au respect dû au public. Nous n'en voulons point d'autre preuve que la place qu'ils donnaient à leurs œuvres lubriques. C'est pour une classe de grammaire que Bernard de Chartres raconte, en anatomiste, ce qu'il a vu dans la caverne où il a suivi Enée et Didon [1]. Nous parlons bien de ce Bernard si désireux de sanctifier ses élèves, qu'il ne cesse d'interpréter l'Énéïde dans un sens mystique ; de ce modèle des maîtres qui choisissait toujours, pour ses leçons, des sujets propres à confirmer la foi et les bonnes mœurs [2]. Ce vieillard nu, couronné de roseaux, qui tient dans ses mains une urne penchée d'où jaillit un fleuve, savez-vous que c'est le Jourdain, dans les flots duquel Jésus-Christ s'est plongé, et qu'il va figurer dans une mosaïque de l'église de Ravenne [3]? « Vous allez fermer ce manuscrit, car vous y avez aperçu des vers si licencieux, qu'un libertin même se cacherait pour les lire. Tournez plutôt la page ; le scandale fera place à l'édification, car vous trouverez une série de chansons très-dévotes, copiées par la même main et composées par le même auteur [4]. »

L'innocence seule a de ces audaces. « Une passion

---

[1] *De Bernardo Carnotensi, grammatico professore et interprete Virgilii* disseruit M. Demimuid. Paris, 1873, in-8º.

[2] « Bernardus Carnotensis, exundantissimus modernis temporibus fons litterarum in Gallia..., eam proponebat materiam quæ fidem ædificaret et mores..... » Jean de Salisbury, *Métalogique*, I, 24. Migne, CXIX, c. 855, A.

[3] Ozanam, *ibid.*, p. 320.

[4] Edélestand du Méril, *Poésies populaires latines du moyen âge.* Paris, 1847, in-8º, p. 222, note 2.

véritable, dit Baudri, ne se chante pas dans les carrefours. Ceux qui aiment véritablement cachent les œuvres que leur inspire l'amour. On me reproche d'avoir pris le langage des jeunes gens, pour écrire à des vierges. Il est vrai, j'ai écrit des vers amoureux, mais c'était pour voir si je réussirais dans ce genre de composition.

> Dicere quid possem potius tentare volebam.....

Si j'avais quelque passion, quelque violent amour, le parchemin n'en saurait rien [1]. »

« Les fronts sévères se rideront à la vue de ces badinages ; mais ces compositions légères ne m'ont jamais nui, car j'ai pour me défendre la pureté de ma vie [2]. »

Ainsi, les compositions érotiques de Baudri prouvent seulement qu'il a voulu s'exercer dans le genre des anciens. Confiant dans sa vie pure, dont il parle avec fierté, il nous défend d'y voir autre chose. Nous serions mal venus à ne pas l'en croire. Prenons-nous pour des libertins tous ceux que nous voyons, au Louvre, copiant quelque marbre voluptueux du Musée des Antiques ?

« Plût au Ciel, écrit Baudri à Constance, que vous connussiez, comme mon cœur le connaît, à quel point

---

[1] Pièce inédite CLXI, *Ad Godefredum Remensem :*

> « Non est in triviis alicujus amor recitandus,
> Quisquis amat cautus celat amoris opus.
> Nam si quid vellem, si quid vehementer amarem,
> Esset amoris tunc nescia carta mei. »

Cf. CXLVII :

> « Dicere quid poteram tentando probare volebam. »

[2] Pièce inédite XXXVI, *Contra detrectatores*, etc... :

> « Frons hirsuta jocos tibi nostros improperabit...
> Me semper munit pectoris integritas. »

je vous estime. Vous m'êtes plus qu'une vierge, plus qu'une déesse; l'amour que je vous porte efface en moi tout autre amour. Moins chère fut à Pâris la fille de Léda; Mars fut moins épris de Vénus; Jupiter, de la déesse Junon. Le poëte, qui gagnait en pleurant les rives du Styx, Orphée, faisait moins cas d'Eurydice. Tels sont les hommes que la fable grecque vante au monde comme des amants parfaits. Entre nous, il ne peut être question de fable; c'est un amour bien véritable qui m'empêche de vous oublier. »

Ici, Baudri, craignant de nous avoir scandalisés, s'interrompt pour faire cette protestation à laquelle il veut que nous ajoutions foi.

« Je n'ai ressenti envers vous, ô Constance, aucun mouvement d'amour coupable. Je veux que vous soyez vierge pour me ressembler; je veux que votre pudeur reste intacte. Vous êtes vierge, je suis homme; je suis jeune, vous l'êtes encore plus. Je le jure par tout ce qui existe : je ne veux pas vous épouser. Unissons nos cœurs, en repoussant toute union charnelle. Soyons purs dans nos actes, si dans nos paroles nous sommes légers. »

Et Baudri reprend son badinage : « L'astre voluptueux de Vénus ne jette pas un éclat comparable à celui de vos deux yeux. J'ai regardé vos cheveux, et l'or me semble pâle; votre cou est plus brillant que le lis, ou que la neige qui vient de tomber. Vos dents sont plus blanches que l'ivoire et que le marbre de Paros [1]; sur

[1] Pièce inédite CCXXVIII, *Ad dominam Constantiam* :

« Pluris es ipsa mihi Paridi quam filia Ledæ
    Quamque Venus Marti, quam dea Juno Jovi.
Vates ad Stygias querulus cum tenderet undas

vos lèvres, la grâce vit et respire. Vos lèvres sont légèrement gonflées ; elles ont l'éclat et la couleur du feu,
d'un feu dont l'ardeur est tempérée par la modestie.
Je soutiens avec raison que la rose le cède à vos joues
fraîches, parées, elles aussi, de blanc et de rouge, de
tout ce qui rend beau. Vous pourriez faire descendre du
ciel le tout-puissant Jupiter, si toutefois ce que la fable
grecque raconte de Jupiter n'est pas un mensonge.
Oui, je vous aime ardemment, j'aime tout en vous, de
toute mon âme ; dans mon cœur, je n'ai de place que
pour vous.

« Mais, si j'ai célébré votre beauté, c'est pour que
vous en fassiez le signe extérieur de votre vertu.
Vous avez la beauté de la fleur ; il faut que vos
mœurs en aient le parfum ; il faut que vos mœurs soient
des fleurs plus ravissantes que votre beauté. Les païens
eux-mêmes nous excitent à monter jusqu'au ciel : voilà
pourquoi je vous ai parlé de ces fables grecques. Voici,
en résumé, le but de ma lettre : Vivez comme une
vierge, comme une vierge qui veut plaire à Dieu.

> Non habuit pluris Orpheus Euridicem.
> Crede mihi credasque volo, credantque legentes.
> Juro per omne quod est : Nolo vir esse tibi.
> Pectora jungantur sed corpora semoveantur.
> Sit pudor in facto, sit jocus in calamo.
> Crinibus inspectis fulvum minus arbitror aurum,
> Colla nitent plus quam lilia nixve recens.
> Dentes plus ebore pario plus marmore candent. »

« Baudri la complimente sur ses dents, plus éclatantes que l'*ivoire*
(*sic*) de Paros. » Thurot, p. 373. M. Thurot n'a pas vu le mot *marmore*.
Il faut y regarder à deux fois, avant d'accuser un poète latin de cette
époque, d'une erreur grossière sur l'antiquité. Ils connaissent à merveille tout ce que l'on en peut apprendre dans les poètes latins, sinon
davantage.

Soyez l'épouse de mon Seigneur, le palais de ce magnifique époux [1]. »

Ainsi, les compositions les plus légères de Baudri ont
précisément pour but de fortifier une vertu que les
poésies anciennes, dont elles sont la copie, tendaient à
ruiner. Il ne peint la beauté extérieure des vierges, que
pour les engager à lui préférer la beauté intérieure. Il
ne fait un si grand usage des images voluptueuses de
la Grèce, que pour donner à ses leçons la parure alors
la plus admirée. Nous n'avons plus besoin de le défendre.

La réponse de Constance, bien que plus passionnée,
se défend d'elle-même, parce qu'il y perce un embarras
naïf, marque infaillible de la pudeur.

« J'ai lu votre missive avec le plus grand soin ; je l'ai
relue deux, trois et quatre fois ; je ne pouvais me rassa-
sier de l'admirer dans les moindres détails. J'ai passé le
jour entier à la relire. Jalouse de mes plaisirs, la nuit
me contraignit de renoncer à cette lecture. J'ai placé

---

[1]   « Spirat et in labris gratia viva tuis.
Labra tument modicum calor et color igneus illis,
    Quæ tamen ambo decens temperies foveat.
Jure rosis malas præponi dico tenellas
    Quas rubor et candor vestit et omne decus.
Propter id ergo tuam depinxi carmine formam.
    Ut morum formam extima forma notet. »

Nous traduisons *extima* par *extérieure*, présumant que ce mot est
formé par analogie, sur le modèle d'*intima*.

      « Virtutum gradiamur iter, gradiamur ad astra
        Gentiles etiam sic properare monent.
    Hanc igitur summam pertentat epistola nostra
        Ut virgo vivas virgo Deo placita.
    Sponsa mei domini, sis tanti conjugis aula. »

votre lettre sur mon sein, du côté gauche, celui qu'on dit le plus voisin du cœur. Enfin, vaincue par la fatigue, j'abandonnai mon corps au sommeil de la nuit. L'amour est vigilant et ne connaît pas la nuit. Il veillait en moi, pendant que je dormais. Votre lettre avait mis dans mes entrailles un feu qui les brûlait. Oh ! si je pouvais voir un si grand prophète ! si je pouvais avoir avec lui un entretien de quelques instants ! Je le vois dans ses vers ; autrement, je ne le puis pas. Hélas ! je ne puis pas contempler l'objet de mes désirs. Plût au Ciel que cet être aimé fût maintenant à mes côtés ! Deux ou trois témoins nous entoureraient, bien qu'il suffise à défendre sa vertu. Mais il faut bien éviter les soupçons et les reproches ; tout au moins, ma sœur fidèle serait-elle avec nous. Il ferait jour, et je préférerais que nous fussions dans un lieu public que dans un endroit solitaire. »

Est-il besoin d'insister ? Pour tenir ce langage, il faut avoir conservé la fleur de l'innocence dans toute sa grâce et dans son parfum le plus exquis. L'amour sensuel ne connaît pas ces scrupules ; quand il donne un rendez-vous, ce n'est pas pour s'entourer de témoins. Si Baudri recommandait la chasteté à Constance, il la connaissait bien. Écoutez plutôt la réponse que reçoivent ses conseils.

« Vous me commandez, ô mon bien-aimé, de mettre tout mon soin à conserver la chasteté. J'obéirai, vous l'ordonnez, c'est mon désir. Jusqu'à présent, ma vie n'a pas eu d'autre but. J'ai été chaste, je suis chaste, je veux vivre chaste. Puissé-je être toute ma vie l'épouse de Dieu ! Ce n'est pas une raison pour que je repousse votre amour. Une épouse de Dieu doit aimer les amis de

Dieu ; une épouse doit vénérer les amis de son époux. Aussi, je vous vénère et je vous aime [1]. »

Elle définit, avec précision et non sans grâce, un sentiment nouveau, qui doit au christianisme de s'être épanoui dans la littérature : l'amour platonique.

« Ce sentiment, dit Ozanam, commence seulement dans Platon à se dégager des obscénités et des ignominies de l'amour grec ; au contraire, lorsque, pour la première fois, un chrétien que le souffle inspirateur a touché, écrit en prose, mais dans un langage bien poétique, lorsque Hermas compose son livre étonnant du *Pasteur*, l'amour platonique s'y fait place, mais ne souffre autour de lui rien que de chaste..... C'est là le principe de toutes les lettres chrétiennes pendant les âges qui vont suivre, et nous en aurons bientôt le spectacle..... Ainsi, Fortunat passera de longues années à Poitiers, composant des vers pour sainte Radegonde, épouse du roi Clotaire ; saint Boniface, au milieu des travaux immenses de son apostolat, adresse des vers à la belle Lioba, abbesse d'un monastère d'Angleterre, qui, plus tard, suivit la trace

---

[1] Pièce inédite CCXXXIX :

« O utinam noster nunc hic dilectus adesset :
  At circumstarent comites mihi vel duo, vel tres,
    Quamvis ipse suæ sufficiat fidei.
  Ne tamen ulla foret de suspicione querela,
    Saltem nobiscum sit mea fida soror...
  Clara dies esset, nec solos nos statuisset
    Hoc fortuna loco, sed magis in trivio.
  Casta fui, sum casta modo, volo vivere casta ;
    O utinam possim vivere sponsa Dei !
  Non ob id ipsa tamen vestrum detestor amorem,
    Servos sponsa Dei debet amare sui.
  Sponsa sui sponsi venerari debet amicos.
    Ergo te veneror, te vigilanter amo. »

de Boniface, continua ses travaux apostoliques et éleva des couvents dans les forêts de la Germanie, pour faire l'éducation des jeunes barbares. Ainsi, Alcuin comptera parmi ses disciples les filles et les nièces de Charlemagne..... On voit son exemple entraîner la postérité ; les femmes chrétiennes prennent peu à peu rang dans la théologie et dans les lettres ; c'est, au xᵉ siècle, Hroswitha ; au xııᵉ siècle, sainte Hildegarde [1]. »

Le xıᵉ siècle est omis dans cette glorieuse énumération, où nulle époque pourtant ne méritait mieux de figurer. Parmi les femmes chrétiennes qui prirent alors rang dans la théologie et dans les lettres, on peut citer la femme et les filles de Manegold, assez instruites pour ouvrir des écoles [2] ; la duchesse Hedwige de Souabe, qui avait elle-même enseigné la langue grecque à l'abbé Burkard [3], et presque toutes les religieuses dont l'histoire nous a conservé les noms.

De tout temps, les religieuses ont rivalisé d'ardeur avec les moines dans l'étude des belles-lettres. C'était une maxime « qu'on n'admettoit point de filles à la profession religieuse, sans la connoissance du latin [4]. » On leur écrivait en latin ; c'est en latin qu'on leur prêchait. « Les monastères de femmes, à l'instar des abbayes d'hommes, renfermaient des écoles où étaient élevées, non-seulement les futures novices, mais encore nombre de jeunes filles destinées à la vie des cours et du monde. Toutes les abbesses exemplaires se distin-

---

[1] Ozanam, *ibid.*, t. II, p. 121-123.
[2] *Histoire littéraire*, t. VII, 31, 32.
[3] Montalembert, t. VI, p. 161.
[4] *Histoire littéraire*, t. IX, p. 127. Voir dans les œuvres d'Hildebert deux sermons en latin, *Ad Sanctæmoniales*. Migne, CLXXI, 901, 908.

guaient par leur sollicitude pour le bien-être matériel et les progrès intellectuels des jeunes élèves du cloître. L'histoire monastique n'a pas dédaigné de raconter les caresses que prodiguait l'illustre Adélaïde de Luxembourg, abbesse de Vilich, aux petites filles de son école, qui répondaient exactement aux questions de leurs maîtresses de grammaire [1]. »

L'étude des belles-lettres, dans les couvents de femmes, s'étendait jusqu'à la versification latine. Nous avons vu, par les rouleaux des morts, que les religieuses du xi° siècle ne craignaient pas de se mêler aux joûtes poétiques que se livraient les moines, et qu'elles y faisaient parfois bonne contenance. Les meilleurs poètes d'alors entretiennent, avec certaines religieuses, une correspondance en vers. Nous trouvons, dans les œuvres de Marbœuf, plusieurs épîtres adressées à des religieuses, pour les féliciter de leur vocation [2]. Hildebert supplie avec instance une vierge, très-habile dans l'art de la versification, de lui envoyer des vers pour le consoler dans son exil. « Tout ce que vous dicte l'inspiration, lui dit-il, est immortel ; le monde adore vos œuvres comme un ouvrage divin. Je relis vos vers pour la dixième fois, ils me semblent encore admirables ; je crois entendre la voix d'une Sibylle. Vous ne savez peut-être pas que, pour avoir défendu la cause de l'honneur et les droits du clergé, j'ai été condamné à l'exil. Vous pouvez, ô vierge, m'alléger par vos vers les soucis de l'exil et la charge

---

[1] Montalembert, t. VI, 183, 184.

[2] Migne, CLXXI, c. 1654, *Ad Virginem Deo dicatam ; Ad Virginem devotam.*

pesante de mes labeurs. Je vous en prie, donnez-moi ce soulagement [1]. »

Dans le mouvement littéraire du xie siècle, l'Anjou s'était lancé au premier rang ; c'est donc au premier rang des femmes lettrées que nous allons trouver les religieuses de l'Anjou. L'amour des belles-lettres leur était enseigné par l'exemple des nobles dames, qui brillaient à la cour des comtes : par la femme de Geoffroy-Martel, que nous avons vue attacher un si grand prix aux livres ; par Ermengarde, fille de Foulques le Réchin, assez instruite pour que Marbœuf lui écrivît en vers [2]. Ces nobles dames pouvaient se rendre compte, par leurs propres yeux, de l'émulation qu'allumait leur exemple. L'abbaye de Notre-Dame du Ronceray d'Angers passait alors pour une école de haut savoir, *maturioris doctrinæ* [3]. On y envoyait les jeunes filles pour qu'elles devinssent de doctes religieuses [4]. Les religieuses entretenaient treize clercs pauvres, élèves de l'école d'Angers ; leur charité s'étendait même à des prêtres, dont la richesse n'était pas à la hauteur du savoir. L'un d'eux, le chanoine Hilaire, élève d'Abélard, écrit à l'abbesse Tiburge, qu'il appelle sa maîtresse, sa douce maîtresse [5],

[1] *Ibid.*, c. 1445, *Virginem quamdam versu peritissimam laudat.*

[2] *Ibid.*, c. 1659.

[3] Hildebert, ii, p. 26 ; *Ibid.*, c. 244.

[4] *Concessio Fulconis de Bugnon, de Ecclesia (Mali campi...) ut filiam suam moniales secum habeant et eam doctam nonnam efficiant. (Cartulaire du Ronceray,* imprimé à Angers par les soins de M. P. Marchegay, non encore livré au public, 245.)

[5] Il faut interpréter ce mot dans le sens de bienfaitrice, comme le prouvent les vers suivants :

« Cresce, virgo, semper prudens,

deux pièces assez agréables de sixains rimés, pour lui demander de remplacer la ceinture qu'elle lui avait donnée et qui, de vieillesse, tombe en lambeaux. Il insiste pour qu'elle ajoute à ce présent des vers de sa composition [1]. Hilaire prie également une religieuse, nommée Bona, de lui écrire en prose, en vers rimés ou en vers métriques [2]. Il demande à une vierge, nommée Rosée, de vouloir bien lire ses vers [3].

Les religieuses du Ronceray montraient leurs goûts littéraires, jusque dans la composition de leurs chartes. Une charte du temps de Tiburge commence ainsi : « Cadmus, roi très-sage de Thèbes, au rapport d'Isidore, prévoyant que, dans beaucoup de cas, l'alphabet serait

> Et vitans opprobria.
> Nihil turpe vel immundum
> Virgo tibi placeat. »

Champollion-Figeac, *Hilarii Versus et Ludi*. Paris. 1838, in-8º.

[1]
> « Et tu mihi mitte zonam.
> Cum tuis carminibus. »
>> (*Ibid.*, p. 11.)

> « Vale, dulcis domina.
> Proque meis carmina
> Remitte carminibus ;
> Eleemosinariam
> Mihi mittas etiam
> Pariter cum versibus. »
>> (*Ibid.*, p. 12.)

Tiburge fut abbesse du Ronceray de 1104 à 1122. Nous rappelons que nous entendons presque toujours par xie siècle, la période où fleurit Baudri et qui s'étend de 1075 à 1130.

[2]
> « Tuis quoque me rescriptis aliquando refice,
> Sive prosa, sive rhythmo, sive velis metrice »
>> (*Ad sanctimonialem nomine Bonam. Ibid.*, 10.)

[3]
> « Mea lege carmina. »
>> (*Ad Roseam, ibid.*, 13.)

nécessaire, en introduisit l'usage chez les Grecs [1]. » Une charte de l'an 1121 est même rimée [2].

Il est très-probable que Constance était une reli-ligieuse d'Angers. Elle habitait du moins une ville où résidaient un comte et un évêque, avec lesquels Baudri était en relation d'affaires. « Vous avez, écrit-elle, mille occasions pour venir me voir : il faut que je parle à l'é-vêque qui demeure à la ville ; je suis demandée par le clergé, les abbés, celui-ci ou celui-là. Une affaire à ré-gler m'appelle vers le comte [3]. » Elle avait pour com-pagnes des religieuses également versées dans la poésie. En effet, Baudri prie Constance de saluer trois et quatre fois son Emma [4]; celle-ci, de saluer Godehildis et Orieldis, qu'il a distinguées parmi les essaims de vierges accourues pour entendre ses leçons [5].

Nous ne savons rien sur la demeure de deux autres religieuses poètes, correspondantes de Baudri : Agnès

[1] *Cart. du Ronceray*, 60 : « Cadmus rex Thebarum sapientissimus, ut perhibet Ysidorus, providens litteras mundo fore multis modis necessa rias et perutiles, primus invenit eas apud Græcos. »

[2] P. Marchegay : *Une charte en vers de l'an 1121.* 1876, in-8°.

[3] Pièce inédite CCXXXIX :

> « Cur ad nos venias occasio multa paratur :
>   Ad quem sermo mihi præsul in urbe manet.
> Clerus me mandat, abbates, ille vel ille,
>   Me trahit ad comitem res facienda mihi. »

[4] Pièce inédite CCIV, *Constantiæ* :

> « Præterea nostræ ne sim velut immemor Emmæ,
>   Præsenta nostrum terque quaterque vale. »

[5] Pièce inédite CCI, *Dominæ Emmæ* :

> « Ad te concurrunt examina discipularum
>   Ut recreentur apes melle parentis apis.
> Ex me quæso meam Godehildim sæpe saluta.
> Ergo semota mihi quæ propria est Orieldi
>   Gratifices nostris alloquiis alias. »

et Muriel, la première vierge à laquelle Baudri ait adressé des vers [1]. Rien ne nous indique non plus le lieu où vivait Béatrix, à laquelle Baudri réclame des vers avec de si grandes instances. Nous savons néanmoins que l'abbé de Bourgueil avait des correspondantes en dehors de l'Anjou. Nous avons parlé de la comtesse de Blois, Adèle. Sa sœur Cécile, abbesse de la Trinité de Caen, a reçu de Baudri une lettre en vers [2].

Dans ce commerce littéraire, Baudri trouvait pour sa verve un nouvel aliment. Il veut que Constance joue vis-à-vis de lui le rôle de la Sibylle [3]. C'est la comtesse Adèle qui lui met le stylet à la main, qui l'inspire, qui fait sortir les vers de sa bouche [4].

Si l'on en croit Baudri, quelques-unes de ces religieuses avaient pour la poésie un talent véritable : « Oh ! de quelle douceur, écrit-il à Muriel, de quelle grâce vos vers sont ornés ! Que votre voix est douce, quand vous déclamez ! Vos pensées sont celles d'un homme ; votre voix, celle d'une femme [5]. » Pour Emma,

---

[1] Pièce inédite CXCIX, *Murieli :*

    « Nulla recepit adhuc nisi tu mea carmina, virgo. »

[2] CXCVIII, *Cæciliæ, regis Anglorum filiæ.* Migne, 1204.

[3] Pièce inédite CCXXVIII, *Ad Dominam Constantiam :*

    « Ut possis credi sisque Sibylla mihi. »

[4] CXCVII, *Ad eamdem pro cappa... :*

    « Ipsa mihi carmen, calamum mihi suggeris ipsa,
    Ipsa dabis flatus, os ipsa replebis hiulcum. »

                    (Migne, 1203, B.)

[5] Pièce inédite CXCIX, *Murieli :*

    « O quam mellito tua sunt lita verba lepore !
    O quam dulce sonat, vox tua dum recitas !
    Dicta sonant hominem ; vox muliebris erat. »

Baudri se fie tellement à son goût, qu'il la supplie de lire ses œuvres d'un bout à l'autre avec le plus grand soin, et de lui faire part de ses critiques : « Maintenant, lui dit-il, je vous recommande mon livre ; je vous prie de le lire en entier, de l'examiner avec attention. Soyez pour moi un juge que l'amitié n'induise pas à flatter ; ne louez pas ce qu'il faut effacer. Vos œuvres, votre sagesse, Emma, me rappellent la Sibylle ; c'est pourquoi je vous prie de lire mes œuvres sans en rien passer [1]. »

Pour l'engager à ne pas épargner ces compositions d'un ami qu'elle respecte, Baudri lui donne l'exemple de la sévérité. Il avoue ses imperfections et s'en excuse sur ce que lui, pauvre campagnard, ne connaît pas les finesses du langage des villes. Il habite Bourgueil. Ce mot une fois prononcé, le poète ne peut résister au plaisir de vanter sa retraite. Baudri ne se lasse jamais de faire l'éloge de son abbaye, non plus qu'Horace de vanter son petit domaine ; mais ces tableaux, vingt fois refaits, nous charment toujours.

Le but de ces correspondances est la gloire de Dieu, bien plus que l'avantage du poète. Baudri, qui n'aimait les jeunes gens que pour les attirer dans son monastère, engage les religieuses à demeurer fidèles au Dieu qu'elles ont choisi pour époux. En tête de toutes les lettres qu'il leur adresse, on pourrait mettre : *Ut conser-*

---

[1] Pièce inédite CCXV, *Emmæ ut perlegat opus suum :*

> « Sed tibi nunc totum nostrum commendo libellum
>   Ut studiosa legas, sollicite videas.
> Forma censoris, non allusoris amore.
>   Utere, non palpes quod resecare decet.
> Nobis, Emma, refers lingua, sensuque Sibyllam
>   Idcirco librum perlege quæso meum. »

vet virginitatem suam, comme l'on a écrit : *Ut se mona-chet*, en tête de ses lettres aux jeunes gens.

Il ne faut pas croire que, dans ces épîtres, Baudri garde toujours le ton grave du sermon, ou l'emphase des protestations amoureuses imitées des anciens. Il connaît la plaisanterie et ne la manie pas sans grâce. Voyez avec quelle finesse aimable il s'attaque à Béatrix, qui s'obstinait à ne lui point envoyer de vers. « La vierge taciturne a mis un sceau sur ses lèvres ; envelop-pée dans son voile, elle est comme morte. Pourtant, on pouvait la voir comme à travers un crible, car dans un voile il y a plus d'une fenêtre. Ce qui m'irrite, c'est qu'elle n'a rien répondu à mes nombreuses instances. Peut-être que sa langue a dû résigner ses fonctions ; ma présence l'a sans doute rendue muette. Je ne connais pourtant pas les enchantements de Circé : ce sont des inventions de femme. Il ne manque pas d'hommes que la vue d'une femme a rendus timides ; mais une femme intimidée par un homme, c'est ce que l'on ne voit pas. Voyons donc si Béatrix a retrouvé sa langue, guérie par le sommeil ou par quelque médecine ? Je veux exciter cette muette par mes vers et la faire enfin parler [1]. »

Béatrix ayant parlé, mais beaucoup moins que ne le

---

[1] Pièce inédite cii, *Beatricem reprehendit :*

> « Sed taciturna nimis signum superaddidit ori
>   Et velo oppansa se velut occubuit.
> Aut magis officio linguæ privata manebat,
>   Quam præsens illi forsitan abstuleram.
> Sed neque ego deæ, neque Circes carmina novi ;
>   Immo puellaris reperit hæc novitas.
> Coram virginibus homines satis obstupuere,
>   Obstupuit nulla femina coram homine.
> Versibus irrito mutam si forte loquatur. »

désirait Baudri, elle reçut cette nouvelle attaque : « La montagne est accouchée d'une souris ; Béatrix la muette a parlé. Elle a écrit, fait des vers ; elle a parlé, mais si peu que rien. Ou ce qu'elle a dit n'est rien, ou qu'elle défende ce qu'elle a dit. Qu'elle fasse des vers pour défendre ses vers [1]. »

On dirait un de ces traits aimables, lancés avec tant de grâce par saint François de Sales, que ceux qui étaient atteints ne pouvaient s'empêcher de sourire. Mais ce n'était pas du mutisme des femmes que l'évêque de Genève avait à se venger. « Quelqu'un lui disait un jour assez brusquement que l'on ne voyait que des femmes autour de lui. — Sans comparaison, répondit-il, il en était ainsi de Notre-Seigneur, et plusieurs en murmuraient. — Mais, reprit celui qui avait avancé ce propos assez légèrement, je ne sais pourquoi elles s'amusent ainsi autour de vous, car je ne m'aperçois pas que vous leur teniez pied à causer, ni que vous leur disiez grand'chose ? — Et n'appelez-vous rien, répartit le bienheureux, de leur laisser tout dire ? Certes, elles ont plus besoin d'oreilles pour les entendre que de langues qui leur répliquent ; elles en disent assez pour elles et pour moi : c'est possible cette facilité à les écouter qui les empresse autour de moi ; car, à un grand parleur, rien n'agrée tant qu'un auditeur patient et paisible [2]. »

---

[1] Pièce inédite CIII, *De eadem.*

    « Murem mons peperit quia fatur muta Beatrix ;
      Scripsit, dictavit pœne locuta nihil.
    Vel nihil est quod ait, vel quod ait tueatur,
      Et sua defendat carmina carminibus. »

[2] *L'Esprit du bienheureux François de Sales, évêque de Genève,* par

Tel fut Baudri dans ses rapports avec les jeunes gens et les jeunes filles, rapports où la manie des compositions érotiques rendait alors la délicatesse si difficile. Il s'élève au-dessus de ses contemporains : les vers que le chanoine Hilaire adresse à des jeunes gens, sont tellement choquants, pour notre délicatesse, que nous ne pourrions pas les traduire [1].

Les idées les plus universelles et les plus nécessaires à l'humanité, revêtent toujours quelque chose de l'esprit qui les reçoit, quand elles expriment un être vivant, comme Dieu ou l'âme, ou des principes de morale qui dirigent nos consciences. Le soleil, en demeurant toujours le même dans sa substance, prend quelque chose de la couleur de l'atmosphère que traversent ses rayons, dans les différentes saisons ou sous les différentes latitudes. L'idée de Dieu, qui se retrouve au fond de la conscience de tous les peuples, revêt comme un aspect différent aux différents âges. Au xviie siècle, c'est le Dieu juste qui se montre aux esprits jansénistes ; au xviiie, c'est le Dieu bon, le Dieu Providence qui se manifeste. Chaque siècle donne à Dieu quelque chose de son idéal. Il en est de même des vertus. La pudeur, qui est à la vertu ce que le parfum est à la fleur, a elle-même une physionomie différente avec les différents âges. Comme s'il y avait, dans l'enfance des peuples, quelque reste de cette innocence primitive où l'homme

Jean-Pierre Camus, évêque de Belley. *Œuvres complètes de saint François de Sales*. Bar-le-Duc, 1865, in-8°, t. IX, p. 167.

[1] *Hilarii Versus et Ludi : Ad puerum Anglicum, Ad Guillelmum de Anfonia.* — Du Méril, *ibid.*, 223, note. — Cf. Thurot : « Robert Gaguin, général des Mathurins, a mis dans son recueil une pièce intitulée *In hospita Vernonensi jocus*, infiniment moins décente que les vers de Baudri. »

promenait sur la création des regards qui ne le faisaient pas rougir, parce qu'ils étaient purs, les nations primitives n'ont point les feintes pudeurs des nations vieillies. Un lecteur moderne se scandalise de la parole franche de la Bible et des détails d'Homère.

Le moyen âge, par cela même qu'il est une époque de lutte et de formation, offre les contrastes les plus étonnants. Si les scélérats y parviennent à une cruauté qui nous effraie, les saints atteignent à un héroïsme dont ne semblent plus capables nos générations modernes. L'on ne trouverait plus, dans notre Europe civilisée, des brigands couronnés faisant scier leurs victimes vivantes ; mais l'on ne pourrait plus rencontrer des figures aussi divinement inspirées, des âmes aussi fortement trempées pour le bien que celles de nombreux saints du moyen âge. Les François d'Assise, dans leur simplicité attachante, les Bernard, dans leur austère puissance, sont d'un âge éloigné du nôtre. Dans ces temps de foi où l'on croyait au monde surnaturel, où l'on s'abandonnait à la grâce de Dieu, l'on voyait des âmes passer brusquement du crime à la piété la plus ardente, de grands pécheurs devenir de grands saints.

Dans une société aussi troublée, l'éducation des femmes elles-mêmes n'avait point les mêmes caractères qu'aujourd'hui. Devant vivre au milieu d'un monde de mœurs différentes, elles étaient formées d'une façon différente. La modestie de la femme ne consistait pas dans l'ignorance ; elle devait, au contraire, trouver dans sa science même les armes dont elle aurait besoin pour protéger sa vertu. Quand on songe aux actes de violence de certains seigneurs ; quand on lit l'histoire de Guillaume IX, comte de Poitiers, l'on comprend que les femmes, même les religieuses, ne pouvaient tellement s'isoler du mal qu'elles n'en entendissent les échos. Il était difficile que la corruption du clergé séculier, qui affligeait l'Église, fût ignorée même des communautés les plus sévères. Aussi trouvait-on dans les cloîtres de femmes, avec la pratique des vertus religieuses, des exercices intellectuels qui en ont été depuis longtemps bannis et réservés aux hommes. Les religieuses du moyen âge lisaient les poètes latins ; elles les imitaient. Hroswitha nous dit qu'elle a lu Térence. Elle n'est pas une exception : « Il y a des personnes qui, bien qu'atta- « chées aux lettres sacrées et pleines de mépris pour les « productions païennes, ne laissent pas cependant de « lire assez souvent les fictions de Térence [1]. » Mais c'est peu de lire Térence, Hroswitha l'imite ; elle en transporte dans ses pièces les tableaux de mœurs les plus animés. Que l'on se figure une salle du couvent de Gandersheim, pleine de chevaliers et de grandes dames du xe siècle ; des religieuses et des novices, arrachées pour quelques instants aux exercices de la prière, et jouant la comédie imitée de Térence ! Quel spectacle ! Au xvie siècle, saint Ignace, en permettant d'enseigner les poètes anciens expurgés, exceptera Térence, parce qu'il ne peut être suffisamment expurgé. Et cependant, le mouvement de la Renaissance a entraîné les esprits vers l'antiquité ; il a fait revivre leurs statues sur les places de Rome ; il a précipité les esprits dans l'admiration excessive des Grecs et des Romains.

Hroswitha nous donne elle-même l'explication de ces

---

[1] *Théâtre de Hroswitha*, traduit pour la première fois en français, avec le texte latin, par Charles Magnin. Paris, 1845, in-8°. *Præfatio in comœdias.*

exercices intellectuels : « Moi, la voix forte de Gander-
« sheim, je ne crains pas d'imiter dans mes écrits un
« poète que tant d'autres se permettent de lire, afin de
« célébrer, dans la mesure de mon faible génie, la
« louable chasteté des vierges chrétiennes[1]. » Elle ne
craint pas, pour aguerrir ses religieuses et les former à
la vertu, de leur montrer le tableau des passions
humaines, « le déplorable délire des âmes livrées aux
amours défendues et la décevante douceur des entretiens
passionnés. »

La femme avait, avec le christianisme, conquis sa
liberté ; elle était devenue le centre de la famille et
l'égale de l'homme. Au moyen âge, elle eut à conquérir
la chaste indépendance de sa vertu, contre les brutales
passions des hommes, d'autant plus à redouter qu'elles
n'étaient pas, comme de nos jours, retenues et enchaî-
nées par les lois et les convenances d'une société bien
organisée. Les murs du cloître n'étaient pas toujours
une sauvegarde assez sûre contre la violence des hommes
de guerre. La femme qui avait souci de sa vertu, dut
fortifier son cœur plutôt que les murailles de son cloître.
Elle se forma par une éducation virile aux luttes de la
vie ; elle jeta sur le mal et sur les passions un regard
assuré, pour en mesurer l'étendue et en sonder les pro-
fondeurs. La pudeur, cette attrayante fraîcheur de la
vertu, ne consistait point pour elle à vivre dans l'ignorance des passions et des misères morales, mais bien
dans l'inébranlable constance de l'âme devant les séductions du mal. Du reste, comment faire abstraction de ce
courant de paganisme qui se continue dans les mœurs,

[1] *Ibid.*

et qui traverse tout le moyen âge? Puisque la femme chrétienne, puisque la religieuse ne peut l'ignorer, elle y échappera par la force de sa vertu éclairée. Il se perpétue, dans les cloîtres de femmes du moyen âge, une grande et libre éducation qui, à la douceur chrétienne, joint la force et la mâle énergie de la matrone romaine.

Quand l'on étudie les chartes du Ronceray d'Angers et les chroniques de Fontevrault, l'on est étonné de trouver, sous la douceur féminine, une énergie et une mâle noblesse qui savent lutter et commander. On sait que l'abbesse de Fontevrault était à la tête de la communauté des hommes, aussi bien que de celle des femmes. Les abbesses du Ronceray ont, dans l'Église d'Anjou, un rôle aussi important que les abbés des plus grands monastères. Le moyen âge fut, pour la femme chrétienne, une ère de développement intellectuel et moral telle qu'elle n'en a plus rencontré.

CHAPITRE VII

La grammaire et la versification de Baudri

Baudri ne peut suivre la grammaire de Cicéron ni la prosodie de Virgile. — Le latin vulgaire dans l'Église ; causes de son emploi. — Nécessité des mots nouveaux. — Influence de l'Écriture Sainte. — Principales particularités de la langue ecclésiastique. — Elle est plus abstraite. — Influence de l'Écriture, de la Théologie et du Roman sur la langue de Baudri. — Principales particularités de syntaxe. — Versification. — Différence de la quantité et de l'accent. — Rime. — Attachement de Baudri aux traditions classiques. — Jeux poétiques. — La discrétion de Baudri dans ces jeux.

Le talent, le goût de Baudri, remis en lumière par l'analyse que nous venons de faire de ses œuvres poétiques, inspireront peut-être à quelque amateur de la belle latinité, la pensée de lire avec attention les vers que nous avons vantés. Quelle joie si, en plein moyen âge, au milieu de ces voix justes, peut-être, mais assurément incultes, un chant se faisait entendre qui rappelât, même de loin, le siècle d'Auguste !

Les chants de Baudri ont plus d'une fois des notes qui rappellent Virgile, Horace, Ovide ; car ils répètent souvent, comme un écho, les harmonies délicieuses de ces poètes. Il arrivera même que l'on sera charmé par des phrases pures, des motifs agréables que Baudri a trouvés, dans un moment où l'inspiration l'élevait au-dessus de ses contemporains. Mais nous craignons une déception. C'est une trahison, entendons-nous déjà dire ! Quelles fautes de mesure ! Quel mépris des lois les plus élémentaires de l'harmonie ! Et ces accents, n'est-ce pas un barbare qui les a proférés ? L'idée favorable que nous avons voulu donner de notre poète, ne tiendra pas chez ceux qui liront ses œuvres avec la croyance qu'il est, pour la grammaire, un disciple fidèle de Cicéron ; un élève soumis de Virgile, pour la prosodie.

Mais, au siècle de Baudri, on ne pouvait s'en tenir à la tradition classique. Il était impossible, au moyen âge, d'échapper à la nécessité d'une nouvelle grammaire, d'une prosodie nouvelle. Nous ne sommes plus en Italie, au siècle païen d'Auguste ; nous sommes en France, en pays roman, en terre chrétienne, au moyen âge. Nous demandons la permission d'introduire les lecteurs de Cicéron et de Virgile dans ce nouveau monde ; de leur en justifier les usages ; d'en expliquer les besoins et les goûts. Pour n'avoir pas reconnu, dans les pays étrangers, les coutumes, les mœurs, la langue de sa patrie, un voyageur sensé n'a jamais été surpris ni déçu.

I. GRAMMAIRE.

On a reproché souvent aux premiers écrivains de l'Église d'avoir eu peu d'estime pour la forme et la correction. Nous l'avouons, ces hommes austères ont déclaré plus d'une fois qu'il leur répugnait de donner à la vérité les vêtements mêmes de la fable. D'autres raisons les engagèrent à ne tenir aucun compte des règles de l'harmonie et de la grammaire. En cela, ils se montrèrent d'une telle sagesse, d'une bonté si grande, qu'on ne peut s'empêcher de louer ce que la critique appelle dédaigneusement la barbarie des premiers écrivains ecclésiastiques. Qui n'approuverait un médecin plus préoccupé de l'efficacité de son remède, que de l'harmonie des termes dont il se servira pour le prescrire [1] ? Quand une mère, pour parler à son enfant, se fait enfant elle-même et revient aux bégaiements du premier langage, qui songe à la blâmer ? Qui n'est au contraire ému par ce que Lucrèce appelle si bien la douceur d'une parole rendue à dessein fautive ?

> .... Nutricis blanda atque infracta loquela [2].

Or, l'Église avait à guérir une société si malade que les meilleurs médecins en avaient désespéré ; dès son premier jour, elle se déclara la mère de tout ce qui était pauvre, souffrant, petit, méprisé, de tous ceux pour qui la langue littéraire n'eût été qu'une harmonie inintelligible. Alors on entendit bégayer la langue vulgaire, les fils des patriciens, les rhéteurs, devenus prêtres, eux capables de parler, dans toute sa délicatesse, la langue de Virgile et de Cicéron. Les Ambroise, les Augustin, les Jérôme, les Grégoire, pour se faire comprendre du peuple, ne craignirent pas de s'abaisser jusqu'à

---

[1] « Dissoluti est pectoris, cum sit ratio cum male se habentibus, sonos auribus infundere dulciores, non medicinam vulneribus adhibere. » (Arnobi senioris *Disputationes adv. gentes*, I. Migne, V, 798.)

[2] *De natura rerum*, V, 233.

ce rude mélange de tournures vicieuses et de mots barbares.

Ainsi, pour remplir son rôle de mère et de médecin,
l'Église dut nécessairement favoriser la langue vulgaire
aux dépens de la langue savante. Celle-ci devint dès
lors une langue morte, immobile. Ses mots brillants,
ses périodes éclatantes, parure habituelle de Cicéron,
furent renfermés dans un écrin d'où ils ne sortirent que
bien rarement, pour devenir la toilette d'apparat des
lettrés. Celle-là fut la langue de tout le monde, de tous
les jours ; aussi dut-elle subir la loi de transformation
incessante, à laquelle tous les êtres vivants sont soumis.
« Or, dit M. Thurot, c'est précisément parce que le latin
du moyen âge était une langue vivante, qu'il ne pouvait
être le latin de Cicéron et de César. Car une langue
n'est vivante qu'à condition de s'accommoder aux
besoins de la société qui la parle, de s'incorporer pour
ainsi dire à ses idées et à ses sentiments. Comme les
hommes qui vivent ensemble contractent l'habitude de
penser et de sentir de la même manière, il s'était formé,
au moyen âge, en latin, un usage qui, dès le commencement du XIIe siècle, exerçait une autorité aussi souveraine et aussi conforme à la raison et à l'analogie que
l'autorité qu'il exerce dans toute langue vivante [1]. »

Les écrivains ecclésiastiques durent trouver des mots
nouveaux, accommodés aux besoins de la société nouvelle pour laquelle ils parlaient. Le critique le plus
judicieux de la littérature classique, Horace, les pous-

---

[1] *Notices et extraits de divers manuscrits latins pour servir à l'histoire
des doctrines grammaticales au moyen âge.* — Notices et extraits des
manuscrits de la Bibliothèque impériale, etc. — T. XXII, seconde partie.
In-4°, 1868, p. 501.

sait lui-même dans la voie qui s'ouvrait devant eux. « Pourquoi vous refuserions-nous ce qui a été accordé à Cécilius et à Plaute, à Virgile et à moi? Pourquoi vous envierait-on l'honneur de faire, si vous le pouvez, d'utiles acquisitions, lorsque Caton, Ennius, ont pu enrichir d'expressions nouvelles la langue de la patrie? Il fut toujours permis, il le sera toujours, de donner cours à des mots portant la marque de l'époque présente [1]. » Ceux qui reprochent à l'Église la langue nouvelle qu'elle a formée, ont-ils quelque autorité qu'ils puissent opposer à Horace? Nous en appelons à eux-mêmes. Sont-ils bien à l'aise quand ils veulent exprimer, dans la langue de Cicéron, des idées, des choses modernes? Condamnés à d'éternelles périphrases qui ne les satisfont pas, ils sont souvent si peu intelligibles qu'ils doivent mettre entre parenthèses, sous la rubrique *gallice*, le mot qu'ils ont essayé de traduire. Qu'est-ce d'ailleurs qu'un style où l'on ne peut rien appeler par son nom? L'Église s'émut un jour du reproche que n'ont cessé de lui faire les lettrés ; elle aussi s'essaya à la périphrase. Nous trouvons dans la légende de saint Charles Borromée [2] : *Tormenti bellici laxata rota, igneo globulo percussus...* Ouvrons une parenthèse (*gallice*, atteint d'un coup d'arquebuse).

Donc, dirons-nous avec M. Thurot, « si c'est par le vocabulaire que le latin du moyen âge diffère le plus de l'usage classique, si c'est sur ce point que les attaques des humanistes ont surtout porté, c'est là qu'il est plus

---

[1] *Ad Pisones,* 66.

[2] Voir la légende de saint Charles Borromée, *Bréviaire romain,* 4 novembre.

facile de faire son apologie [1]. » Pour rendre les idées chrétiennes si nouvelles, si différentes de celles qu'exprimait Cicéron, l'Église innova. Alors elle put, dans un langage clair, intelligible, mettre à la portée du peuple l'Écriture Sainte, les prières liturgiques ; alors, et seulement à cette condition, la prédication, c'est-à-dire la conversation avec les fidèles, lui fut possible. Les premiers livres composés dans cet idiome nouveau devinrent des modèles ; on accorda particulièrement à l'Écriture Sainte une autorité infaillible. Dans les cas douteux, on la consulta de préférence à Cicéron. N'était-ce pas elle en effet qui, bien mieux que le grand orateur, pouvait apprendre aux clercs la langue qu'ils devaient parler ?

Quand les langues romanes se furent formées, et que le latin vulgaire cessa de devenir la langue courante, l'Église n'en garda pas moins, pour l'usage de ses clercs, la langue qu'elle avait faite. Les besoins toujours nouveaux de la théologie et de la philosophie, y introduisirent tous les jours de nouveaux termes.

Pour comprendre le latin ecclésiastique, il faut donc s'éclairer de l'Écriture, de la liturgie et de la théologie. Il est indispensable aussi de connaître les termes, les procédés du latin vulgaire, parce que dans cette langue accommodée à l'intelligence du peuple, il a dû nécessairement se glisser des mots et des tournures auxquels le peuple était accoutumé.

Avant de donner quelques indications spéciales qui peuvent faciliter l'intelligence de Baudri, nous conclu-

---

[1] *Ibid.*, 501.

rons qu'on est mal venu à voir, dans la langue ecclésiastique, une corruption barbare de la langue latine ; que
les humanistes n'ont aucun reproche à lui faire, parce
que le latin des Pères n'a pas empêché Erasme, Sadolet,
Sannazar et Bembo de reconstituer, à un moment
donné, la langue de Cicéron dont ils voulaient exclusivement se servir. Nous ajouterions, si ce n'était une
vérité banale, que ceux qui nous ont conservé dans toute
sa pureté la langue du siècle d'Auguste, sont les moines
copistes qu'on accuse de l'avoir corrompue.

Principales particularités du vocabulaire de la langue ecclésiastique [1].

Le vocabulaire de Baudri, comme celui de tous les
écrivains ecclésiastiques, est surtout remarquable par le
grand nombre de substantifs abstraits qu'il renferme.
Plus la langue latine s'éloigne de Cicéron, plus elle
devient abstraite. Cette tendance à l'abstraction doit
apparaître surtout dans la langue ecclésiastique, faite
pour une religion qui s'occupe de l'âme, et qui s'élève
sans cesse de la matière à l'esprit.

Il y a, dans la langue de Baudri, beaucoup de termes
empruntés à la Bible et à la théologie. Quant aux mots

---

[1] Nous nous bornons à donner ici les points principaux par lesquels
la langue ecclésiastique s'écarte du latin classique. Pour traiter le sujet
en entier, il faudrait au moins un volume. Barth n'a guère mis moins
de cent pages à expliquer ainsi l'*Historia Hierosolymitana.* Voir Ludwig,
Reliquiæ manuscriptorum omnis ævi diplomatum. Francfort et Leipzig,
1720, 12 v. in-8°, t. III, p. 132 à 230.

de la langue vulgaire passés dans la langue ecclésiastique, ils doivent se trouver en grand nombre dans les écrits de Baudri, parce que ses poésies sont ou une conversation en vers, *sermo merus,* ou des leçons versifiées. La conversation se faisait alors, ou en roman, ou dans un latin qui s'en rapprochait le plus possible. Les leçons, comme aujourd'hui, devaient se faire dans un langage familier.

Pour comprendre Baudri, là où le vocabulaire de l'Écriture et de la théologie ne suffit pas, il faut remplacer le mot latin par le mot français ou roman qu'il a formé.

Probus est parfois le *preux* et non l'*homme probe ; probitas* la *vertu* qui fait les preux et non la *probité. Pensare* doit être quelquefois traduit par *penser* ; *sapere,* par *savoir ; pensa,* par *pensée ; causa,* par *chose ; querela,* par *querelle. Dictare* a pour Baudri le sens de *dictier* qui, au moyen âge, voulait dire faire des vers [1].

On sait que de très-bonne heure les verbes déponents ont pris, dans le latin vulgaire, la forme active. Nous avons remarqué, dans Baudri, *frues* pour *frueris :*

Tuque frues lacrymis conditione pari [2].

Principales particularités de syntaxe du latin ecclésiastique.

On aimait alors à mettre au pluriel tout verbe dont le sujet était un collectif. M. Thurot en a relevé un

[1] Cf. Thurot, *Revue historique,* p. 377.
[2] Pièce inédite CLXXII.

certain nombre d'exemples dans l'Histoire de Jérusalem [1].

On trouve souvent dans Baudri *ipse* là où nous mettrions *ille, iste*. Cette confusion est fréquente dans les textes bas-latins [2].

« L'hésitation entre *suus* et *ejus*, a dit Diez, remonte jusqu'au plus ancien moyen âge [3]. » Dans bien des cas, il est plus facile de justifier l'emploi de ces deux formes par la règle française que par l'ancienne règle latine. « La règle pour l'emploi de *suus, a, um*, est exactement la même qu'en français pour l'emploi de *son, sa, ses, leur, leurs* ; c'est-à-dire qu'on se sert de *suus* quand le sujet est au singulier, et de *eorum* quand il est au pluriel [4]. » Baudri nous semble généralement se conformer à cette règle. Le pronom possessif, sujet de la phrase infinitive, est souvent supprimé dans le latin ecclésiastique, *putat, sperat videre* : irrégularité que les poètes classiques n'ont pas toujours évitée.

La phrase infinitive est souvent remplacée par la phrase indicative, liée à la principale par *quod, quia*. C'est un hellénisme, transporté par l'Église dans sa traduction de l'Écriture Sainte, et que les langues romanes devaient adopter pour en faire une règle. Baudri emploie *quod, quia* ou l'infinitif, après les verbes *sentiendi aut declarandi*.

L'interrogation indirecte est souvent suivie de l'indicatif : hellénisme du latin de l'Écriture, devenu plus

---

[1] *Revue historique*, p. 377.

[2] A. Boucherie, *la Vie de sainte Euphrosine*, texte roman-latin du VIIIe-IXe siècle. Paris et Montpellier, 1872, in-12, p. 34.

[3] *Grammaire des langues romanes*, traduction Brachet, Morel-Fatio et G. Paris. 3 vol. in-8°, Paris, 1873-1876, t. III, 66.

[4] *Sainte Euphrosine*, p. 34.

tard un romanisme. Baudri emploie l'indicatif et le subjonctif indifféremment.

L'emploi des adverbes prohibitifs et interrogatifs n'a jamais été réglé d'une manière bien rigoureuse pour le latin ecclésiastique, qui a pris cette liberté dans l'Écriture, ou même dans les poètes anciens. *Non* remplace souvent *ne; nec* et *neque, neu* et *neve; an, num,* ou *ne.* Dans les interrogations doubles, on trouve souvent *an-an, an-ve.* Tous ces cas se présentent dans Baudri [1].

II. Versification.

Habitués que nous sommes à une langue où l'accent allonge la syllabe qu'il affecte, nous devons nous rappeler d'abord que le rôle premier de l'accent était de marquer une élévation de voix : *ad-cantus,* $\pi\rho o\varsigma\text{-}\omega\delta\acute{\iota}\alpha$. C'était la quantité qui avait le privilége d'allonger les syllabes. L'accent a donc, dans les langues modernes, usurpé le rôle que la quantité remplissait dans les langues anciennes, pour abandonner le sien, ou du moins ne le remplir que bien imparfaitement. Or, cette usurpation était déjà bien sensible dans le latin, quand l'importation à Rome des lettres grecques vint en arrêter les progrès. Les lettrés cherchèrent dès lors à doter la langue latine d'une quantité fixe, sur laquelle

[1] L. Benlœw, *Précis d'une théorie des rhythmes,* première partie, *Rhythmes français et rhythmes latins,* Paris, 1862, in-8°, p. 46-60. — *De l'accentuation dans les langues indo-européennes,* Paris, 1847, in-8°, ch. v. *Accentuation latine.* — Edélestand du Méril, *Poésies populaires latines antérieures au* XIIe *siècle,* Paris, 1843, in-8°. Introduction.

devait se régler une poésie nouvelle, imitée de la poésie des Grecs. La prosodie qu'ils établirent ne fut jamais acceptée que par un petit nombre d'initiés ; les vers mesurés n'eurent jamais pour admirateurs que les patriciens lettrés. Le peuple s'en tint exclusivement à l'ancienne poésie, sur laquelle l'accent n'était pas sans influence. Il fallut tout le génie des grands poètes latins pour maintenir cette quantité factice, qui ne tenait pas assez intimement au génie de la langue latine. Virgile n'était pas mort depuis bien longtemps, que les lettrés eux-mêmes ne tenaient plus aucun compte de la quantité dans la conversation ; pour en connaître les lois, il fallait, comme aujourd'hui, consulter les livres.[1].

L'Église dut accepter, pour ses chants liturgiques, la poésie populaire où l'accent se fit sentir de plus en plus. Elle devait contribuer à l'avénement de la poésie moderne, où l'on compte les syllabes au lieu de les peser, et dont la rime fait la difficulté principale et le principal ornement. Quand donc les clercs, accoutumés à chanter et à composer des vers syllabiques, voulurent faire des hexamètres et des pentamètres, il leur devint, pour ainsi dire, impossible de ne pas violer les lois de la quantité et d'éviter la rime.

Fautes de quantité. Nous ne parlons pas ici des simulacres de vers mesurés, dans lesquels on tenait pour longue la syllabe accentuée, et pour brève celle qui ne l'était pas [2]. Nous ne faisons pas entrer en ligne ces poètes ignorants qui, à l'imitation du roi franc Chilpéric,

---

[1] Benlœw, *Rhythmes*, p. 60-62. *Dissolution de la quantité prosodique. Les origines du rhythme moderne* .— Du Méril, *ibid.*, 63, sqq.

[2] Benlœw, *ibid.*, 62-66, *Vers des poètes savants. Rhythmes populaires et chrétiens.*

décrétaient que telle syllabe devait être tenue pour longue, telle autre pour brève, parce que leur caprice l'avait ainsi décidé [1]. Nous n'avons en vue que les poètes sérieux, qui s'appliquèrent à suivre les règles prosodiques observées par Virgile et par Ovide.

Le temps manquait parfois aux clercs pour chercher, dans les livres, la quantité qu'on ne faisait plus sentir dans la conversation. Le traité de versification alors le plus autorisé, apprenait aux poètes qu'il leur était permis de mépriser les règles de la tradition prosodique, dans deux cas qui pour eux devaient, le dernier surtout, se présenter très-fréquemment :

1° Toutes les fois qu'un mot ne pouvait entrer dans l'hexamètre ou le pentamètre, avec la quantité que lui avaient donnée les anciens poètes, il fallait lui refaire une quantité qui lui permît de former le dactyle ou le spondée de rigueur. Virgile, du reste, n'avait-il pas commencé un hexamètre par le mot *Italiam?*

2° Toutes les fois qu'il y avait conflit entre les lois de la quantité et l'autorité d'un texte sacré, il fallait évidemment donner raison à Dieu contre les hommes. Ainsi, dans ces deux vers :

> Sic ait ipse docens : Ego in Patre, et Pater in me...
> Clarifica, dixit, nomen tuum, magnaque cœlo...

Sédulius avait fort bien fait de respecter l'intégrité de la parole divine aux dépens de la science du siècle [2].

---

[1] « Chilpericus rex confecit duos libros... quorum versiculi debiles nullis pedibus subsistere possunt ; in quibus dum non intelligebat, pro longis syllabas breves posuit et pro brevibus longas statuebat. » (Grégoire de Tours, *Hist. eccl. franc.*, l. VI, ch. XLVI. Migne, LXXI, 413, A.)

[2] Beda Venerabilis, *De Arte Metrica*, 15 : « Quod et auctoritas sæpe

Le poète du moyen âge qui a le plus combattu pour maintenir le respect de l'antiquité, Jean de Salisbury, confesse, sans aucune honte, qu'il arrive bien quelquefois aux clercs de changer les longues en brèves, sauf à transformer les brèves en longues. Après tout, puisque le sens demeure le même, n'est-il pas puéril de s'en faire scrupule? N'est-ce pas sottise que de s'arrêter à discuter sur un poil de chevreau [1]?

On ne s'étonnera plus de trouver, dans Baudri, des fautes de quantité. Nous signalerons seulement ici les principales irrégularités prosodiques, qu'il s'est cru autorisé à commettre, ainsi que ses contemporains :

1° O final bref ;

2° Quantité des noms propres fixée à volonté ;

3° Allongement de la brève à la césure : licence si commune, qu'on devait en venir à nommer la césure *ectasis*, c'est-à-dire, allongement d'une brève au commencement d'un pied ;

4° Nombreux sigmatismes ;

5° Césures posthepthémimères employées aussi volontiers que les autres [2].

et necessitas metricorum decreta violet... et auctoritas et necessitas metricæ disciplinæ regulas licite contemnit... Necessitas quidem in his verbis quæ non aliter in versu poni possunt. Auctoritate... Sedulius ut veritatem dominici sermonis apertius commendaret, postposuit ordinem disciplinæ sæcularis. » (Migne, XC, 169-170.)

[1]   « Ne moveat Maurus ponens *Philologia*, versu
         Ponitur interdum syllaba longa brevi.
     Et brevis interdum producitur arte, sed idem
         In sermone tamen sensus utrinque manet.
     Et cum de sensu constet, pueriliter errat
         Cui longam litem lana caprina facit. »
             (*Entheticus*, vers. 177-183 ; Migne, CXCIX, 969. A.)

[2] Thurot, *Doctr. gramm. au moyen âge*, p. 426-438, 448-452.

Rime. — Si les clercs ouvrirent toutes grandes à la rime les portes de la poésie métrique, c'est que Virgile lui-même n'avait pas pris soin de les fermer. Il y a, dans ses œuvres, des vers dont la césure rime avec la finale du sixième pied. C'est ce qu'on appelait au moyen âge le vers léonin, ainsi nommé parce que, comme le lion, dont toute la force est dans la queue et dans la poitrine, il a toute son harmonie dans sa syllabe médiane et dans sa finale [1]. On ne se fit pas faute de composer un grand nombre de vers qui eussent ce genre de beauté. A l'exemple des rhythmes, ces vers populaires d'où sortit le vers français, beaucoup de vers métriques ne reçurent la rime qu'à leurs dernières syllabes.

Il est impossible de dire le nombre des vers léonins et des vers rimés que l'on trouve dans les œuvres d'Hildebert et de Marbœuf [2]. Il semble que, pour eux, ces sortes de vers soient les types du vers métrique parfait. Au contraire, dans les œuvres de Baudri, ces vers sont une exception. Tant qu'il ne travaille que pour son petit auditoire, et qu'il n'est pas tenu de sacrifier au goût de la foule, il a grand soin d'éviter la rime. Il ne la laisse se glisser que dans les œuvres destinées à la foule : les rouleaux. Dans la lettre qu'il adresse à Marbœuf, il rime quelques couples de vers, comme pour lui montrer, mises en pratique, ses anciennes leçons sur les homéoptotes et les homéotéleutes. Là,

---

[1] *Ibid.*, 452 : « Leonini dicuntur ad similitudinem leonis, qui totam fortitudinem et pulchritudinem specialiter in pectore et in cauda videtur habere. Similiter isti in secundo vel tertio et in ultimo pede propter duarum vocalium harmoniam in pectore et in cauda... suam pulchritudinem notantur demonstrare. »

[2] Migne, CLXXI.

comme ailleurs, Baudri est infiniment plus attaché à la tradition classique que les plus habiles de ses contemporains. Les combinaisons métriques des anciens, autres que l'hexamètre et le pentamètre, étaient alors, pour ainsi dire, inconnues [1]. Au temps de Baudri, nous ne connaissons guère qu'une pièce d'Alfano [2], une hymne de Marbœuf [3], un titre du rouleau de Mathilde [4], divisés en strophes dont chacune est composée de trois saphiques et d'un adonique. Dans son élégie sur la mort de son maître Hubert, Baudri se sert de strophes métriques singulières, qui doivent être de son invention. Chacune d'elles a cinq vers, dont les trois premiers sont des tétramètres catalectiques ou asclépiades spondaïques; le quatrième, un pentamètre; le cinquième, un archiloquien [5]. Une hymne de Baudri à Saint-Samson est en strophes de cinq vers dont les quatre premiers sont des asclépiades spondaïques; le dernier, un adonique [6]. Ces deux poésies métriques sont rimées. Mais presque toujours les strophes composées par les clercs, étaient formées de vers syllabiques rimés, présentant des combinaisons aussi variées que la poésie lyrique française. Il ne nous reste de Baudri, dans ce genre, qu'une hymne à Saint-Samson, en vers octosyllabiques rimés deux à deux [7].

Jeux poétiques. Mais un défaut infiniment plus grave

[1] Thurot, 440 : « On n'étudiait guère que les pieds qui entraient dans l'hexamètre et dans le pentamètre : « Pedes sunt centum XXIII. Moderni tamen non utuntur nisi tribus pedibus, dactilo, spondeo et trocheo. »

[2] Giesebrecht, p. 16, note 2.

[3] Migne, CLXXI, 1652, *Hymnus de Sacerdotibus.*

[4] *Rouleaux des morts*, p. 273, Titre 213, *Titulus sancti Petri Trecorum.*

[5] Migne, 1198

[6] Pièce inédite CCXLVI.

[7] Pièce inédite CCXLVII.

dépare la poésie mesurée des clercs : c'est la manie des jeux poétiques, qui frappa presque tous les poètes d'alors d'une déplorable stérilité. C'est une erreur commune à toutes les époques de décadence de confondre le beau avec le difficile et de mesurer le génie à l'obstacle vaincu. « Tant que la poésie latine fust en sa pleine fleur, sous Catulle, Virgile, Properce et Tibulle, de telles plaisanteries n'estoient en usage ; mais les survivans ne pouvant atteindre à leurs parangons, s'en voulurent revancher par des jeux poétiques [1]. » De bonne heure, un clerc *atteignit*, dans les jeux poétiques, *à un parangon* auquel il n'était pas facile de s'élever. Nous voulons parler de Raban-Maur et de son éloge de la Sainte Croix. Il y a, dans ce livre, de nombreuses pièces d'hexamètres traversées par des figures géométriques de toutes sortes. On y voit aussi dessinés Notre-Seigneur en croix, César l'épée dressée, un vaisseau avec ses agrès et son équipage, les anges avec leurs ailes. Les lignes de ces différents dessins rencontrent des lettres qui forment des hexamètres, ou des mots d'avance indiqués [2]. Or, les survivants se voulurent *revancher* par des jeux bien plus faciles, mais aussi beaucoup plus variés. A côté de séries de vers où tel caractère ne devait jamais paraître, on parvint à en mettre dont tous les mots commençaient par la même lettre : ce sont les vers tautogrammes. On fit des vers rétrogrades, qui pouvaient se lire à rebours ; des vers enchaînés où le commencement du premier vers est la fin du second. Nous n'épuiserons pas la liste de ces jeux ; il faudrait,

---

[1] *Les Œuvres d'Estienne Pasquier*, Amsterdam, 1723. 2 vol. in-folio. *Les Recherches de la France*, livre septiesme, ch. XII, t. I, 735 D.

[2] Migne, T.

pour les énumérer tous, traduire en entier des traités
spéciaux composés alors sur cette question, que le
moyen âge trouvait si importante [1]. Nous nous bornons
à donner des exemples des principaux jeux où les contemporains de Baudri se sont complus.

Hildebert semble avoir fait sa province des vers rapportés. A tout moment, on en trouve dans ses œuvres.

> Insignis, pollens, largus, devotus, abundans
>   Moribus, ingenio, munere, corde, bonis,
> Præbuit, instruxit, dispersit, respuit, emit,
>   Exemplum, fratres, damna, cavenda, polum.

Or, pour que l'on pût comprendre ces vers, il faudrait
qu'un ami dévoué d'Hildebert les eût *découppez par
forme d'une anatomie*, comme le fit Pasquier, pour un
sonnet que son fils *s'estoit estudié* à composer *fort à propos* [2].

> Insignis ...... pollens .... largus ...... devotus .... abundans
> Moribus ...... ingenio .... munere .... corde ...... bonis
> Præbuit ...... instruxit ... dispersit .... respuit ..... emit
> Exemplum .... fratres ..... damna ..... cavenda .... polum [3].

Si l'on a soin de lire ces vers colonne par colonne,
comme ils sont disposés, on comprendra l'énigme
qu'Hildebert avait proposée à ses lecteurs.

Hildebert aimait aussi à faire revenir, dans ses vers,
le tintement des rimes de la manière suivante :

> Roma nocens, manifesta docens exempla nocendi ;
> Scylla rapax, puteusque capax, avidusque tenendi [4].

---

[1] Nous signalerons en particulier un traité d'Etienne, moine du Bec,
Bibl. nationale, fonds latin, 14146.

[2] *Ibid., Recherches*, VII. 14, I, 747.

[3] Migne, CLXXI, 1395. Cf. *Ibid.*, 1390, 1418, 1419, 1426, 1434, 1446, etc.

[4] *Ibid.*, 1441, C.

Plus d'une fois, pour arriver à cet arrangement de consonnances, Hildebert a complétement supprimé les césures [1].

> Multa scientia, pauca superbia, regula morum,
> Os Ciceronis, vita Catonis, cura bonorum.

Hildebert était sur la trace du vers catapultin, perfection du genre, que Marbœuf devait trouver :

> Urbs Redonis, spoliata bonis, viduata colonis,
> Plena dolis, odiosa polis, sine lumine solis [2].

Or, comme ces vers sont destinés au plaisir des yeux
non moins qu'à celui des oreilles, il faut, pour en comprendre tout le mérite, les disposer ainsi :

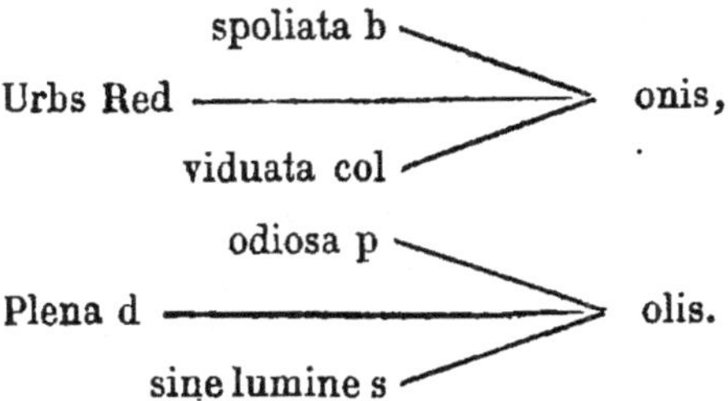

Marbœuf obtint jusqu'à cinq fois la répétition de la
même consonnance dans un vers :

> Arbor. nux. sacra crux. leo trux. bona lux. vigilans dux.
> Candida nix. nigra pix. homo frix. aqua Styx. volucris strix [3].

Il excellait aussi dans le vers réciproque.

> Morte gravatur homo, sed homo qui morte gravatur
> Vivere cum posset, ne vivere posset, amavit.
> Vulnera plangit homo, sed homo qui vulnera plangit
> Illicitum vulnus mordaci dente peregit [4].

[1] *Ibid.*, 1441, C.
[2] *Ibid.*, 1727, A.
[3] Migne CLXXI, 1685, *Nugæ poeticæ*.
[4] *Ibid.*, 1671, *De lapsu primi hominis*.

Ce n'est pas qu'il renonçât à disputer la palme à Hildebert, dans les vers rapportés. Ses contemporains durent nécessairement lui décerner le prix, pour une pièce de vingt-deux vers dont les mots sont tellement mêlés, qu'il nous a été impossible d'en trouver le sens [1]. Les plus habiles à ces *jeux de patience* renonceraient à les remettre en ordre. Enfin, la pièce de vers suivante eût fait, dans les ruelles du XVIIe siècle, pâlir l'étoile de Trissotin :

> Mundo Guarmundus caret, et diademate mundus ;
> Propter Guarmundi mortem gemit orbita mundi.
> Mors ubi Guarmundo venit, dolor illico mundo,
> Utpote Guarmundum, rapiet mors horrida mundum.
> Mors tibi, Guarmunde, dolor et gemitus tibi, munde,
> Pax cum Guarmundo, quia vix in hoc bene mundo [2].

Voilà qui se décline !

Les jeux poétiques tiennent la plus grande place dans les œuvres de Marbœuf, comme dans son traité de rhétorique, les artifices oratoires. C'est le contraire pour Baudri. Nous n'avons de lui qu'une pièce de trente vers, où il se soit vraiment essayé aux jeux poétiques. Elle commence ainsi :

> Litterulis, seu versiculis, seu carmine læto,
> Debueras, quia sat poteras, mandasse valeto [3].

De temps en temps, on rencontre, dans ses poésies inédites, des vers enchaînés.

> Vive, Geraude mihi, quæso, mihi vive Geraude,
> Ipse tibi vivam, vive Geraude mihi [4].

---

[1] *Ibid.*, 1731, *De lapsu et reparatione hominis.*
[2] *Ibid.*, 1685, *Guarmundus.*
[3] Pièce inédite CCV.
[4] Pièce inédite CCXXXV.

Ipse paras reditum patriosque revisere fines,
Visurusque tuos, ipse paras reditum [1].

Mais ces répétitions, quand on en use avec la discrétion de Baudri, n'ennuient pas ; elles charment l'oreille
comme les refrains de la ballade, du triolet et du ron-
deau. Comparé à ses contemporains, Baudri a usé des
jeux poétiques avec une modération qui fait le plus
grand honneur à son goût. La poésie française, comme
la poésie latine, eut ses jeux poétiques. Ceux qui s'y
escrimèrent se séparent en deux classes bien différentes.
Les uns, comme Moulinet et Crétin, y virent la plus
grande preuve que le poète français pût donner de son
habileté ; « la douceur la plus exquise et la plus miellée
confiture desquelles le vers françois pût être afriandi [2]. »
D'autres, plus sensés, disciples ou admirateurs de la
Pléiade, Pasquier et Tabourot, les regardèrent comme
un ébat puéril qu'ils pouvaient se permettre de temps
en temps, par manière de récréation ou de mascarade [3].
S'ils livraient leurs essais au public, c'était avec cette
note : « Mestier toutefois dont je me mocque et auquel
qui moins en fait, mieux il fait [4]. »

Baudri mérite que nous le placions parmi ces hommes
d'un jugement plus droit, qui ne sacrifient à l'engoue-
ment de leur époque que bien rarement, en se jouant et

[1] Pièce inédite CLXII.

[2] Sibilet, *Art poétique françois pour l'instruction des jeunes studieus
et encore peu advancez en la poésie françoise*. Paris, 1548, in-8°, p. 74 v°.

[3] Pasquier, *ibid.*, VII, 14, p. 745 à 750. — *Les Bigarrures du seigneur
des Accords*, Paris, 1583, in-8°, Préface : « Je fais déclaration que je
mets ce livre hors et l'expose en public, selon la loy de ceux qui vont
en masque..... Et en un mot, ce livre n'est autre chose qu'une super-
fluité de mon esprit que j'ay autresfois permis s'égayer en ces follastres
discours. »

[4] Pasquier, *ibid.*

comme pour s'en moquer. Il semble qu'il fallût insister beaucoup pour obtenir qu'il descendît à ces puérilités ; il sentait bien que sa dignité en souffrirait quelque atteinte. « Si votre prieur, écrit-il à Maïeul, insiste pour que je m'amuse à des jeux poétiques, eh bien ! commandez ! je ferai des jeux poétiques pour le saluer [1]. » Baudri, lors même qu'il lui échappe une faiblesse, garde encore, sur ses contemporains, une véritable supériorité.

[1] Pièce inédite CLXXIX, *Ad Maiolum* :

« Si Prior insistat metricis alludere ludis
　Alloquar hunc ludis, si jubeas, metricis. »

CHAPITRE VIII

Baudri moine et abbé

Attaques des Bénédictins. — Réponse à leurs accusations. — Baudri
n'a pas été simoniaque. — Il était plutôt très opposé au relâchement.
— L'étude est pour lui un remède contre l'oisiveté. — Baudri jugé
comme un saint abbé par les chroniqueurs de Bourgueil. — On lui
confie un prieuré qui a besoin de réforme. — Baudri administrateur
temporel. — Sa sollicitude pour les intérêts de Bourgueil lorsqu'il est
abbé et lorsqu'il est archevêque. — Les dons des fidèles montrent la
régularité des abbayes au moyen âge.

Malgré l'attrait de la poésie pour Baudri, elle n'était
pour lui qu'un délassement, une récréation, qu'il n'a
jamais hésité à sacrifier au devoir. On aura une plus
haute idée de son talent quand on verra, dans ses œuvres,
les ébauches d'un amateur, et non pas les œuvres finies
d'un poète de profession. On saura combien sont mal
inspirés ceux qui l'accusent d'avoir oublié, pour les
lettres, ses obligations de moine et d'abbé.

Chose étrange! les adversaires de Baudri se sont
recrutés principalement parmi ses alliés naturels : les
Bénédictins. A leur tête, nous rencontrons un savant
dont toutes les affirmations sont respectées comme l'expression la plus pure de la vérité. Pour écrire contre

Baudri les pages suivantes, les auteurs de l'*Histoire littéraire*[1] n'ont eu qu'à traduire les *Annales bénédictines* de Mabillon[2] :

« Si l'on en croit Ordric Vital[3], les occupations littéraires ne le détournèrent point des devoirs de son état. Il avoit du zèle et un fond de religion ; il travailla à rétablir la discipline régulière, qui avoit beaucoup souffert sous son prédécesseur. Mais, malgré le témoignage d'Ordric en faveur de Baudri, on a peine à croire que cet abbé eût du zèle pour le rétablissement de la discipline, puisque l'on voit que de son temps on n'observoit pas l'abstinence de la viande dans l'abbaye de Bourgueil, même le samedi ; et bien loin de s'y opposer, il blâma la conduite d'un moine de son abbaye, qui ne vouloit point se conformer à cet usage, ou plutôt à cet abus ; il le qualifia même de juif qui observe le sabbat :

> Sabbata custodis, tamquam Judæus Apella,
> Cum tamen alterius legis iter teneas.

« On peut juger par là que l'abstinence de la viande le samedi n'étoit pas encore introduite partout ; quoique Glaber témoigne qu'elle avoit été établie dès l'an 1000, en action de grâces de l'abondance et de la paix que Dieu avoit accordées[4]. Mais du temps de Pierre le Vénérable, qui florissoit dans le même siècle que Baudri, cette abstinence étoit si générale, que les comédiens mêmes se faisoient une loi de l'observer[5]. Il est étonnant que les moines de Bourgueil n'observassent

---

[1] *Hist. lit.*, XI, 97-99.
[2] *An. bén.*, V, 146-148.
[3] L. IX, *Hist.*, an. 1129.
[4] Glab., l. IV, c. v.
[5] Pet. Ven., l. VI, ep. xv.

pas une pratique dont les comédiens mêmes ne se dispensoient pas. Cela fait voir, dit le P. Mabillon, que la discipline régulière étoit bien déchue dans ce monastère, et qu'on s'y appliquoit plus aux lettres qu'à l'abstinence ; à faire des vers et à composer des livres qu'à mener une vie religieuse. Il ne paroît pas que Baudri ait eu beaucoup de zèle pour réformer ces abus, ni qu'il ait travaillé à réunir ensemble deux choses compatibles et qui ne doivent point être séparées, savoir, la science et la piété, l'étude et la régularité. On voit même que cet abbé, écrivant à Gérard de Laon, pour l'engager à embrasser la vie monastique à Bourgueil, ne lui propose que des livres et les choses nécessaires à ceux qui ont du goût pour l'étude, *libros et chartas, et cuncta studentibus apta.*

« Il faut avouer que cela fait peu d'honneur à Baudri. Il s'en fit encore moins par les moyens qu'il employa pour se procurer l'évêché d'Orléans, après la déposition de Sanction qui en étoit évêque. Il eut pour concurrent Jean, archidiacre de la même église, neveu de Raoul ou Rodolphe, archevêque de Tours. Jean étoit favorisé par le roi, et Baudri par la reine, qu'il avoit tellement mise dans ses intérêts que l'évêché lui fut promis. Mais étant venu se présenter en cour le jour de Noël 1097 dans l'espérance d'être pourvu de la place qu'il ambitionnoit, il apprit que son concurrent l'avoit obtenue à force d'argent. Yves de Chartres qui nous apprend ces faits dans une lettre qu'il écrivit à l'archevêque de Lyon, ajoute que l'abbé de Bourgueil avoit aussi de son côté répandu de l'argent, selon les facultés de son abbaye, et qu'ayant représenté au roi que l'évêché lui avoit été promis, le roi lui répondit bonnement : « Laissez-moi profiter présentement de l'argent de votre concurrent, faites-le ensuite déposer, et j'aurai égard à votre requête. »

« Il y a lieu de croire que Baudri profita de cette mortification pour rentrer en lui-même. Ses liaisons avec Robert d'Arbrissel et ses premiers disciples, qui s'établirent à trois petites lieues de son monastère, le nombre prodigieux de pénitents de l'un et de l'autre sexe qui se rassemblèrent dans la solitude de Fonte-vraud, les grands exemples de vertu qu'ils donnoient firent sans doute impression sur l'esprit de Baudri, dont la vie depuis cette époque ne présente rien que d'édifiant. Ce fut même en considération de sa piété et de sa vertu qu'il fut élu archevêque de Dol : *pro religione et sapientia ad gradum Dolensis archiepiscopatus electione provectus ecclesiastica* [1]. »

Les Bénédictins terminent leur réquisitoire en invoquant le témoignage d'Orderic Vital qu'ils avaient commencé par récuser. Il est évident qu'Orderic est un témoin sincère ; de plus, il est très-bien informé. Il déclare qu'il a très-bien connu Baudri [2] ; Mabillon lui-même accepte son affirmation [3]. Il faut donc que les Bénédictins aient eu des raisons bien graves pour récuser un témoin, en apparence si digne de foi.

L'accusation la plus grave portée contre Baudri est celle de simonie. Or, voici ce qu'en pense un critique que ses goûts ne portaient certes pas à se faire le défenseur d'un moine : « Ce pourrait bien être une médi-

---

[1] Orderic Vital, l. IX.

[2] « ..... Quem bene cognovi. »

[3] « Hæc Ordericus qui eum bene sibi cognitum fuisse dicit. » *An. ben.,* V, 523.

sance d'Yves, nous n'avons au reste aucun moyen de contrôler ses assertions : le propos prêté au roi ne semble guère vraisemblable [1]. »

Nous croyons avoir quelques moyens de contrôler les assertions d'Yves de Chartres. L'archevêque de Tours, Raoul, avait approuvé l'union adultère de Bertrade et de Philippe Ier. Le comte d'Anjou, furieux de cette injure, se vengea en faisant ravager les terres de ce prélat. Raoul répondit à cette violence par une sentence d'excommunication. Mais Foulques fut absous par le légat du pape, Hugues de Lyon, dans un concile tenu à Saint-Florent, 1094. Parmi les juges qui donnèrent tort à Raoul, défenseur de la reine, nous trouvons Baudri [2]. Dans une cause pendante entre le neveu de Raoul et l'abbé de Bourgueil, ce n'est pas du côté de Baudri que devait se ranger Bertrade.

Dans l'année même où l'on veut que Baudri se soit rendu coupable de ce grave délit, nous le trouvons approuvant par sa signature un acte que l'évêque d'Angoulême, Adémar, déclare avoir fait pour extirper la simonie, dont les racines repoussaient toujours [3].

C'était l'époque où les papes et les saints personnages, travaillaient énergiquement à la réforme de l'Église. Quelques hommes austères, impatients de voir la fin de tant d'abus, apportaient à cette grande œuvre un zèle

---

[1] Charles Thurot, *Rev. hist.*, 372, note 5. Le mot *calomnie* rendrait mieux la pensée de M. Thurot que celui de *médisance*.

[2] D. Ed. Martène, *Histoire de l'abbaye de Marmoutier*, publiée pour la première fois et annotée par M. l'abbé C. Chevalier. Tours, 1874, 2 vol. in-8°, t. I, 518-520.

[3] « Feci... pro exstirpanda simoniacæ hæreseos successiva radice. Actum Engolismæ.., anno 1096. S. Ademari episcopi ; S. Baldrici abbatis Burguliensis... » *Gall. Christ.*, t. II, *Instr.*, col. 448, E.

que les papes étaient obligés de modérer. Les moines surtout se distinguaient par leur ardeur. Si nous en jugeons par ses relations, loin d'être un de ceux qu'avait atteints la maladie du relâchement, Baudri avait pris place parmi ces médecins impatients qui ne pouvaient souffrir de retard dans la guérison d'autrui. La mort de Hugues de Lyon lui inspirait ces vers : « O douleur, ce grand fils de l'Église Romaine, évêque de Die d'abord, puis archevêque de Lyon et légat du Saint-Siége, Hugues est mort. Il était la demeure de toutes les vertus; la douceur divine habitait en lui. O ville de Lyon, répands des pleurs [1]. » Or, Hugues de Lyon aimait à stimuler le zèle de Grégoire VII qu'il ne trouvait pas assez ardent : deux fois ce pontife dut le rappeler à la douceur et à la modération [2]. Eudes, évêque d'Ostie, réclame l'amitié de Baudri comme la plus grande des faveurs : « C'est votre ami Eudes qui vous écrit, ô Baudri, et qui désire que vous lui répondiez. J'ai lu naguère, ami, votre ouvrage; je l'ai lu et relu trois et quatre fois, dans l'espoir de trouver mon nom parmi ceux de vos amis. Or, c'est à peine si vous faites mention de moi, ce qui m'a grandement affligé. Avez-vous donc pensé, ô grand poète, que j'étais indigne d'être rendu immortel par vos vers? Cependant, si l'on vous en croit, parmi les signes du ciel brillent l'urne, le lièvre, le corbeau, le cancer et les ânons.

[1] Migne, 1189, B.

[2] Voir les lettres de Grégoire VII ; Migne. CXLVIII, 394, D, livre II, lettre XLIV : *Ad Hugonem Diensem episcopum* : « Melius enim nobis placet ut pro pietate interdum reprehendaris, quam pro nimia severitate in odium Ecclesiæ venias. » Cf. *Ibid.*, 610, c, livre IX, lettre V. Il lui dit à propos du roi d'Angleterre : « Non indignum debet existimari potestatem illius esse tractandam. »

Ainsi, après les noms célèbres de tant de héros, on voit à la voûte du ciel ceux de toutes petites bêtes. Après les noms de tant d'hommes illustres, écrivez le mien, je vous en prie, dans votre livre qui est vraiment céleste. Je vous en prie, qu'il y ait, ne fût-ce que sur la marge, un seul distique où l'on puisse lire le nom d'Eudes, votre ami [1]. » Or, avant de devenir évêque d'Ostie, Eudes était moine de Cluny, le grand foyer de la réforme ecclésiastique. Guillaume de Dol, abbé de Saint-Florent, qui a mérité le titre de Vénérable, se dit uni à l'abbé de Bourgueil par les liens de la charité fraternelle [2]. Enfin Robert d'Arbrissel, l'un des plus ardents réformateurs de cette époque, était l'ami intime de Baudri [3].

La mortification, dont Baudri aurait profité pour rentrer en lui-même, est donc probablement imaginaire. D'autre part, les deux pièces de vers alléguées par Mabillon ne sont pas plus datées que les autres œuvres de Baudri. Il est fort possible qu'elles soient postérieures à sa prétendue conversion, car elles ne renferment rien qui donne le droit de suspecter la régularité du religieux qui les a composées.

Baudri, dit-on, ne peut pas avoir été tout d'abord un pieux abbé, parce qu'il se moque d'un moine de son abbaye qui ne voulait pas manger de viande le samedi. Rien n'autorise à croire ces vers adressés à un moine, si ce n'est peut-être ce passage :

« ..... promittas ad faciendum
Quod facimus fratres, fratribus ipse favens. »

---

[1] Migne, 1208, A.

[2] D. Fouquet 178 : « caritativa fraternitas. »

[3] Ms., Tours, 1338, p. 35. « Roberti Abrecellensis, sibi amicissimi. »

Or, l'Église considérant comme frères les simples fidèles aussi bien que les religieux, nous nous rangeons au sentiment de M. Delisle, qui traduit par ces mots : « A un chrétien qui refusait de la viande le samedi, » le titre : *De eo qui sabbato carnem recusavit.*

Quoi qu'il en soit, Mabillon ne peut échapper à cette alternative : Ou ces vers ont été faits contre un moine de Bourgueil, un bénédictin, ou ils visent un chrétien. Dans le premier cas, pourquoi restreindre la discussion au samedi, alors que, pour les Bénédictins, l'abstinence est de règle tous les jours[1] ? Dans le second cas, nous n'avons qu'à citer Mabillon lui-même pour justifier Baudri : « Ces vers, dit-il, ainsi que d'autres documents, nous prouvent qu'au xie siècle l'abstinence de la viande, le samedi, n'était pas encore partout en usage[2]. » Il n'y avait donc pas de loi générale qui prescrivît l'abstinence, nonobstant les coutumes particulières, encore en vigueur, de faire gras le samedi[3]. Le chrétien pouvait accepter la viande qu'on lui offrait, et Baudri le blâmer de son hésitation, comme d'un scrupule.

Quant aux témoins sur lesquels s'appuie l'accusation, nous ferons remarquer que pour témoigner il faut vivre, et que Pierre le Vénérable n'était pas encore né. D'un autre côté, si nous nous reportons au passage de Raoul

---

[1] « *Divi Patris Benedicti regula...* Hanc impressit Simon Colinæus Parisiis, anno 1522, die mensis maii 10. De mensura ciborum, cap. xxxix : A carnium vero quadrupedum omnino ab omnibus abstineatur comestione : præter omnino debiles et ægrotos. »

[2] « Ex quibus intelligitur, quod alia nos argumenta docent, sæculo undecimo abstinentiam a carnibus sabbato necdum ubique viguisse. » *An. ben.*, v, 147.

[3] « Consuetudo localis non censetur abrogata per legem generalem, nisi consuetudinis mentio fiat, aut saltem clausula addatur : non obstante consuetudine, » disent les théologiens.

Glaber, allégué par Mabillon, nous y voyons que, dans certains conciles provinciaux, on résolut de s'abstenir de vin le vendredi et de chair le samedi, excepté aux fêtes solennelles[1]. Nous ne voyons dans cette mesure qu'une pratique de dévotion locale et passagère, provoquée par l'extraordinaire abondance de l'an 1033. Rien n'y indique, en tout cas, le commandement général de l'Église, qui devait plus tard abroger toutes les coutumes :

> Vendredi chair ne mangeras,
> Ni le samedi mêmement.

Cette loi ne défend pas l'usage du vin le vendredi, et n'excepte pas de l'abstinence du samedi les jours de fêtes solennelles.

Il ne faut condamner personne, sur quelques lignes de son écriture : on doit surtout se garder de juger un poète d'après quelques-uns de ses vers. On s'exposerait à prendre pour réels bien des amours, bien des ivresses, bien des désespoirs imaginaires. De cette pièce de vers sur l'abstinence du samedi, Mabillon aurait pu conclure que les moines de Bourgueil n'avaient d'autre règle que leur caprice :

> Duntaxat totum quod volumus facimus. (cxci.)

Une confession en vers du même recueil lui eût permis de nous montrer Baudri s'accusant lui-même d'avoir été « larron, sacrilége, parjure, voleur, homicide —

---

[1] « Placuit qualiter... sexta die abstineretur a vino, et carnibus septima ; nisi forte gravis infirmitas compelleret, aut celeberrima solemnitas interveniret. » Migne, CXLII, c. 678 D. Il s'agit bien de l'an 1033, et non de l'an 1,000, comme l'ont cru les Bénédictins.

autant que possible — *in quantum potui* — déicide dans toute la force du terme — *nec falsa loquor* — menteur, vain, ivrogne de profession, prodigue et avare, dissimulé, débauché, fourbe, faux, envieux[1]. » Nous n'achevons pas cette énumération qui nous fait sourire, comme ces confesseurs auxquels leurs petits pénitents récitent le catalogue des péchés, qu'ils ont trouvé dans leur catéchisme, au chapitre de l'Examen de Conscience.

Puisque notre adversaire admet Baudri à témoigner dans sa propre cause; puisqu'il traite, comme une déposition sérieuse, une pièce évidemment badine, que ne sommes-nous pas autorisé à conclure de tant de vers graves ou émus, par lesquels Baudri répond d'avance aux accusations de ses frères mal inspirés? Non, Baudri ne s'est pas laissé détourner de ses devoirs par la passion des lettres : c'est même pour se rendre capable de les mieux remplir qu'il s'est adonné à la poésie. « Mes vers, dit-il, ne valent rien, je l'avoue, mais ils ont au moins cela de bon qu'ils me détournent du vice[2]. Aussitôt après le repas, la foule oisive s'en va dormir; elle m'a, par trois et quatre fois, reproché de ne pas l'imiter.

---

[1] Pièce inédite CLXXXIV, *Confessio pœnitentialis* :

> « Sum latro, sacrilegus, perjurus, fur, homicida,
> In quantum potui, nec falsa loquor, deicida,
> Mendax, pomposus, sodomita, cinedus, adulter,
> Ebrietatis amans, exosor urbanitatis,
> Prodigus et parcus, simulator, luxuriosus,
> Fallax, falsiloquus, verborum leno meorum,
> Invidus, obscenus, impurus, perfidus, atrox.
> Scurra, vafer, nequam, fratrum violator amoris... »

[2] Pièce inédite CLXI, *Ad Godefredum Remensem* :

> « Carmina confiteor nil in se nostra valere,
> Sed valet id quod me devocat a vitiis. »

Moi j'aime mieux lire et faire des vers que de vivre,
comme une bête de somme, dans l'oisiveté. Si je ne re-
tire pas un grand profit de l'étude, elle m'empêche du
moins de m'ennuyer. Si mes compositions ne valent
rien, si mes poésies n'ont aucun mérite, elles me res-
semblent, mais ne sont pas sans utilité. Dès que l'oisiveté a pris possession d'un homme, elle a bientôt fait
d'introduire en lui la horde barbare des vices[1]. »

C'est une idée sur laquelle Baudri revient souvent,
avec de nouveaux développements, tant il craint qu'on
ne voie en lui un poète plutôt qu'un religieux. « Si l'on
te demande, dit-il à son livre, pourquoi je me livrais à
cette occupation futile, tu répondras : Il n'aimait pas
l'oisiveté. — Lisait-il au moins les saints livres ; compo-
sait-il des ouvrages sérieux ? — Telle est, diras-tu, sa
grande occupation. Il a beaucoup écrit en prose[2] ; pour
les vers, il les composait aux heures de loisir. Jamais
ils ne lui ont fait oublier ses devoirs de moine. Il les
faisait la nuit ou pendant qu'il chevauchait[3]. »

« D'autres, ajoute Baudri, mettent tous leurs soucis
dans un vil cheval ; tantôt ils chassent le sanglier,

---

[1] « Sed malo libris incumbere carminibusque,
    Quam par jumentis ducere tempus iners.
  Si nihil est quod ago... nec habent mea carmina pondus,
    Sunt nihil et mecum, sed faciunt aliquid.
  Barbaries siquidem vitiorum mox inolevit
    Otia si proprium possideant hominem. »

                  (*Ibid.*)

[2] Pièce inédite xxxvi, *Contra detrectatores* :

  « Sermones fecit multos sermone pedestri,
    Hæc ut vitaret otia composuit. »

[3] « Sed neque conventus hæc propter opuscula fugit ;
    Talia dictabat noctibus aut equitans. »

                  (*Ibid.*)

tantôt ils tendent des piéges aux cerfs ; ils sont toujours revenus à la cuisine. Chez les prélats, la conversation ne revient pas souvent sur les livres ; la littérature ne leur cause que peu ou point de fatigues. Chez les uns, l'ignorance produit le dégoût ; chez les autres, c'est l'amour des procès et de l'argent. Ils se donnent beaucoup de peine pour tirer un fétu de l'œil du prochain, mais ne pensent pas à la poutre qui leur obstrue l'œil [1]. »

Sans doute, le goût de Baudri l'entraînait vers les belles-lettres ; il a parfois des retours mélancoliques sur cette vocation impérieuse qu'il lui a fallu sacrifier. « La charge d'abbé est un fardeau et un labeur ; elle me défend d'appartenir à personne ; elle m'arrache à moi-même. Oh ! que je voudrais être à moi, à mes amis, pour employer mon temps suivant mes goûts [2] ! »

« Le temps, dit-il ailleurs, m'a confié un honneur bien trop grand. Qu'est-ce donc que l'honneur ? Un vain nom, un sépulcre dans lequel il faut enfouir sa volonté. Laisse là ta volonté, toi qui t'élèves à une charge quelconque. Prends bien garde à ne plus suivre tes penchants : tu as fait le sacrifice de toi-même ; tu ne t'appartiens plus ; tu t'es donné à ton emploi. Ah ! j'aimerais

---

[1] « Nunc venantur apros, nunc cervis retia tendunt ;
         Et revocat dominos sæpe culina suos...
      Inter pontifices minor est de codice sermo ;
         Littera, seu rara, nulla fatigat eos.
      Propterea sic est quia pars ignorat et alget ;
         Pars intenta lucris jura fori sequitur. »
                              (*Ibid.*)

[2] « Abbatis nomen onus est ; onus et labor, et me
         Non sinit alterius, immo nec esse meum.
      Esse mihi vellem meus.....
         Ut mea cum vellem tempora dividerem. »
                              (*Ibid.*)

mieux vivre pauvre pour moi, que de vivre pour autrui, dans l'opulence. Mais je suis lié, et je n'ose plus vouloir ce que je veux. Du reste, j'espère bientôt avoir consommé le sacrifice de ma volonté[1]. »

Il n'est pas qu'un abbé qui parle ainsi n'ait vu dans un monastère qu'une retraite, où le temps et les livres abondent pour quiconque veut étudier. Nous pouvons en témoigner, nous qui avons lu ses beaux vers sur la vie monastique. Nous pouvons en témoigner contre Mabillon, qui n'avait pas étudié les œuvres poétiques de Baudri ; qui très-probablement ne connaissait de lui que les vers qu'il cite çà et là, et qu'un copiste peu intelligent et paresseux avait maladroitement choisis. Il est certain que le docte bénédictin n'avait pas lu en entier l'épître à Gérard de Loudun ; les avantages que Bourgueil offre aux amis de l'étude sont invoqués comme un dernier argument, et non comme un argument unique. Un jour, Mabillon eut à défendre les études monastiques auxquelles un ordre austère allait attacher moins d'importance que l'ordre de Saint-Benoît. « Les moines, écrivait-il à l'abbé de Rancé, étudient, non pour devenir savants, mais pour se rendre plus capables de pratiquer la vie religieuse[2]. » C'est exactement ce que disait Baudri : « L'étude, à elle seule, n'a

---

[1] Pièce inédite CLXXXVIII, *De sufficientia votorum suorum :*

> « Velle tuum periit, si sub honore jaces.
> Perde voluntatem quisquis conscendis honorem...
> Esse meus pauper et sic mihi vivere mallem
> Quam mihi non vivam dives ego alterius...
> Sic astringor ego, non audeo quod volo velle...
> Spero tamen totum velle deesse mihi. »

[2] Cité par Montalembert, VI, p. 217.

jamais conduit personne au ciel, mais elle est souvent un moyen excellent d'y parvenir [1]. »

Baudri avait voulu être moine ; c'est comme moine qu'il est resté dans la mémoire de ceux qui devaient conserver le plus fidèlement ses traits. Pendant qu'au dehors on veut surtout voir en lui un poète, à Bourgueil, on ne sait pas même qu'il a fait des vers. Mais comme l'on se souvient de ses vertus ! avec quelle complaisance l'on se rappelle qu'il fut un saint abbé ! « Baudri, dit l'*Histoire manuscrite française de Bourgueil*, étoit doué de toutes les qualités qui peuvent rendre recommandable un abbé et un prélat ; sa doctrine, sa sagesse et sa piété l'ont fait admirer et estimer de tous les savants de son temps [2]. » Il semble que tous les moines de Bourgueil ne puissent penser à Baudri, sans que sa piété se présente à leur mémoire. Elle leur fournit une épithète qui devient comme inséparable de son nom. « Ce pieux abbé et sage prélat, » dit ailleurs l'*Histoire manuscrite française* [3]; et plus loin : « Ce pieux abbé [4]. » « Ce très-pieux abbé, » dit l'*Histoire manuscrite latine* [5].

Voilà certes des témoins irrécusables ! Nous avons pourtant des preuves plus fortes que les paroles de

---

[1] Pièce inédite CLIII, *Invitatio ad quemdam ut se monacharet :*

« Carmina nostra tibi..... Ramnulfe, rogasti,
Tanquam si cœlum carminibus teneas.
Nemo poetarum tenuit per carmina cœlum
Dux tamen ad cœlum littera sæpe fuit. »

[2] Ms. de D. Fouquet, p. 230.

[3] *Ibid.*, 230.

[4] *Ibid.*, 232.

[5] Ms. 1338, p. 35. L'histoire ms. française ne dit pas un mot des vers de Baudri ; l'histoire ms. latine dit seulement : « Nonnulla carmina historica condidit. » L'auteur ne connaît de Baudri que les vers historiques publiés par Duchesne, les moins bons.

Baudri ou les souvenirs des moines de Bourgueil : les actes de son administration.

Bien avant l'époque assignée par les Bénédictins à la conversion de Baudri, la discipline régulière était en pleine vigueur au monastère de Bourgueil. Nous en avons une preuve dans une charte de 1093, analysée ainsi par un historien de l'abbaye : « Il se trouve une donation faite en 1093, du prieuré Saint-Michel-sur-Loire, par Aimery, lequel, comme successeur de la bonne volonté de ses pères et mères et aïeuls, voyant que les chanoines faisoient mal leur office dans l'église de Saint-Michel-sur-Loire [1], donne le dit prieuré à l'église Saint-Pierre de Bourgueil, où son père avoit pris l'habit religieux. » Si l'on choisit les moines de Bourgueil pour ramener la piété dans un prieuré où elle ne règne plus, c'est apparemment qu'on les regarde comme des religieux attachés à leur règle. Aimery n'eût pas confié cette réforme à des moines trop amis des belles-lettres et de la bonne chère [2].

Quant à la situation temporelle de Bourgueil, elle n'était pas moins florissante. Les poètes, il est vrai, n'ont pas la réputation d'apporter beaucoup de soin aux biens de la terre : « Les pertes d'argent, les fuites d'esclaves, les incendies, nous nous en moquons.

« Detrimenta, fugas servorum, incendia ridet, »

---

[1] « Quantum ad divinum servicium Ecclesia debebat emendari, » dit la charte. (*Cartulaire* de dom Fouquet, p. 171.)

[2] Ms. de D. Fouquet, p. 232. Nous ne voyons pas non plus où les Bénédictins ont pris que la discipline régulière avait eu beaucoup à souffrir sous le prédécesseur de Baudri : « Raymond, dit l'Histoire manuscrite française, se rendit remarquable par sa piété, doctrine et mérites singuliers et par conséquent fut estimé et honoré de personnes de piété et doctrine..... ce qu'on peut voir sans doute à l'égard

dit Horace [1]. Mais les biens d'un monastère sont le domaine de Dieu, le patrimoine des pauvres, et, dans une certaine mesure, la condition nécessaire de sa prospérité spirituelle. La pauvreté, en effet, entraîne le travail corporel, et le travail des mains dérobe un temps précieux à la culture de l'esprit par l'étude, à la sanctification de l'âme par la prière. La sage administration des biens d'un monastère constitue donc l'un des devoirs les plus importants de l'abbé.

A peine élu, Baudri s'empresse d'achever ou d'affermir les fondations de son prédécesseur. Dès l'année même de son élection, il fait terminer l'église du prieuré de la Pérouse, au diocèse de Limoges, et assiste à sa consécration.

L'année suivante, nous le trouvons au diocèse de Paris, occupé à faire confirmer, par le fils de Guy de Chevreuse, la donation du prieuré de Chevreuse que son père avait faite à l'abbé Raymond. Il obtient qu'un seigneur, nommé Drogon, lui abandonne définitivement certains droits qu'il avait cédés puis repris à son prédécesseur. Il assure au prieuré de Beaulieu, près de Bressuire, nouvellement fondé, la protection de Geoffroy de Blois.

Mais, au moyen âge, ce n'était pas à l'abri de la force matérielle que les moines mettaient le plus volontiers leur faiblesse à couvert ; c'est avant tout à la puissance spirituelle, dont les armes étaient bien plus redoutées, qu'ils demandaient de les défendre. Ils suppliaient les papes et les évêques de leur maintenir leurs biens et

d'Isambert..... au cartulaire où il parle en ces termes de cet abbé : « Præfato vero abbati quem multum venerabamur. » (*Ibid.*, p. 224.) Voir plus haut ch. II.

[1] Ep., livre II, I, vers 121.

leurs priviléges, et de lancer les foudres de l'excommunication contre quiconque aurait l'audace de les violer.
Quant aux donations privées, aux chartes particulières,
on ne manquait guère de les clore par quelque impré-
cation de ce genre : « Si, à dater de ce jour et doréna-
vant, quelqu'un a l'audace d'attaquer cette donation, que
la malédiction du Seigneur tombe sur lui et que la
gloire des saints lui soit fermée. S'il ne vient pas ensuite à résipiscence, qu'il tombe dans la fournaise éternelle, et qu'il y soit soumis, comme il le mérite, à d'é-
ternelles tortures [1]. »

A la requête de Baudri, le 20 novembre 1093,
Urbain II confirme à l'abbaye de Bourgueil tous ses priviléges et tous ses biens présents et à venir. Il menace
d'excommunication, de déchéance, tous les prêtres, rois,
princes, juges et séculiers qui, nonobstant ce privilége,
auront méconnu les droits de l'abbaye, et, après deux
ou trois admonitions, n'auront pas témoigné de leur repentir.

Le 25 octobre 1105, Baudri obtint du pape Pascal II
la même faveur.

En mars 1102, Baudri alla trouver Pierre II, évêque
de Poitiers, pour lui demander de continuer aux églises
de Bourgueil, situées dans son diocèse, la protection
que son prédécesseur, Isembert II, leur avait accordée.
L'évêque appelle la colère de saint Pierre et l'horreur

---

[1] « Si vero fuerit ab hodierna die et deinceps aliquis... qui contra
hanc auctoritatem aliquam calumpniam vel repetitionem generare præ-
sumpserit, maledictio Domini super eum veniat, et gloriam sanctorum non videat ; nisi resipuerit et ad emendationem venerit, gehen-
nalibus pœnis deputatus, cruciatus perpetualiter debita persolvat. »
(Cartulaire de dom Fouquet, p. 46.)

de l'excommunication, sur quiconque portera atteinte aux droits de l'abbaye.

Armé de ces priviléges, Baudri défendit vigoureusement ses droits. Un chevalier, nommé Alon, ayant contesté aux moines de Bourgueil une dîme dont ils étaient en possession depuis longtemps, Baudri le poursuit devant la cour de Loudun. La fermeté de Baudri ne se démentit point pendant tout le cours d'un procès, qui menaçait de ne pas finir. Le chevalier Alon étant mort, ses enfants Alon, Gibaud et Jean, se rendirent à Bourgueil pour y conclure un accord [1].

Geoffroy ayant réclamé aux moines de Bourgueil des redevances exorbitantes, pour une terre que leur avait donnée son beau-père Airaud le Fléau, les moines en furent émus au point qu'ils menacèrent de laisser cette terre inculte comme un désert. Geoffroy voyant qu'il ne pourrait rien leur arracher par la violence, préféra abandonner une partie de ses droits, que de les perdre tous. Il proposa des conditions raisonnables aux moines, qui conclurent un accord avec lui [2].

Un chevalier de Bourgueil, nommé Alon, collibert de l'abbaye, refusa son hommage à l'abbé Baudri. L'une et l'autre partie fixèrent un jour pour soumettre leur différend aux chances d'un duel. On se rendit au palais de Geoffroy, évêque d'Angers ; mais celui-ci, en bon

---

[1] « In placito autem lite, quod sæpe fit, judicium indiffinitum permansit. Post quædam vera tempora Alone ad patres suos adposito..... Alo Gibandus et ejus frater Johannes Burgolium pacis concordia ad finem istum devenerunt. » (D. Fouquet, 121, 122.)

[2] « Quæ petitio interim contristavit monachos ut totam terram illam minarentur redigere in eremum. Tunc Gauffredus videns quod a monachis extorquere non poterat..... » (*Ibid.*, p. 58.)

évêque, voulut tenter les voies de la conciliation, ajourna le jugement et défendit le duel. Enfin, Alon confessa qu'il était collibert de l'abbé et des moines de Bourgueil. Sur ces entrefaites, Baudri avait été élevé au siége archiépiscopal de Dol. Alon voulut de nouveau s'affranchir. De là, des querelles incessantes, au cours desquelles Alon déclara se soumettre à l'arbitrage de l'archevêque de Dol : c'était en l'année 1114 [1].

Pour être choisi comme arbitre par celui-là même qu'il avait si vigoureusement poursuivi, il fallait que, dans la revendication de ses droits, Baudri fût aussi loyal, aussi doux qu'énergique. Enfin, eût-on espéré qu'il voudrait s'occuper des affaires de l'abbaye, sept ans après l'avoir quittée, s'il les avait négligées alors qu'il en était l'administrateur.

Baudri avait singulièrement à cœur de défendre les intérêts de Bourgueil. Dix ans après son départ, nous le voyons encore appuyer de son autorité une revendication des moines. Etienne de Meigné, fils de la comtesse Adèle, avait, en 1102, dónné à Baudri l'église de Meigné avec diverses terres et dîmes, sur sa propriété de Nanteuil. Or, il arriva que, peu de temps après, Milesende, sœur d'Etienne, sans avertir son frère, disposa en faveur des moines de Montierneuf de ces mêmes biens, qui ne lui appartenaient pas. Pierre, évêque de Poitiers, confirma la donation d'Etienne. Les moines de Montierneuf ne laissèrent pas de susciter de nombreux « procez à Messieurs de Bourgueil : de laquelle église de Meigné furent données trois sentences,

---

[1] « Decretum est... ut in ore duarum vel trium testium staret omne verbum. At ille elegit Baldricum, Dolensem archiepiscopum..... Hoc autem totum factum est anno 1114. » (D. Fouquet, 179-182.)

l'une de Mgr de Poitiers, l'autre de Mgr d'Angoulesme et l'autre de notre Saint-Père le Pape Adrien [1]. » Parmi les hommes pieux sur le conseil desquels le légat du Saint-Père conféra aux moines de Bourgueil l'investiture de l'église contestée, nous trouvons Baudri archevêque de Dol.

Mais ce fut surtout dans l'affaire de la prévôté de Foussaye, que l'archevêque de Dol témoigna avec le plus de force son attachement à ses anciens moines. Emobert Chassan, prévôt de Foussaye, ne cessant de vexer les religieux de ce prieuré, le prieur Benoît Godin le révoqua. Alors Emobert protesta qu'il n'était au pouvoir ni du prieur, ni de son abbé, de lui enlever cette charge, héréditaire dans sa famille. Sur ces entrefaites, Baudri se rendait à Poitiers avec l'abbé Guibert pour y plaider une affaire devant le comte. Arrivés au Buceau, ils rencontrèrent Emobert, qui se répandit en plaintes sur le compte du prieur Benoît. Une fois rendus à Foussaye, ils demandèrent donc au prieur pourquoi il avait révoqué Emobert. — Mais, répondit Benoît, il dit que la prévôté est héréditaire dans sa famille. — Est-il donc vrai? demanda Baudri. — C'est vrai, répondit Emobert. — Alors l'archevêque et l'abbé s'indignèrent et enjoignirent à Emobert de les suivre à Poitiers, pour exposer, à la cour du comte, comment cette dignité avait été concédée à perpétuité à sa famille. Les deux prélats partirent donc pour Poitiers, accompagnés du prieur, d'Emobert et de sa femme Ode. Arrivés à Saint-Porchaire, l'archevêque et l'abbé commandèrent à Emobert de les accompagner à la cour du

---

[1] Dom Fouquet, 165-171.

comte. Mais Emobert, qui se sentait coupable, fut saisi de crainte et jura, la main droite étendue sur l'autel, que la prévôté de Foussaye n'était pas héréditaire dans sa famille : ce que confirma Ode, sa femme [1].

La sollicitude de Baudri ne se bornait pas aux moines de Bourgueil ; elle s'étendait à tous ceux qui vivaient sur les terres de l'abbaye. Fidèle disciple du divin ami des pauvres, il s'était constitué d'office le défenseur de leur faiblesse, contre la violence des hommes de guerre. Depuis longtemps, Guillaume de Mirebeau s'obstinait à exiger injustement certaines redevances des habitants de Vouzailles, lieu où se trouvaient des moines de Bourgueil. De là, des querelles sans fin entre le prince et les moines. Les réclamations de Baudri et de ses religieux font sentir à Guillaume qu'il a tort. L'abbé finit par obtenir de lui, à prix d'argent, pour tous les hommes et toutes les femmes demeurant sur les terres de l'abbaye, la permission de vivre en paix, à l'abri de toute injuste réclamation.

On conçoit que les riches aient eu la pensée de multiplier les biens dont Baudri faisait un si sage et si charitable emploi. On trouvera, dans la chronologie que nous avons dressée, le détail de toutes les donations qui lui furent faites. Nous appellerons ici l'attention sur celles de l'évêque de Paris Goscelin, d'Adémar, évêque d'Angoulême, de Guillaume, abbé de Saint-Florent, de Hugues de Langeais, approuvée par Geoffroy de Mayenne. Tous ces prélats n'auraient pas contribué à enrichir une abbaye où le relâchement aurait été autorisé par les exemples et par les conseils de l'abbé.

[1] Dom Fouquet, 38-39.

Enfin, comme dernière preuve de la piété et de la sagesse de Baudri, nous ferons remarquer sa présence, comme témoin ou comme arbitre, aux affaires des grandes abbayes de l'Ouest.

Il demeure bien établi que, si Baudri n'excella pas dans la poésie, comme il eût pu le faire, c'est qu'il sacrifia ses goûts à son devoir, et qu'il eut plus à cœur d'être un saint religieux qu'un poète habile.

Bourgueil, au xıᵉ siècle, florissait comme presque toutes les abbayes et tous les prieurés bénédictins. L'abondance des biens de la terre était même une marque de sa prospérité spirituelle. L'Eglise, qui est née dans la sainte pauvreté de l'Evangile, et qui se retrempe même dans le dépouillement et dans la souffrance, a toujours eu le merveilleux privilége d'élargir et d'ouvrir les cœurs. Les hommes ont mis leur gloire à parer sa vertu des richesses de la terre ; ils lui ont apporté l'or et l'argent comme un témoignage de leur dévouement et comme un moyen d'étendre ses bienfaits. Poussés par l'instinct du bien, les riches ont porté leurs présents à ceux qui représentent le plus fidèlement la sainte pureté de l'Evangile, et l'attachante figure de Jésus-Christ. Au xıᵉ siècle, les couvents demeurent, au milieu d'une corruption presque universelle, l'asile des grandes vertus chrétiennes. Ils contiennent le sel qui assainira le sol souillé de l'Eglise. C'est donc vers les monastères qu'affluent les présents et les donations des fidèles. Les riches, désireux ou d'expier leurs fautes ou de contempler la sainte beauté de l'Evangile pratiqué, fondent des prieurés, dotent les abbayes. Si, pris d'un élan plus généreux encore, ils veulent se consacrer à Dieu, ils se font moines. La prospérité des abbayes, loin d'être un indice de relâchement, est le plus souvent, pour ces âges de foi, une marque de ferveur et de régularité. Les peuples cessent de porter les témoignages de leur piété aux lieux où ils ne sentent plus l'attrait de la vertu et de la sainteté.

CHAPITRE IX

Baudri archevêque

Dans la réforme de l'Église, les papes, poussés par le même instinct que les fondateurs de prieurés ou d'abbayes, se tournent vers les monastères pour se composer un épiscopat fort et saintement intrépide contre les abus.

Les talents et les vertus de Baudri le désignaient depuis longtemps au choix des églises, qui voulaient à leur tête un chef pieux et savant. En l'an 1107, les chanoines de Dol, pleins d'admiration pour sa sagesse et sa religion, l'élurent pour évêque [1]. Il paraît qu'alors une tempête, qui soufflait du côté de Poitiers, avait commencé d'atteindre injustement Baudri. D'autre part, les épines et les ronces se mettaient dans son jardin de Bourgueil. Il essayait, mais parfois en vain, de les arracher, ou feignait de ne pas les voir. Craignant enfin de ne plus suffire à sa tâche, il s'enfuit. Il accepta l'archevêché de Dol d'assez bon cœur, car son élection était canonique [2].

L'*Histoire littéraire*, qui blâme si volontiers Baudri, ne peut se décider à le louer franchement. Il paraît, dit-elle, que cette élection fut canonique. Ailleurs, elle semble le blâmer de n'avoir pas eu assez de délicatesse pour refuser l'archevêché de Dol, comme l'avait fait Wulgrin, chancelier de Chartres, à qui on l'avait offert avant lui. Or, il n'est pas d'élection dont la canonicité ait été examinée de plus près, ni plus solennellement reconnue. Au commencement de l'année 1107, le pape Pascal II parcourait l'Ouest de la France. Il passa quelques jours dans la Touraine, où il put interroger des témoins compétents sur la valeur et la réputation de Baudri. Il séjourna à Chartres, dont l'évêque Yves, cet impitoyable dénonciateur des simoniaques, ne lui eût point laissé ignorer les vices de l'élection de Dol. Il y vit longuement la bienfaitrice dévouée de Baudri, la

---

[1] « Pro religione et sapientia, ad gradum Dolensis archiepiscopatus electione provectus est ecclesiastica. » (Ord. Vit., *ibid.*, 716, B.)

[2] « Occasione autem accepta non inhonesta, migravi ad Britanniam et præcipue quia roseto nostro adulterina suboriebantur fruteta, quæ cum evellerem, vel dissimularem, vel non possem, aufugi. Timebam siquidem sub fasce laborioso deficere : et jam inquietus Pictaviensis turbo inchoaverat nequiter efflare. » (*Ep. ad Fisc.*, 1173, A, B.)

comtesse Adèle ; il y vit Baudri lui-même [1]. Après cet examen, où tout concourait à rendre l'erreur impossible, Pascal II, convaincu que Baudri était appelé, par la Providence, à régénérer le diocèse de Dol, lui conféra le pallium au concile de Troyes (mai 1107).

Accepter alors un évêché en Bretagne, ce n'était pas manquer de délicatesse, mais bien faire preuve de générosité. « L'Armorique était un pays presque sauvage ; les mœurs étaient grossières et dissolues ; les esprits incultes, les caractères féroces. Les contemporains sont unanimes dans la triste peinture qu'ils font de ces contrées où n'avaient encore pénétré ni le luxe, ni les arts, ni les études libérales qui commençaient à jeter tant d'éclat dans le Centre et dans le Midi de la France [2]. » Marbœuf, évêque de Rennes depuis plus de dix ans, n'avait pu s'empêcher de flétrir, dans une satire, les vices de sa ville épiscopale, « vide de biens, pleine de « maux, digne de l'enfer [3]. » Mais nul diocèse de la Bretagne n'était dans un état aussi déplorable que celui de Dol. A tous les désordres qui naissaient de la rudesse des mœurs, s'ajoutaient ceux que produisent les dissensions religieuses : on était alors au plus fort de cette guerre de trois siècles, où les évêques de Dol disputèrent aux archevêques de Tours le titre de métropolitains de la Bretagne. A l'époque où Baudri acceptait le gouvernement de cette église, elle était dans un état si déplorable, que le pape Pascal II écrivit aux suffragants,

---

[1] Montalembert, VII, 391-396 : « La comtesse Adèle de Blois, fille de Guillaume le Conquérant, avait voulu pourvoir à elle seule à toutes les dépenses du pape. »

[2] De Pétigny, *Bibliothèque de l'Ecole des Chartes*, IIIe série, t. V, p. 215.

[3] Migne, CLXXI, 1726. *De civitate Redonis.*

au clergé et au peuple de Dol : « On nous dit que dans votre contrée l'iniquité seule fleurit ; que la religion chrétienne semble y dépérir et que, nous ne pouvons le répéter sans douleur, non-seulement les laïques, mais encore le clergé et les moines, se jetant à corps perdu dans toutes les actions illicites, ne craignent pas de faire des choses odieuses à Dieu et aux hommes [1]. »

Tel était le diocèse dont Baudri eut le courage d'accepter la direction. Pascal II lui écrivait, en le lui confiant : « Si les pasteurs de brebis, par le soleil et par la neige, le jour et la nuit, se dévouent à la garde de leur troupeau et ne cessent de jeter autour d'eux des regards vigilants, pour qu'aucune de leurs brebis ne se perde, égarée ou déchirée par les morsures des bêtes fauves, quelles doivent être nos fatigues, notre sollicitude et notre vigilance, à nous que l'on appelle les pasteurs des âmes ! Veillons donc à ne pas nous relâcher dans la garde des brebis du Seigneur, qui nous a été confiée [2]. » Fidèle à ces recommandations, Baudri se dévoua dès lors, corps et âme, au salut de son troupeau malade. Il commença par lui donner l'exemple, et pratiqua à ses yeux les vertus dont il avait embaumé la soli-

---

[1] « Sicut a quibusdam accepimus, tantum vestris in partibus jam abundat iniquitas, quod christiana religio penitus ibi deperire videatur, et quod sine dolore dicere non possumus, non solum laïci, verum etiam clerici et monachi in prohibitis seu illicitis prorumpentes, Deo et hominibus odibilia perpetrare non metuunt. » (Martène, *Thesaurus novus anecdotorum*, III, 883.)

[2] « Si pastores ovium sole geluque pro gregis sui custodia die ac nocte intenti sunt, et ne qua ex eis aut errando pereat, aut ferinis laniata morsibus deficiat, oculis semper vigilantibus circumspectant, quanto sudore, quantaque cura debemus esse pervigiles, nos qui pastores animarum esse dicimur. Attendamus igitur, etc..... » (*Ibid.*)

tude du cloître. Ce fut un vrai moine dans l'épiscopat,
a dit Orderic Vital [1]. Il cherche une nourriture saine et
fortifiante pour nourrir son troupeau. Il sait qu'il la
trouvera dans l'Écriture-Sainte. Aussi, sa grande préoc-
cupation est de se procurer ce divin aliment. Ce ne sont
plus des vers qu'il réclame de ses amis, mais des manuscrits où l'on traite de la Sainte Écriture. Pour les
obtenir, il met en œuvre toutes les séductions de l'amitié. « Je me loue de mon sort, écrit-il à Pierre de
Maillezais, car j'ai quelqu'un à qui je puis commander.
Non, toutes les joies de l'amitié ne m'ont pas été refu-
sées, puisque j'ai assez de pouvoir sur vous pour vous
donner des ordres. Or, voici ce que je vous commande :
Vous m'avez naguère lu, dans votre chambre, des gloses
sur le Pentateuque de Moïse, mais vous n'avez pu m'en
nommer l'auteur. Ces gloses m'ont plu parce qu'elles
étaient à la fois une traduction exacte, une explication
claire des passages obscurs. Or, maintenant, je commande à votre fraternité de me faire transcrire ce livre
en caractères et formes tels que les yeux d'un vieillard
les puissent lire sans fatigue..... Si vous savez où se
trouve le reste de l'ouvrage, indiquez-le-moi, pour que
je puisse me le procurer ; faites mieux ; soyez généreux ;
achetez-le à vos frais pour moi. Quand vous aurez
acquiescé à mon désir, vous vous serez fait un ami dévoué ; vous aurez jeté une semence qui vous rapportera
une moisson abondante. J'ajouterai des observations
interlinéaires : j'exprimerai la moelle qui se cache dans
les mots. Je compléterai ce qui sera écourté ; je retran-

---

[1] « In episcopatu monachatum servavit. » (*Loc. laud.*)

cherai ce qui sera superflu. Je mettrai votre nom en tête de l'ouvrage ainsi refait. » (1060, A, B.)

Les soins de Baudri ne furent pas récompensés. Il sentit les amères déceptions dont son ami Marbœuf avait été abreuvé pendant son épiscopat. Lui aussi, fut ballotté par de nombreuses tempêtes : lui aussi, fut mordu par la dent cruelle des scorpions [1]. L'histoire nous a gardé le souvenir d'une épreuve, qui dut être bien pénible au cœur de Baudri. Il s'était cru autorisé à confisquer la prébende d'un chanoine. Or, le légat du pape lui donna tort et le suspendit. Il nous paraît qu'il y eut, de la part du prélat, erreur ou abus de pouvoir. Tout nous prouve que Baudri n'eut jamais la pensée de désobéir au Saint-Siége. Nous le trouvons à côté des souverains pontifes, à Rome, à Reims, chaque fois qu'ils avaient besoin de s'entourer de cœurs fidèles et forts, pour résister aux envahissements de la puissance laïque. Vers le même temps, Baudri avait une querelle avec les moines de Saint-Florent. Le pape, à qui ceux-ci en appelèrent, lui donna tort et Baudri se soumit « à sa décision, en vrai enfant d'obéissance. » C'est un moine de Saint-Florent qui appelle ainsi Baudri ; nous lui gardons ce titre que, par sa soumission au Saint-Siége, il a forcé ses adversaires eux-mêmes à lui donner.

Cependant Baudri avait honte de travailler sans fruits. En vain, il demandait aux champs de la Bretagne la moisson de roses que Bourgueil lui avait donnée ;

---

[1] Michael Cosnier, p. 14 : « Cum me et multa mundi fluctivagi inquietet procella, et maxime minoris Britanniæ, in qua cum scorpionibus habito bestialis. »

dans ces lieux déserts, incultes, point de fleurs, sinon des fleurs flétries. Assurément, il ne se repentait point d'y être venu : il ne sentait pas non plus le désir de retourner à son premier trésor, mais il avait besoin de voir des fleurs [1]. Il passa donc en Angleterre : là, que de roses odorantes, quelle moisson de blancs lys [2] ! Des moines, des frères l'accueillirent avec toute l'effusion de la charité, dont leur cœur débordait. Quand vint le moment de la séparation, il pleurait ; eux pleuraient aussi.

Nous aimerions à connaître le voyage de Baudri en Angleterre. A lire le tableau qu'il nous trace de ce nouvel Éden, image de son Bourgueil, l'on conjecture qu'il est allé dans ces riches abbayes que les conquérants avaient données à leurs compatriotes de France, pour assurer à leur domination nouvelle l'appui moral de la religion. Du reste, un grand nombre de moines et d'abbés avaient été amenés en Angleterre par les seigneurs angevins, tourangeaux ou poitevins, qui avaient pris part à la conquête. Nous voyons un abbé de Saint-Martin de Tours établi, par un de ses compatriotes, dans le monastère de l'île d'Ely. Des moines angevins étaient venus, en 1072, sur la demande d'Yves Taille-Bois, d'Angers, s'établir dans le prieuré de Spalding. Le mari de la comtesse Adèle, à qui Baudri avait dédié

---

[1] « Sed rosas Burguliensibus assimiles illis in campestribus nequaquam potui reperire ; seu enim aliquantulum emarcuerant..... Cœpi suspirare, non quia migrationis nostræ me pœnituerit, et ad gazas pristinas reverti voluerim, sed quia... florum ubertatem... videre voluerim... Quia incassum laboraveram, vehementer erubui. » (*Ep. ad Fisc.*, 1173, B, C.)

[2] « Quam olentes rosas, quam albicantia lilia ibi persensi ! » (*Ibid.*, 1174, A.)

son long poème didactique, Etienne de Blois avait établi à West-Grinstead, dans le Sussex, des bénédictins de Saint-Florent de Saumur. Baudri se trouvait donc au milieu de ses amis, qui avaient porté au delà de la Manche, la gaieté et l'esprit religieux de l'Anjou, leur patrie.

Il semble encore plus touché et plus édifié par la piété et les douces attentions de ces hôtes, lorsqu'il nous raconte son voyage de Normandie. Cette province qui, avec le Maine, l'Anjou, la Touraine et le Poitou, fournissait à l'Angleterre des moines, des abbés et des évêques, conservait encore toute une élite de bons religieux, dans ses nombreux couvents aussi florissants par les arts que par l'esprit monastique. Les moines les plus édifiants n'émigraient pas volontiers. Nous voyons Guimond, moine de la Croix-Saint-Leufroi, refuser les honneurs que Guillaume lui offre en Angleterre [1].

Les voyages de Baudri dans les monastères de la Normandie, occupèrent et charmèrent la fin de sa vie. A Fontenelles, à Fécamp, au Bec, à Jumiéges, on l'accueillait chaque fois avec une joie plus grande : son départ faisait toujours couler des pleurs. Pour payer cette affection, il faisait à ses hôtes des exhortations touchantes qui les confirmaient dans la crainte de Dieu [2] ; il écrivait, de son plus beau style, la vie des saints qu'ils vénéraient. Nous savons que Bourgueil ne fut point oublié dans ces pérégrinations, que Baudri fit pour se consoler de ses douleurs pastorales : sa pensée ne s'é-

---

[1] Order. Vital, *Hist. Eccles.*, liv. V.

[2] « Vicina cœnobia, Fiscannum scilicet, ac Fontinellam, atque Gemmeticum, aliaque plura visitabat, et in timore Dei sacris sermonibus confortabat. » Order. Vit., *ibid.*, 716, B.

loignait jamais de cette terre de délices ; son cœur l'y ramenait souvent [1].

Il ne paraît pas que Baudri ait renoncé à l'administration de son diocèse, comme les Bénédictins lui en font le reproche [2]. Il eût pu, comme son ami Marbœuf, déposer ce fardeau trop lourd pour sa vieillesse et finir comme lui ses jours dans la paix d'un cloître. Il nous semble qu'il ne le fit pas, et que, de sa retraite de Saint-Samson-sur-Rille [3], il continua à veiller sur son troupeau infidèle. Nous le voyons du moins, un mois avant sa mort, consacrer deux églises de son diocèse. Son dernier acte fut la protection qu'il accorda aux moines de Citeaux, qui voulaient s'établir en Bretagne, et qu'on lui avait adressés, comme à l'ami bien connu des religieux. Dès le lendemain, peut-être, il mourut, et fut enterré dans l'église de l'abbaye de Préaux, dédiée à saint Pierre [4]. Ce n'était pas sans raison que Baudri avait choisi cette église pour le lieu de sa sépulture. L'église de Bourgueil était dédiée au prince des apôtres.

Baudri, alors qu'il n'était qu'abbé, avait dit plus d'une fois que l'âge mettrait sans doute un terme à ses jeux poétiques. Il n'ignorait pas que les honneurs arrêtent l'élan, endorment la verve ; il savait que, depuis

---

[1] « Burgulium, paradisum opimum. » (1175, A.)

[2] *Histoire littéraire*, XI, 101 : « Les motifs que Baudri allègue lui-même de sa retraite ne paroissent pas absolument bien suffisants, et n'auroient pas dû, ce semble, arrêter un zèle vraiment apostolique. » Cf. Mabillon, *Ann. ord. S. B.*, V, 523.

[3] « In Normanniam fugiebat ubi Dolensis ecclesia super Riselam fluvium... fundos habebat, et quiete pacificeque possidebat. » Order. Vit., *ibid.*, 716, B.

[4] *Ibid.*, 716, C : « Pratellis in basilica sancti Petri apostoli, ante crucifixum sepultus est. » Cf. *Histoires manuscrites de Bourgueil.*.

qu'il était évêque, Marbœuf ne chantait plus. « Que fait Marbœuf, écrit-il à Emma ; que fait cet astre merveilleux des poètes ? La lune souffre d'une éclipse ; les ténèbres ont voilé le soleil. Il faut pleurer sur la verve de Marbœuf ; elle est éteinte [1]. » Quand Baudri fut élevé sur le siége de Dol, ses amis purent dire de lui ce qu'il avait dit de Marbœuf. Le fardeau de l'épiscopat n'étouffa point en lui le génie poétique ; sa verve est toujours la même : mais il ne la laisse s'épancher qu'en des œuvres plus graves, plus en rapport avec sa dignité et avec ses devoirs. Jusqu'ici, il avait donné des fleurs : il faut que sa vieillesse produise des fruits [2]. Presque tous les vers de Baudri ont été faits à Bourgueil ; tous ses ouvrages en prose datent de son épiscopat [3]. En voici la liste :

Historia Hierosolymitana.
Vita sancti Samsonis.
Vita B. Roberti de Arbrissello.
Vita sancti Hugonis, Rhotomagensis episcopi.

[1] Pièce inédite CCXV, *Emmæ ut opus suum perlegat :*

« Quid modo Marbodus, vatum spectabile sidus ?
Eclipsim luna, sol patitur tenebras.
Nunc est deflendus exstinctus spiritus ejus,
Nam non est lux quæ luceat in tenebris. »

[2] Pièce inédite CCXXVIII, *Ad Dominam Constantiam :*

« Maturos fructus tempora sera dabunt. »

[3] La différence de ton entre les œuvres que Baudri fit à Bourgueil et celles qu'il composa à Dol, n'échappe pas à ceux qui étudient sa vie : « C'était un bel esprit, passionné pour les lettres et en particulier pour la poésie, qu'il paraît avoir cultivée, surtout au couvent de Bourgueil, quand il était abbé. » (Thurot, 372.) — « Les ouvrages en prose qui nous sont parvenus sous son nom et qui datent tous de son épiscopat, ont un caractère plus grave, du moins par les sujets qui y sont traités. » (*Ibid.*, 375.)

Acta translationis capitis S. Valentini martyris, Gemmeticum in Gallia.

Itinerarium, sive Epistola ad Fiscannenses.

De scuto et gladio sancti Michaëlis [1].

De visitatione infirmorum [2].

Toutes ces œuvres sont d'un évêque soucieux, avant tout, d'instruire et de sanctifier le troupeau qui lui a été confié. Pourtant, elles ne sont ni froides, ni austères : l'âme du poète les réchauffe, son imagination les anime. Nous avons vu que Baudri était plus désireux de bien vivre que de chanter bien ; que la poésie était pour lui un jeu qui ne venait qu'après le devoir accompli. Dans ces dernières œuvres de Baudri, nous

[1] On trouve un résumé de cet opuscule dans la *Neustria pia*, Du Moustier, Rhotomagi, 1663, in-folio. — Voir *Catalogue général des bibliothèques des départements*, t. IV. 1872, in-4°, p. 531 : « Bibliothèque d'Avranches, n° 212. In-4° sur parchemin. *Varia ad historiam Montis Sancti Michaëlis spectantia.* Fin du XVe siècle : 2° *De scuto et ense sancti Michaëlis. In hoc monte*, etc. » En marge : « Cette relation est icy abrégée et n'est conforme à l'original. » — La bibliothèque d'Avranches n'a donc pas le texte original, comme le dit M. Thurot, *Revue hist.*, p. 375, n. 2. Nous n'avons pas cherché à nous procurer ce résumé ; il ne peut y avoir d'intérêt pour nous qu'à étudier les œuvres originales de Baudri et non le texte plus ou moins fantaisiste de ses abréviateurs.

[2] Ce traité, imprimé habituellement avec les œuvres de saint Augustin, est attribué formellement à Baudri par un manuscrit de la bibliothèque de Lambeth, de Londres. « C'est à juste titre, » dit D. Pitra qui a vu le manuscrit. (Migne, CLVI, 1211.) Dans les vers cités au livre second de ce traité (Migne, XL, 1154), nous avons reconnu les deux vers de la pièce inédite de Baudri CLXXXVI : *Circa crucifixum.* Ne serait-ce pas une nouvelle preuve à l'appui de l'opinion de D. Pitra ? Du reste, nous y avons relevé plusieurs fautes de latin, très-fréquentes dans les œuvres de Baudri, mais que n'eût pas faites saint Augustin.

Nous prenons la liste des ouvrages en prose de Baudri dans M. Thurot. Comme lui, nous ne nous occupons pas des *Gesta Pontificum Dolensium* qui, lors même qu'ils seraient de Baudri, ne mériteraient pas de nous arrêter, puisque nous n'en possédons que des extraits. (*Hist. lit.*, XI, p. 107.)

trouvons les traces d'une verve encore abondante, détournée à dessein de son cours naturel, la poésie, pour vivifier des œuvres en prose, consacrées à la gloire de Dieu et à l'édification des chrétiens. Nous n'en discuterons pas la valeur historique : ce travail a été fait par les Bénédictins et par M. Thurot ; d'ailleurs, il ne rentre pas dans le plan que nous nous sommes tracé. Nous allons étudier de préférence l'*Historia Hierosolymitana*, histoire de la première croisade, parce qu'elle est l'ouvrage en prose le plus considérable de Baudri et qu'elle met, en pleine lumière, un côté tout nouveau de son talent.

L'histoire, comme la philosophie et le droit, parce qu'elle était une science, demeura longtemps dans le domaine de la littérature latine. Au moyen âge, pendant que la poésie lyrique se scindait pour amuser les cours féodales par les vers et les chansons romanes des troubadours et des trouvères, et pour édifier les clercs et les moines par les hymnes latines des écolâtres et des évêques, l'histoire restait attachée à sa forme primitive ; elle demeurait dans la littérature monastique ou cléricale. Il est vrai que l'amour du merveilleux et l'absence de critique lui donnèrent, pendant de longs siècles, un air de parenté avec les épopées chevaleresques. Chaque monastère avait ses chroniqueurs, qui se faisaient un point de religion de rapporter les pieuses légendes, qui s'attachaient aux origines de leur maison, ou à la vie du saint fondateur. L'amour du merveilleux, qui fait comme partie de l'esprit chevaleresque, se retrouve dans la chronique du moine de Saint-Gall. Quelquefois même, ces chroniques étaient écrites en vers, comme pour avoir un air de plus grande ressemblance avec les récits épiques de la chevalerie.

Ce n'est qu'au XIIe siècle dans Baudri que nous trouvons, avec les charmes de la poésie servant de vêtement à la pensée de l'écrivain, l'exactitude et la vérité dans les récits. La croisade n'est pas à Baudri, comme la vie de Charlemagne au moine de Saint-Gall, un thème pour développer les beaux rêves de son imagination et l'idéal d'une campagne faite, au nom et sous la conduite du Christ, pour la liberté du christianisme. Ce n'est même pas, comme la vie de Robert d'Arbrissel, la matière d'un long panégyrique, fait pour l'édification des lecteurs. Baudri s'élève au-dessus de ces préoccupations, fort édifiantes assurément, mais nuisibles à la véracité de l'historien. Cependant il évitera avec plus de soin encore la sécheresse de l'annaliste, qui montre les faits comme décharnés, et qui ne donne que le squelette de l'histoire, comme Eginhard : « Le roi Charles tint l'assemblée « générale du peuple à Worms. La reine Bertrade, mère « des rois, eut une entrevue à Saltz avec Carloman...... « Charles célébra la solennité de Noël à Mayence, et « celle de Pâques à Merstall. » — Cette façon sèche de raconter les faits répugnait autant au bel esprit de Baudri qu'au génie de Fénelon.

Il y a, dans Baudri, l'étoffe d'un historien, mais d'un historien dont les modèles sont à Rome. Il ne pouvait tellement devancer son époque qu'il devinât, au XIIe siècle, les belles théories de Fénelon sur l'art de peindre les mœurs et la vie d'une époque, en donnant par les détails la vraie couleur locale aux faits et aux personnes. Il est trop latin pour concevoir une manière d'écrire l'histoire autre que celle de Tite-Live ou de Suétone, de Tacite ou de Salluste. Il ne songerait même pas, lui qui cherche à faire lire par un plus grand nombre de lecteurs le récit de la première croisade, à le rendre dans la langue vulgaire, dans celle que parlait le peuple. Et cependant, avec quelle avidité aurait été feuilleté, par ceux qui étaient revenus d'Orient, par leurs fils ou par leurs familles, le récit de cette prodigieuse expédition qui avait occupé tous les cœurs, et qui tenait encore toutes les imaginations ! Plus tard, quelque moine ou troubadour normand, pour satisfaire à l'avidité du peuple ou à celle des cours de chevalerie, prenant le récit de Baudri, fera en langue romane un récit épique, modelé sur les autres épopées. Mais le but du poète ne sera plus le même que celui de Baudri : il mêlera aux faits des récits fabuleux, pour étonner ses auditeurs. Les merveilles de l'Inde et les antiques légendes d'Alexandre seront mises à contribution, pour frapper davantage l'imagination du public. Le troubadour demeure toujours, même lorsque ses récits ont quelque vérité historique, un *amuseur* qui veut récréer son auditoire : il appelle le merveilleux à son aide. Tel le conteur retient, suspendus à ses lèvres, une troupe d'enfants avides du fantastique et du merveilleux. Baudri s'adresse, non à des auditeurs, mais à des lecteurs qui pèseront ses récits dans le calme des écoles ou du cloître, à des lecteurs nourris de Salluste ou de Tite-Live. Il veut ne pas rester trop inférieur à ces grands maîtres. Il se fera leur disciple, pour être un historien digne de ses lecteurs.

Un écrivain catholique ne pouvait alors employer son talent plus conformément aux vues et aux intérêts de l'Église, qu'en faisant l'histoire de l'expédition sainte. La délivrance de Jérusalem avait été par excellence une œuvre chrétienne, le but le plus ardemment poursuivi par les papes. Raconter les exploits des premiers croisés, c'était à la fois leur susciter des imitateurs et ranimer, dans toutes les classes de la société chrétienne, la dévotion à la Passion de Notre-Seigneur, qui est l'essence même du christianisme.

La première croisade avait eu bientôt son historien [1] : on dirait un chevalier qui écrit avec la pointe de son épée, et qui ne peut s'assouplir aux développements oratoires, embarrassé qu'il est par sa pesante armure. La rude simplicité de son style, paraît-il, fatiguait les lecteurs. Faute d'un historien, la première croisade n'allait donc pas produire, parmi les chrétiens restés en Occident, les fruits d'enthousiasme et de dévotion qu'en attendait l'Église. « Je ne sais, dit Baudri, quel compilateur anonyme avait composé sur ce sujet un livre beaucoup trop rustique ; sa narration pourtant était exacte, mais la rusticité de son style avait jeté du discrédit sur une si noble matière ; sa composition aride et sans grâce rebutait les lecteurs, même les moins instruits. » (1064, A.)

Il ne manquait pas alors de Sallustes et de Cicérons, qui eussent pu s'appliquer à cette œuvre digne de leur talent ; nul pourtant ne daignait l'entreprendre (1064, C) : « Les hommes dont le génie surpassait le mien, s'abandonnaient au sommeil de la paresse. Saisi d'indignation, je me suis mis à l'œuvre... encore qu'une si grande

---

[1] Comme M. Paul Meyer (*Romania*, janvier 1876), nous ne voyons pas qu'il y ait lieu d'admettre qu'il ne nous reste de cette histoire qu'un abrégé, auquel s'appliquent les critiques de Baudri. Nous croyons avoir l'ouvrage original : mais comme Baudri le donne pour un ouvrage anonyme, nous n'avons vu aucune raison de l'attribuer à Tudebode, ainsi qu'on le fait généralement.

entreprise excédât les ressources de mon faible génie...
Je ne voulais pas qu'une histoire si digne d'être conservée disparût dans l'oubli, et j'ai tenté de l'écrire d'une
main presque sexagénaire. (1064, C.) Ce n'est ni le désir
d'une gloire vaine, ni un mouvement d'orgueil qui
m'ont jeté dans cette entreprise ; si je me suis donné
tant de peine, c'est que j'ai voulu, dans la suite des
âges, plaire à la chrétienté. » (1065, B.)

C'est donc dans les vues les plus pures, les plus
dignes d'un évêque, que Baudri écrivit l'histoire de la
première croisade. Il mit toute sa foi de chrétien et
toute son âme de poète à refaire, en artiste, cette histoire racontée d'abord simplement et sans art. S'il
ajoute parfois des faits qu'il tient de témoins oculaires,
la plupart du temps il se borne à donner la parure du
style, le mouvement de l'enthousiasme au récit froid et
simple du premier historien. Mais sa nature de poète lui
permettait-elle d'écrire l'histoire, à la manière de ces
anciens qu'il cite dans son prologue ?

Il semble, au premier abord, que la poésie doive être
bannie de l'histoire ; que l'imagination du poète et sa
vive sensibilité, loin d'être utiles à l'historien, ne servi-
raient qu'à l'aveugler, à l'entraîner dans l'erreur et
l'injustice. Le premier devoir d'un historien, c'est d'être
impartial et exact ; mais les *Annales de Rome*, véritable
modèle d'exactitude et d'impartialité, sont-elles donc le
type d'une histoire parfaite ? Qui l'a jamais dit ou
pensé ? Vienne le poète ; que Tite-Live, de son souffle
puissant, donne la vie à ces squelettes, le mouvement à
ces masses : alors nous sommes captivés, émus. Ce qui
naguère n'était qu'une froide nomenclature, une sèche
chronologie, est devenu le plus vivant des drames. Les

peuples s'agitent devant nos yeux avec leur génie et leurs passions ; tantôt abattus par la défaite et par la douleur, tantôt enivrés par la joie et par le triomphe ; poursuivant dans la lutte et l'agitation le cours de leurs destinées. C'est avec raison que les Grecs avaient fait de l'histoire et de la poésie deux sœurs. Rien ne manquerait à une œuvre sortie de leur fraternel concours.

Les sèches annales de l'historien anonyme, animées et colorées par la chaude imagination de Baudri, ne sont pas cependant une œuvre parfaite.

Baudri a étendu, aux dépens de l'histoire, le rôle de la poésie. Assez souvent, sa prose ne diffère des vers que par l'absence de la mesure. Quand il veut colorer une expression terne, plus d'une fois il charge sa palette de tons si vifs qu'il nous éblouit.

HISTORIEN ANONYME [1].	BAUDRI.
At illi audientes talia, stabant stupefacti, et timore perterriti, et concurrerunt in naves, et miserunt se in mare (797, A).	Nautæ, hujuscemodi rumoribus exciti, alii anchoris abruptis, mare velivolum jam sulcabant et carbasas crepitantes in auras obliquabant (1113, A).
Nisi esset flumen quod erat inter nos et illos, sæpius invaderent nos... adhuc et in nostras laxatis frenis concurrerent tendas (786, C).	Nisi luteæ interessent salebræ, quæ civitatem a castris dirimebant,... laxis habenis frequenter ipsa protererent tentoria, et debaccharentur in... (1094, B).
Audiens itaque Tancredus, prudentissimus miles, projectus in flumen, na-	Quo Tancredus, sive per legatum, sive per tumultum cognito... rapidum calcaribus urgens cornipedem,

[1] *Historia de Hierosolymitano itinere.* Duchesne, *Historiæ Francorum Scriptores*, t. IV, 1641, in-folio, p. 777-815.

tando pervenit in illos (779, C).

Dum hæc agerentur, Turci undique jam imminentes circumcinxerunt nos, dimicando, jaculando, spiculando, de longe lateque sagittando (782, B).

Unusquisque sternebat alium. Clamor vero resonabat ad cœlum. Imbres telorum obnubilabant aerem (788, B).

Reversi sunt retrorsum et ipsos unanimiter invaserunt (788, B).

fulmineus advolat, et fluvio qui intererat evadato, sed potius enatato, festinum comiti contulit præsidium. (1076, C).

Interim Turci declamantes advenerant, et seu sagittando, seu cominus feriendo, Christianos acerrime infestabant; nulla fatigatis dabatur requies, sed omnia Christianorum corpora vel cruore, vel sudore liquentia conspiceres... Martis campus incanduerat (1095, C).

Litui clangebant, buccinæ reboabant, utriusque multitudinis clamor audiebatur, et jam clypeo clypeus, jam umbone umbo repellebatur; hastis confractis, enses mutilabantur, et cominus utræque instabant legiones (1096, D).

Franci, animo resumpto, in Turcos irruerunt unanimiter, et pugionibus vibratis, instabant efferacius in instantes : fragor armorum multus erat, et ab æreis cassidibus ignis elucubratus scintillabat; vulnera vulneribus illidebantur, et campi nimio sanguine purpurabantur. Intestina videres dependentia; videres et cæsa capita, et trunca corpora passim oppetentia (1097, B).

Baudri qui abuse de la couleur poétique quand il copie, ne la ménage pas quand il invente. Voici un des traits du tableau où il peint l'empressement des peuples à partir pour la croisade :

« Neque siquidem Angliam, vel alias maritimas insulas, licet a nobis undisoni maris abysso ab orbe remotas, tonitrum istud latere potuit... Venetii quoque et Pisani, et Genuani, et qui vel Oceani, vel maris Mediterranei littus incolebant, navibus onustis armis et hominibus, machinis et victualibus, mare sulcantes operuerunt, et qui terra ibant, universæ terræ faciem, tanquam locustæ, occuluerunt. » (1071, A.)

Il semble parfois qu'il ne puisse rien dire que de pompeux. Le matin devient pour lui : « Sol terris illuxerat » (1149, A); « Aurora illucescente » (1096). Un soldat est toujours « heros : » « His dictis belliger heros Conticuit » (1112, A); « Finem dicendi fecerat heros » (1143, C). Il s'agit d'un prêtre. Le vers est demeuré presque tout entier. On retrouve ainsi çà et là des fragments d'hexamètres empruntés aux anciens : « Excessit medicina modum » (1070, B). « Plurima vero submersa in fluvio dimiserunt, super quibus dicere potuerunt : Fluvio tegitur qui non habet urnam » (1100, D). Il est assez étonnant de retrouver un vers de Virgile dans la bouche des Turcs. « Larga liberalitas imperatoris parcat victis, debellet superbos » (1083, A).

De temps en temps aussi, Baudri recourt à la poésie rhythmique pour embellir son œuvre. « Baudri arrange les mots suivant les idées qu'on se faisait alors du nombre oratoire et en imitant la poésie dite rhythmique, de manière à faire rimer ensemble les propositions coordonnées, ou la proposition subordonnée et la proposition principale. C'est à quoi l'abbé de Maillezais, Pierre, fait allusion quand il dit dans sa réponse à Baudri, en le complimentant de son livre : « Ubi concatenatio multiplicium sententiarum consonat, partium quoque junctura regulari censura liberoque gressu discurrit » (1062, C) [1]. Dans une seule page, nous avons

---

[1] Thurot, p. 378.

relevé les exemples suivants : « Nisi Deus in castris suorum tunc adfuisset, subsidiumque jam defessis præparasset, ipsa dies totius expeditionis finem peperisset. — Gentiles fugæ se crediderunt, et terga cedentibus consenserunt. — Nam et si qui potuerunt, in latibulis delituerunt. — Multum tunc dedidicerant usum præliandi, quoniam habuerant diuturnum tempus feriandi. » (1086.)

Ainsi se trahissent par leur démarche le cavalier descendu de sa monture, le marin débarqué. Mais Baudri s'accoutume peu à peu à marcher à pied ; il se forme à l'allure plus simple de la prose ; il devient plus difficile de reconnaître l'œuvre d'un poète, dans le quatrième livre de l'*Historia Hierosolymitana*. Du reste, l'affectation que nous avons constatée dans la copie de Baudri, est bien compensée par les qualités qu'il doit à ses efforts pour arriver à la manière des anciens.

Il essaie d'animer, par des tableaux vivants, la sèche narration de l'historien anonyme. Il s'arrête longuement à peindre le mouvement produit en Europe, par la prédication de la croisade, et dans cette vaste peinture, nous fait voir tous les peuples, tous les guerriers célèbres qui roulent leurs masses énormes avec un grand bruit. Dans l'ouvrage anonyme, la marche des croisés de Tripoli à Jérusalem ne présente qu'une liste de dates et de noms. Baudri nous fait assister au défilé d'une armée vivante, que l'allégresse d'un triomphe prochainement attendu n'empêche pas de se tenir sur ses gardes, pour ne pas être surprise. En tête s'avancent, enseignes déployées, des soldats armés qui éclairent la marche ; viennent ensuite les bagages et la longue file des enfants et des femmes ; l'armée ferme la marche.

Tous sont prêts à secourir chacun ; on entend le bruit des trompettes ; pour ne pas fatiguer les plus faibles, on s'avance pas à pas. La nuit, la moitié de l'armée veille ; la vigilance redouble quand redouble la crainte. Pas d'imprévoyance, pas de désordre. L'indiscipline est châtiée, l'ignorance instruite, la rébellion réprimée, la débauche condamnée ; on entend partout des exhortations à la charité fraternelle. (1137, B.) Nous pourrions citer, comme un modèle, le récit du siége de Nicée (1079-1084) ; nous nous contenterons de montrer quelques petits croquis où Baudri fait un heureux usage du style narratif. « Franci enim econtra pondus belli indesinenter sufferre ; incursus in hostes aliquando prudenter differre ; gladiis interdum resistere ; socios vocatos exspectare, nec in aliquo titubare. » (1085, C.) — « Hoc imperator ingeniose quærere ; Franci viriliter negare ; Franci prætendere se juramentum nulli, nisi Deo, debere. Ad hæc imperator transitum abdicare, de cetero et mercatum et conductum polliceri, seque ipsum post eos iturum, et iis cum omnibus suis copiis subventurum affirmare. » (1078, B.)

Pas plus que le monde physique, le monde moral ne devait échapper à la sagacité d'un observateur comme Baudri. Il y pénètre, tantôt en philosophe, pour étudier les caractères, tantôt en poète pour peindre les sentiments : de là des portraits, des réflexions morales, des mouvements de toute sorte qui s'épanchent assez souvent en de longs discours.

On dirait qu'il était parmi les infidèles qui se rendirent, mais en vain, au secours d'Antioche, car il analyse avec une grande finesse les sentiments dont ils furent agités, quand ils virent au pouvoir des chrétiens la ville qu'ils venaient délivrer. « Cette nouvelle, dit-il, les engageait à se retirer, et la pensée que les vainqueurs allaient marcher de succès en succès, faisait pénétrer l'effroi dans leurs cœurs. D'un autre côté, la colère les poussait en avant, pour venger la mort de leurs frères ; à la colère se joignait la honte de n'avoir pu encore châtier la témérité des pèlerins. Ils avaient aussi confiance dans l'innombrable multitude des nations alliées, et dans leur propre courage dont ils faisaient grand cas. Ce serait, disaient-ils, une honte pour eux si, nombreux comme ils étaient, ils ne pouvaient refréner l'audace de cette poignée d'hommes, chasser de leur propre pays ces étrangers, protéger leurs fils, leurs épouses, leurs demeures, et ce qu'il leur restait encore de mobilier [1]. » Suit un portrait, dans la manière de Salluste : « Leur chef était Corbaran, homme très-belliqueux, d'une audace sans pareille, prudent, riche, général de troupes nombreuses, avide de gloire, gonflé d'orgueil, guerrier d'un grand nom, chef des troupes du Soudan de Perse. » (1107, B-C). Nous ferons également remarquer les portraits des Francs (1102, A), des Turcs (1086, C) et l'éloge de Godefroi (1146, A).

Le portrait de la mère de Corbaran (1110, D), vieille femme pleine de jours, centenaire, sorcière, devineresse, occupée sans cesse à consulter les constellations, familière des génies, instruite dans beaucoup de sciences, n'a été esquissé que pour rendre vraisemblable

---

[1] Le texte porte : « *penatesque suos lariumque residuam supellectilem.* » Baudri a quelquefois de ces anachronismes. Boémond appelle les Croisés : « *Patres conscripti* » (1098, C). — Voir 1138, D ; 1139, A. B, les sentiments qui agitent les Croisés pendant la nuit qui précéda leur arrivée à Jérusalem, et ceux que leur fit éprouver la vue de la ville sainte. Baudri est plus vrai que l'anonyme qui a vu.

le discours qu'il va lui mettre dans la bouche. Ses portraits ne sont pas des pièces de rapport ; ils tiennent à l'œuvre qu'ils doivent éclairer. Il en est de même de ses descriptions. Ce n'est pas pour égayer son récit que Baudri décrit les environs de Jérusalem (1140, **A**) ; mais c'est pour nous faire comprendre la famine dont les assiégeants souffriront. Comme tous les maux de la guerre, cette famine émeut Baudri. Attendri par le spectacle des misères humaines, le poète devient philosophe et laisse échapper des sentences morales dans le goût des anciens, ou des réflexions pleines de mélancolie. « Tels sont les hasards de la guerre ; telles, les vicissitudes des hommes et des temps. Le bonheur ne se fixe chez personne ; personne n'a jamais eu, n'aura jamais la joie d'une continuelle félicité. Aussi, dans la prospérité, faut-il toujours craindre la mauvaise fortune et, dans la mauvaise fortune, désirer, espérer la prospérité. » (1099, **C**.)

Mais si Baudri est parfois philosophe, il est avant tout poète, et c'est le poète qui nous saisit. Qui ne serait ému à la vue de ce jeune homme qui va implorer le secours de Corbaran ? « Sensadolus était en deuil de sa patrie ; la crainte de la mort le glaçait d'effroi. On voyait des larmes couler le long des joues de l'adolescent ; ce spectacle eût ému un cœur de diamant et tiré de lui du secours. » (1108, **B**.) Baudri sent si vivement qu'il désespère parfois de rendre ses sentiments dans toute leur force ; il aime mieux se taire que de les affaiblir. « Qui pourrait, s'écrie-t-il, après la prise de Jérusalem, qui pourrait rendre la joie des Croisés ? Mieux vaut laisser à chacun le soin de réfléchir et d'examiner ce qu'elle dut être, que de lui montrer en moi un interprète froid et à court de mots. Je renvoie chacun en soi-même, afin que personne n'ait rien à me reprocher. » (1144, D.)

Le plus souvent, Baudri laisse ses sentiments s'épancher, et dans la forme qui nous touche le plus : l'exclamation. « La fin de Cassien, ce héros célèbre, fut donc obscure. Voilà tes faveurs, ô prospérité mondaine ! voilà tes dons, ô fortune fourbe et trompeuse ! Les païens donnent tout au destin et à la fortune. Le malheureux Cassien, chef de cette admirable cité d'Antioche, aujourd'hui accablé par un sort misérable, par une déplorable infortune, victime et jouet du destin, n'est plus. Le descendant des rois, comme le premier venu né dans la boue, honteusement gît, privé de sépulture. » (1106, D.) Quelle pitié fortement rendue ! Ailleurs, quel irrésistible élan de joie patriotique ! « O France, pays admirable plus que tous les pays ! Des confins de l'Europe occidentale, l'épée à la main, tu t'es mise en route ; et tu as placé en Asie tes tentes et tes pavillons. Que Dieu te conserve à jamais cette bonne volonté qui rend tes fils unis, et puisses-tu marcher en sûreté vers cette Jérusalem, objet de tes soupirs ! » (1084, D.)

Ces élans oratoires sont très-fréquents chez Baudri. Aussi les discours, cet ornement dont les anciens paraient si volontiers leurs histoires, sont très-fréquents dans l'*Historia Hierosolymitana*. Tout personnage qui parle, dans l'historien anonyme, allonge son discours dans Baudri. C'était à tort assurément que le premier avait résumé, dans ces quelques mots, le discours d'Urbain II à Clermont : « Mes frères, il nous faut, pour le nom du Christ, souffrir beaucoup de choses, par exemple, la pauvreté, les persécutions, la misère, les infirmités, la nudité, la faim et la soif, et autres douleurs semblables, selon la parole que le Seigneur a dite aux siens : Il vous faut souffrir pour mon nom. Ne craignez pas de parler à la face des hommes ; je vous donnerai le courage et la sagesse. Ces peines seront suivies de récompenses magnifiques. » (777, B.) Nous comprenons que Baudri ait été tenté d'étendre et d'animer cette froide synopse. Nous voulons bien aussi que, dans les conseils, les chefs des Croisés aient parlé aussi disertement que les clercs les plus habiles. Nous notons, à la louange de Baudri, qu'il leur a, dans les batailles, attribué plus de bons coups que de belles paroles. Dans une attaque d'Antioche, les chrétiens commençant à plier, Boémond, dit l'anonyme, se mit à gémir, *Ingemuit*. (788, B.) Baudri change ce gémissement en ce cri trèsnaturel : « Christ, viens secourir les chrétiens ! » (1097, A.) Mais Baudri n'est pas toujours aussi discret. Trop souvent il cède à la tentation d'étaler son éloquence et charge un chrétien ou un infidèle de réciter un discours composé avec soin. Assurément, en mêlant tant de discours à leurs œuvres historiques, les anciens avaient pour but d'établir leur talent oratoire. Mais, avec quelle habileté ils dissimulaient leur artifice ! Baudri fait parfois trop bon marché de ces précautions.

Il met, par exemple, dans la bouche de Boémond une petite dissertation qui sent l'école beaucoup plus que l'armée : amplification abstraite sur un lieu commun, la prudence, que Boémond, dit Baudri, pourrait bien avoir faite, *dixisse putatur*. (1076, D.) Baudri rappelle surtout les anciens rhéteurs dans le discours qu'il prête à la mère de Corbaran. Passe encore que cette vieille sorcière s'attarde à faire d'elle-même à son fils le portrait le plus repoussant. Mais cet éloge de l'amour maternel : « *Quid enim affectui materno comparari poterit ?* » ce parallèle en forme entre les chrétiens et les musulmans : « *Nostra gens aurea est, illa ferrea. Nostra tamen satis animosa...* » qui les a pu faire, sinon Baudri ? Et quelle apparence que cette magicienne de Perse ait jamais parlé comme l'eût pu faire la Sybille de Cumes : « *Dubium est enim cui potius Mars arriserit parti ?* » (1110, D ; 1111, A, B, C.)

C'est surtout, par les réminiscences de la littérature sacrée que Baudri se trahit, dans les discours qu'il fait prononcer aux héros de son histoire. On voit bien qu'il avait fait passer dans sa vie ce zèle de la parole sainte, dont la lettre à Pierre de Maillezais nous le montre comme enflammé. Le récit est plein de pensées, de mots, de phrases même empruntées aux Saints Livres. Il en est de même des discours. Que les clercs qui s'adressent parfois aux Croisés, connaissent assez l'Écriture pour la citer d'abondance, nous le voulons bien ; mais nous ne comprenons guère qu'il en soit de même pour les guerriers. Nous sommes quelque peu étonné d'entendre Tancrède réciter un verset entier de l'Écriture. (1147, A.) Baudri n'y voit rien que de très-naturel. Selon lui, chacun des croisés se faisait des sermons comme un vrai prêtre, voire comme un évêque : « *Unusquisque jam sibi sermocinabatur ; unusquisque sibi erat sacerdos et episcopus.* » (1143, A.)

Mais si la piété de Baudri l'entraîne à quelques erreurs de détail, elle élève du moins l'ensemble de son œuvre à ce que Fénelon appelle ce vrai point de vue, d'où l'historien embrasse toute son histoire et la voit tout entière comme d'une seule vue[1]. « Les chroniqueurs plus ou moins contemporains des croisades, dit M. Dareste, sont de véritables historiens infiniment supérieurs aux annalistes leurs devanciers. Ils peuvent être imbus de l'esprit de leur temps, en partager les préjugés, même les erreurs : n'importe, une pensée commune les domine ; ils comprennent que l'événement qu'ils racontent est unique dans le monde, et que l'antiquité ne peut rien lui opposer[2]. » Oui, Baudri est un véritable historien, un historien de la famille de Bossuet. Sa foi lui a montré dans Dieu le chef de l'expédition qu'il raconte : « Jésus-Christ, dit-il, dans son prologue, qui change les rois et les temps, qui châtie les bons pour les rendre meilleurs, qui punit les méchants pour les corriger, car tout en lui est miséricorde, Jésus-Christ lui-même, de nos jours, d'un bout de la terre à l'autre, a soulevé presque toute la chrétienté pour délivrer cette Jérusalem où il a souffert, du joug impur des Turcs qui la traitaient en esclave. Ce n'est pas en effet sans une inspiration divine que, de l'Occident à l'Orient, des hommes riches de tous les biens ont voulu se faire soldats et, laissant leurs terres, leurs maisons, leurs enfants et leurs femmes, sont partis, joyeux, au milieu de calamités innombrables, pour combattre, de leurs propres bras, des nations barbares. Qui jamais avait entendu parler jusque-là de tant de princes, de tant de chefs, de tant de soldats, de tant de piétons, combattant sans roi, sans général ? Car, dans cette armée, nul ne fut le chef d'un

---

[1] *Lettre à l'Académie*, VII, *Projet d'un traité sur l'Histoire.*
[2] *Histoire de France*, Paris, 1865, in-8°, tome II, p. 3 et 4.

autre ; personne ne reçut les ordres d'autrui. Personne ne suivit son inspiration particulière ; on s'en tenait toujours au conseil des sages, au bon plaisir de l'armée entière. Il est donc certain que le Saint-Esprit, qui souffle où il veut, les excita à entreprendre une expédition si laborieuse, et mit dans leurs cœurs une concorde inaltérable. » (1063, A, B.)

La même pensée se retrouve dans le cours de l'œuvre : « La cavalerie des Toulousains formait l'aile droite ; le roi, avec ses troupes, était à l'aile gauche ; au centre combattaient les Normands, les Flamands, Tancrède et d'autres. Mais un contre cent, dix contre mille, que pouvaient-ils ? En vérité, celui qui jadis faisait chanter : Saül en a tué mille, David dix mille, celui-là même fit pour les chrétiens un semblable prodige. Le nom de Jésus-Christ à la bouche, les Croisés attaquèrent avec vigueur. » (1150, A.) Enfin, Baudri termine son histoire par ces mots : « Ainsi les Chrétiens arrachèrent Jérusalem aux Turcs impies, l'an 1099 de l'Incarnation du Seigneur. Ils avaient remporté de nombreux triomphes sous le commandement du Christ. » L'histoire de la première Croisade, se déroule donc sous la main de Dieu, avec une majestueuse unité. Qu'on partage ou non la foi de Baudri, il est impossible de ne pas admirer la grandeur véritable qu'elle a donnée à son œuvre.

Les Chrétiens, eux aussi, voyaient Dieu à leur tête. Il est naturel qu'ils aient gardé avec soin les lois de la discipline et de la morale. Ils considéraient leur expédition comme une œuvre sainte, qu'ils devaient accomplir avec foi et piété. Ils se félicitaient de pouvoir, comme les martyrs, donner leur vie à la cause de Dieu ; or, il est incontestable que le dévouement purifie le cœur et le grandit. Nous ne sommes donc pas étonnés de voir que Baudri les loue à diverses reprises. Il fait d'eux, en particulier, cet éloge qui acquiert un prix singulier dans la bouche d'un ami de l'antiquité : « O belles tentes ! qui a jamais contemplé de si beaux tabernacles ? Qu'elle cesse, cette fable menteresse, de me vanter Troie ; fi de ces tentes grecques ! et qu'ils soient à jamais éclipsés les noms et les actes de ces anciens héros ! » (1081, A.) Mais nous ne pouvons dans ces éloges voir, comme M. Thurot[1], le désir de relever la vaillance et les vertus des Croisés, ou d'atténuer ce que certains récits de l'anonyme présentaient de trop défavorable. Nous ne les attribuerons pas au caractère légendaire qu'auraient déjà pris les succès des Croisés, au moment où écrivait Baudri.

Baudri se pique d'impartialité : « Bien que je sois chrétien, dit-il, et né d'aïeux chrétiens ; bien que je déteste le paganisme comme un ennemi de Dieu, cependant, en écrivant une histoire véritable, je ne laisserai ni l'amour, ni la haine, ni les autres passions m'entraîner à mon escient, dans aucun parti. Je n'enlèverai rien au mérite des païens, pour favoriser les chrétiens par l'erreur et par le mensonge ; quand ils auront fait quelque trait de bravoure ou d'audace, je me garderai bien d'amoindrir en rien, par jalousie, leur audace et leur bravoure. Écrivain impartial, je m'appliquerai à mettre la vérité au jour et je soumettrai à la censure de la vérité cette faveur, que pourtant mon cœur doit surtout aux chrétiens. Si d'ailleurs, au détriment de la justice, j'atténuais la bravoure des païens, déclamateur

---

[1] M. Thurot, p. 382.

insensé, je montrerais mes compatriotes aux prises avec un ennemi sans valeur. » (1064, B.)

Il est impossible de mieux exposer les devoirs de l'historien. Peut-on dire que Baudri y fut infidèle ? Les Croisés, il est vrai, commirent plus d'une fois des excès condamnables ; la modération est difficile pour une multitude excitée par la résistance, décimée par la famine et par des souffrances intolérables. M. Thurot a relevé, d'après l'ouvrage anonyme, un certain nombre d'atrocités qui souillèrent la première Croisade. Je n'en vois pas que Baudri ait cachée. Il s'est presque toujours contenté d'adoucir des termes trop crus, qui révoltaient sa délicatesse, ou de plaider les circonstances atténuantes.

D'un autre côté, il donne plus d'une preuve de son impartialité et se montre, plus d'une fois, assez peu disposé à croire aux légendes. « On peut dire, écrit-il à propos du mouvement que la première croisade produisit en Europe, on peut dire que le remède excéda le mal, car plusieurs se laissèrent aller, plus qu'ils ne l'auraient dû, à l'envie de voyager. En effet, beaucoup d'ermites, de reclus et de moines, quittant un peu follement leurs demeures, se mirent en route. Quelques-uns, il est vrai, étaient mus par la dévotion et partaient avec le consentement de leur abbé ; le plus grand nombre prirent la fuite et s'en allèrent en cachette. Beaucoup de gens du peuple montraient avec ostentation une croix que, disaient-ils, ils avaient apportée en naissant. Un grand nombre se brûlaient d'un fer chaud en forme de croix, soit par un mouvement d'orgueil, soit par un excès de bonne volonté. Mais de tels bruits faisaient croître le nombre des croisés, au point de le rendre innombrable. J'ai rapporté ces faits, ne voulant rien passer, *afin qu'on ne m'accuse pas d'indulgence pour les faiblesses de mes contemporains.* » (1070, C, D.)

Baudri ne met jamais plus d'enthousiasme à rapporter les faits miraculeux que l'on rattachait à la première croisade. Il se borne à dire ce qu'il a vu, ce qu'il a entendu raconter. « L'an de l'Incarnation 1095, la veille des nones d'avril, la quatrième férie, vingt-cinquième jour de la lune, des spectateurs innombrables virent dans les Gaules une quantité si considérable d'étoiles que, n'eût été leur éclat, on eût dit une grêle véritable. Quelques-uns vont jusqu'à dire qu'elles sont tombées, mais, pour ce qui est de leur chute, *nous ne voulons rien affirmer à l'aventure.* Nous savons pourtant, la vérité elle-même l'atteste, qu'un jour les étoiles tomberont. Que si quelqu'un doute de ce concours d'étoiles et de leur éclat, qu'il nous croie, sinon qu'il s'en rapporte à nos Annales où il trouvera le fait consigné. » (1070, A.) — « Voici, Dieu soit loué, que l'on voit sortir des montagnes une armée innombrable, montée sur des chevaux blancs et portant de blancs étendards. Beaucoup de chrétiens les virent, et, pense-t-on, beaucoup de païens. Les uns et les autres y reconnurent un signe céleste.... Or, que personne ne nous accuse de mensonge, car nous n'imaginons rien ; nous attestons ce que nous avons entendu et notre témoignage est vrai, puisque nous parlons d'après des témoins oculaires. » (1123, B, C.)

« Je crois devoir rapporter que, lorsque les croisés sortaient de la ville, une petite pluie tomba, semblable à des gouttes de rosée. Chevaux et cavaliers en devinrent plus alertes et plus gais... C'étaient des gouttes si fines qu'on les sentait plus qu'on ne les voyait. Ce fait nous a été rapporté par beaucoup de personnes dignes de foi. Qui donc hésiterait à y reconnaître le bienfait d'un Dieu prodigue ? » (1122, C.)

Si quelques lecteurs hésitent encore à pardonner à Baudri les illusions bien innocentes de son enthousiasme religieux, leurs scrupules ne tiendront pas quand ils auront considéré que, chez lui, le patriotisme et le sentiment de l'honneur sont aussi vivants que la foi. L'auteur anonyme se borne à nommer ceux des croisés qui, lorsqu'Antioche fut assiégée par Corbaran, s'enfuirent de nuit en se laissant tomber du haut des murailles (796, C). Baudri les flétrit en termes énergiques : « Je vais en nommer quelques-uns ; je les nommerais tous si je les connaissais tous par leur nom. Nous ne devons pas craindre de les déshonorer, eux qui, dans l'excès de leur lâcheté, ne craignirent pas de souiller leur mémoire... Effrayés des dangers de la veille et soucieux de fuir ceux du lendemain, ils se laissèrent couler le long de cordes, du haut des murailles, ce qui leur valut, comme une marque d'éternelle infamie, le nom de sauteurs de cordes nocturnes. » (1112, C.)

Si Baudri voit en Dieu le général de la croisade, il regarde la France comme son premier, comme son plus vaillant soldat. Nous avons rapporté sa magnifique apostrophe à la France, qui est comme l'explosion de ce sentiment patriotique. A chaque fois que le nom des Français revient dans son récit, il trouve le moyen de faire d'eux quelque nouvel éloge. Nous ne pouvons donc nous empêcher d'applaudir à l'histoire de la première croisade : c'est une œuvre non vulgaire d'un vrai chrétien et d'un grand Français.

Comme nous l'avons dit déjà, l'*Historia Hierosolymi-tana* nous donne une idée exacte des œuvres hagiographiques de Baudri ; avant tout, il s'y montre évêque, c'est-à-dire désireux d'édifier pour leur salut les âmes qui lui ont été confiées. Mais il est toujours le poète aimable de Bourgueil, et travaille à joncher de fleurs le chemin par lequel il conduit son troupeau au ciel. Son dessein est toujours le même : parer de toutes les grâces du style les faits édifiants que d'autres lui ont racontés. Il s'en explique de nouveau, à l'abbé de Jumiéges, dans la dédicace de la vie de saint Hugues. « Toute matière que ne rehausse pas le travail de l'artiste, perd de sa valeur pour ceux qui la voient. L'or et l'argent, l'ivoire et le bois, le marbre et toutes les pierres précieuses, quand ils ne sont ni sculptés, ni polis, restent ce qu'ils étaient : mais ils gagnent en valeur quand ils ont été travaillés. Il en est de même de toute belle histoire : faute d'être élégamment racontée, elle semble vulgaire ; elle perd de sa beauté si un pinceau habile ne l'a colorée... Ainsi donc, ô mes frères de Jumiéges, vous avez, à force de prières, enjoint à ma faiblesse de vous raconter la vie édifiante du bienheureux Hugues, archevêque de Rouen. Vous voulez que je corrige, avec l'œil d'un censeur, un livre composé sur ce sujet, depuis nombre d'années[1]. » (1163-1164, B.) Baudri regrette de ne pouvoir pas apporter à cette composition le talent de Cicéron. Il voudrait aussi un style plus poli, pour écrire ce que les moines de Jumiéges lui ont raconté sur la

---

[1] « Baudri n'avait considéré cette vie de saint Hugues que comme une matière à polir, propre à recevoir les ornements de la rhétorique de son temps. » (Thurot, p. 376.)

translation du chef de saint Valentin dans leur abbaye. (1153, A.) S'il avait du moins le style de Virgile ou de Cicéron, pour raconter la vie de Robert d'Arbrissel dont l'abbesse de Fontevrault, Pétronille, lui a écrit les principaux événements ! Comment pourra-t-il observer la loi qui veut que l'on colore son style, lui sur qui n'est pas même tombée une seule goutte de la fontaine de Salluste [1] ? Il se met pourtant à l'œuvre, c'est-à-dire qu'il compose un panégyrique où domine exclusivement le mouvement oratoire, qui envahissait déjà l'*Historia Hierosolymitana*.

Le traité *De Visitatione infirmorum* est une série d'exhortations pieuses qu'il convient de faire aux mourants. Le premier livre se compose des adieux que Baudri adresse à son neveu agonisant, à cet Iule qu'il avait tant désiré. Nous y retrouvons tout son cœur : « Hier, je suis sorti pour aller voir mon bien cher neveu mourant et lui dire un dernier adieu. J'étais bien ému au fond du cœur, et c'est à peine si je pus lui adresser quelques mots, entrecoupés de sanglots. Plus je parlais, plus je pleurais. Je disais donc peu de paroles, pour répandre moins de larmes. Répandre des larmes qui ne peuvent consoler, c'est être efféminé ; mais n'en point répandre, alors que l'on nous ordonne de pleurer avec ceux qui pleurent et de nous réjouir avec ceux qui sont joyeux, c'est à la fois désobéir et se montrer inhumain. Jésus aussi a pleuré. Je pleurerai donc, ô mon très-cher neveu, pour obéir, pour être humain, c'est-à-dire pour

---

[1] *Font. Ebr. Exord.* III : « Virgilianum seu Tullianum stylum hoc nimirum opus expeteret. Denique quomodo coloratam legem scribendi tenebit, quem nulla Salustianæ situlæ stilla unquam roravit? »

imiter Jésus ; mais de peur de paraître efféminé, je m'efforcerai de ne répandre que peu de larmes [1]. »

A la demande de ses frères, Baudri composa un second livre sur ce sujet ; il ne put se défendre d'y insérer des vers. Il est quelque peu étrange de l'entendre dire à un mourant : « Embrassez humblement la croix de Jésus-Christ, en vous rappelant toutefois ces vers... » Mais Baudri est toujours poète.

Dans la lettre aux moines de Fécamp, nous trouvons Baudri tout entier, pieux et grave comme il le fut à Dol, sans cesser d'être aimable et fin comme il l'était à Bourgueil. Il raconte ses voyages à l'abbaye de Fécamp. Or, quelque part qu'il allât, Baudri observait bien et ne laissait rien échapper. Il n'est pas introduit qu'il a déjà fait ses remarques sur le vestibule, sur la magnifique architecture des bâtiments. Mais son visage s'est épanoui ; ses hôtes lui font fête. Voilà bien notre bon abbé, au cœur si aimant, sensible à toutes les délicatesses d'un accueil fraternel et trouvant des expressions pleines de grâce pour les dire : « Nos dignes frères s'avancèrent à notre rencontre, saluant notre petitesse, sautant, pour ainsi dire, dans l'allégresse de la charité. J'étais fêté comme un ami d'enfance. Ils ne m'avaient jamais vu, ni entendu, et pourtant ils venaient l'un après l'autre m'embrasser et me féliciter. Les vieillards se hâtaient comme les jeunes gens ; chacun craignait d'arriver le dernier. Le dernier venu s'excusait de son retard. Le vénérable abbé avait volé le premier, car le premier il avait été averti de mon arrivée. Il eût parlé au nom de tous, mais tous parlaient pour lui et pour eux-mêmes.

[1] Migne, XL, 1147.

C'était à qui m'exprimerait le premier la vivacité de son affection. Voilà ce qu'avaient fait et leur douceur naturelle, et la plénitude de leur charité. » (1175, B, C.)

Baudri est ému ; mais ne croyez pas ses yeux tellement obscurcis par les larmes qu'ils ne puissent observer. Il nous raconte que, lorsqu'une population lui faisait fête, il examinait avec soin les allures de chacun, pour voir si la joie qui éclatait à son passage n'était pas une joie de commande ; si vraiment cette affabilité venait du respect ; s'ils honoraient leurs hôtes dans des intentions pures, en vue de Dieu, et non par ostentation, ou pour faire l'expérience de leur charité. Il viendra deux fois encore à Fécamp, et prendra bien garde si la joie qu'y a fait éclater son premier voyage, n'a pas diminué [1].

A son premier voyage, Baudri n'avait pas quitté Fécamp sans avoir tout vu et bien vu. A peine arrivé, il est introduit au chapitre où on le fait prêcher. Mais il n'est pas tellement occupé de son sermon qu'il ne remarque que ses auditeurs sont suspendus à sa bouche, et que quelques-uns sont émus par sa parole, au point de pleurer. (1175, C.) L'abbé lui avait donné, pour le guider et le servir, un moine nommé Adelelme, qui ne le quittait pas. C'était un moine lettré et qui parlait volontiers. Excellente occasion pour connaître, dans le détail, les usages et les habitants du monastère ! Baudri l'accable de questions qui toutes eurent leurs réponses [2].

---

[1] « Biennio elapso, Fiscannum reversus sum, nec *minori lætitia* quam ante susceptus sum. » (1180, B.) « Reversus sum tertio et, ut mihi visum est, *majori*, quam tunc usque, mihi obviatum est gaudio. » (1180, B.)

[2] « Hunc de rebus monasterii familiariter segregatim percunctabar et ore diserto per singula respondebat. » (1175, D.)

Il va même jusqu'à le faire parler de son abbé ; Adelelme lui en dit beaucoup de bien : quoi d'étonnant ! C'était un abbé nouvellement élu [1]. Baudri n'a pu réprimer ce sourire malin, mais il est tout prêt à pleurer quand le religieux lui fait l'éloge de l'abbé défunt [2]. Un observateur attentif comme Baudri, remarquerait qu'il a remplacé les paroles émues du moine par un vrai panégyrique de sa façon, terminé par ces mots qui annoncent la fin des discours épiques : « His dictis... heros. » (1175, D. — 1177, A.)

Ses larmes essuyées, Baudri court à travers la maison, à la recherche d'autres renseignements. Il voit tout dans les moindres détails, depuis la chapelle jusqu'au dernier coin de terre du domaine [3]. Il arrête les moines au passage pour les faire parler les uns sur les autres, et remarque avec édification que le moindre religieux est pour son frère un moine incomparable. Il est content de les voir faire de longues prières, garder le silence ; il les compte aux assemblées du chapitre et trouve qu'ils y sont exacts. Il semble même qu'il se soit fait montrer leurs livres de comptes, car il les loue de leur sage économie [4].

Il remarque, dans l'église, un instrument qui lui plaît beaucoup ; il l'examine minutieusement. « Cet instrument, nous dit-il, est composé de tuyaux d'airain ; mis en

---

[1] « De abbate, *utpote de noviter sublimato,* bona multa insinuavit. » (1175, D.)

[2] « Mihi etiam maduerunt oculi, quoniam compatiebar enarranti. » (1177, A.)

[3] « Colloquium intermisimus, et ad alia procuranda festinavimus... prædiorum etiam enarrabat amplitudinem et per singula mirabar. » (1177, A.)

[4] « Parcimoniæ convenienter intentos. » (1177, C.)

mouvement par des soufflets de forge, il fait entendre une suave mélodie, prolongée et sonore. On dirait un chœur de clercs où s'uniraient, dans un accord joyeux, des voix d'enfants, de vieillards et de jeunes hommes. On l'appelle orgue ; on le met en mouvement à certains jours. » (1177, D.) Dans la même chapelle, il a remarqué une roue, toujours en mouvement ; mais il n'a pu s'en expliquer le mécanisme. (1178, D.)

Cependant l'abbé avait avec lui de fréquents entretiens, où il répandait son cœur et ses secrets dans le cœur de Baudri. Pendant que l'oreille de Baudri écoute, son œil examine. « C'était, nous dit-il, un ennemi parfait de tous les vices, mais non pas un envieux. Autant que j'ai pu le voir, il était généreux sans être prodigue, et sobre dans ses repas. » (1179, C.)

Honoré de la confiance des moines qui viennent lui ouvrir leur intérieur (1175, D), toujours fêté, sollicité par l'abbé de prolonger son séjour, Baudri se croit à Fécamp dans un véritable paradis [1]. Il en décrit avec amour la vallée, les jardins, les ombrages, les vergers, le ruisseau. Le voilà revenu aux beaux jours de Bourgueil, que ses rêves ne cessent de lui rappeler. Oui, l'hôte de Fécamp est bien l'aimable abbé de Bourgueil, mais plus pieux encore, et faisant servir uniquement toutes ses forces de littérateur et d'artiste à sa propre sanctification et à la sanctification d'autrui. Dans sa visite minutieuse de Fécamp, il n'a eu garde d'oublier les études et il s'en déclare satisfait. Mais savez-vous ce qu'il regarde maintenant comme la perfection de la culture littéraire ? Une connaissance si pleine de l'Écriture

[1] « Locus ille velut quidam paradisi hortus, etc. » (1181, A.)

Sainte qu'on puisse la citer de mémoire [1]. La roue dont il a admiré le mouvement continuel lui rappelle la Fortune des anciens. « Les sages docteurs de l'antiquité, dit-il, n'ont rien fait d'inconsidéré [2], » et il le prouve, non par Cicéron ni par Virgile, mais par le seul Moïse. L'orgue de Fécamp lui rappelle certaines gens qui, n'ayant point d'orgues dans leurs églises, n'en voudraient point voir dans les églises des autres. En vrai bénédictin, il défend cet instrument [3], mais il puise tous ses arguments dans l'Écriture Sainte, et s'étend, avec complaisance, en considérations mystiques. « Je ne trouve pas, à la vérité, un grand charme dans les modulations de l'orgue, mais elles m'excitent à penser. De même que des tuyaux de toutes sortes, de poids différents et de diverses grandeurs, au souffle d'un même vent, se réunissent dans une même mélodie, ainsi les hommes, sous l'inspiration de l'Esprit-Saint, doivent se fondre en une même pensée, en un même cœur. » A son voyage en Angleterre, Baudri avait vu, dans l'église de Worcester, des orgues et des appareils mécaniques qui lui inspirèrent de semblables méditations. Il a fait trois vers pour nous dire que tout ce qui est musique et poésie a une utilité mystique, et doit servir à rendre beau le culte de Dieu :

« ... Mystica sunt, cultusque Dei speciosi [4]. »

---

[1] « Litterarum notitia sic redundabant, ut Scripturæ sanctæ affluentiam pleniter plures attigerint, memoriæ commendaverint. » (1177, B.)

[2] « Sapientes illi doctores veterani nihil inconsultum egerunt. Sic Moyses... » (1179, A.)

[3] Montalembert, VI, p. 266, *L'orgue perfectionné par les moines*.

[4] Pièce inédite CLII.

Nous pouvons donc dire que, sur la fin de sa vie, Baudri ne respire plus que pour le ciel,

Totus supernis deditus [1].

C'est l'éloge qu'il a fait de saint Samson, auquel il a consacré deux rhythmes. Il nous plaît de penser que ces deux hymnes furent composées pour la consécration de l'église de Saint-Samson, que Baudri fit quelques jours avant sa mort. Poète, il dut chanter jusque sur le bord de la tombe [2]; chrétien de plus en plus, il dut bannir de son dernier chant tout art, toute prétention, tout ce qui sentait le paganisme, même la mesure, pour se contenter du rhythme modeste et simple, en usage dans l'Église.

Baudri nous dit quelque part qu'il veut monter au ciel en chantant [3]. C'est ainsi qu'il dut quitter la terre, chantant une hymne pieuse, sur un rhythme chrétien.

---

[1] Pièce inédite CCXLVI.

[2] Pièce inédite XXXVI. Il dit à son recueil de vers :

« Donec ego vivo clauderis limite nullo,
Explicit apponet mors mea, nil aliud. »

[3] Pièce inédite CLII, *Invitatio ad quemdam ut se monacharet :*

« Dux tamen ad cœlum littera sæpe fuit. »

CONCLUSION

———

Baudri nous peint le clerc, le moine, l'évêque lettré du xie siècle. Il n'a pas à se préoccuper du service militaire ; la paix de ses études sera garantie par les nobles, qui ont mission de défendre et de protéger la faiblesse. Les comtes d'Anjou bataillent contre les ennemis sur les marches de Bretagne, pendant que lui, simple clerc, dans le calme de l'école, repasse d'une main avide les classiques et l'Écriture. La société féodale, pénétrée de l'esprit chrétien, sut, en donnant à chacun sa place dans le grand édifice social, ménager des loisirs à ceux qui se livraient à l'étude. La vie de l'étudiant se partageait entre les exercices intellectuels et les cérémonies du culte. Le clerc chantait l'office à la cathédrale ; il chantait les hymnes composées par son maître, puis s'exerçait à composer et à réciter des vers.

Les lettres de Baudri, ses relations, ses voyages, nous représentent une société pleine de vie, où circule, avec le christianisme renaissant, sous la puissante réforme de Grégoire VII, comme une sève de jeunesse littéraire. Les littérateurs des différents pays sont avides de relations ; ils s'écrivent de longues épîtres en vers ; ils se stimulent mutuellement. C'est, à travers le monde catholique, un commerce intellectuel que l'on a peine à se figurer. Mais quand on songe au mouvement des croisades, aux relations qui s'établirent ou se fortifièrent dans cette lutte des nations chrétiennes, courant ensemble à la délivrance du tombeau de Jésus-Christ, l'on peut se faire une idée de l'unité puissante qui tenait les âmes du moyen âge attachées à la même croyance, au même culte. De cette unité de foi, l'on passe aisément à l'unité de littérature qui enserre le monde tout entier.

Le moyen âge, époque de fusion et de formation des peuples, n'a peut-être jamais présenté un plus grand mouvement social, artistique et littéraire que pendant ces cinquante années où Baudri fut moine de Bourgueil et archevêque de Dol. En étudiant ses œuvres diverses, on sent qu'il les a composées au milieu d'une société jeune et pleine d'espérance, qui se laisse pénétrer par l'esprit vivificateur des sciences et des arts, apporté de l'Orient dans l'Occident. — D'un côté, c'est l'influence de Byzance, qui est devenue le refuge des arts grecs et romains. De l'autre, c'est Cordoue, Séville et Grenade, où les Arabes entretiennent la floraison précoce de leur civilisation. Quand on songe que notre civilisation et nos arts du moyen âge sont nés du mélange du vieil esprit gaulois avec les influences grecques, romaines, et même normandes, l'on se demande s'il n'en est pas de l'esprit d'un peuple comme de la plante, qui se nourrit et se forme des débris de mille plantes diverses.

Byzance exerce son influence par les petits objets

d'art : les diptyques consulaires, les couvertures de livres, les meubles et les étoffes. Si les iconoclastes prohibaient les arts dans le Bas-Empire, on n'en continuait pas moins à sculpter et à peindre pour les *barbares*, comme on travaille aujourd'hui pour l'exportation. Malgré sa décadence, l'Orient, par l'ancien souvenir de l'Empire grec, par sa civilisation, alimentait toujours les récits merveilleux des voyageurs : il avait encore des historiens imitateurs de Thucydide, tandis que nos trouvères essayaient à peine leurs premiers chants. Anne Comnène, la fille de l'empereur de Constantinople, faisait en grec une histoire de la vie de son père. Byzance était l'entrepôt du commerce du monde ; toutes les marchandises de l'Asie y passaient. Les Grecs étaient toujours navigateurs comme leurs ancêtres. Comme elle était sur le chemin de Jérusalem, les pèlerins et les croisés, qui ne furent que des pèlerins armés, faisaient des récits merveilleux de l'immense étendue de cette ville, de ses richesses, de ses palais dorés, de ses coupoles, du luxe de ses habitants, qui se promenaient avec leurs robes éclatantes et leurs diptyques sculptés à la main. L'imagination exaltée par ces récits se prenait du désir d'imiter ces merveilles.

Les Arabes, par leur civilisation, venue aussi de l'Orient, avaient un grand empire sur l'imagination des savants et des artistes, et une influence très-remarquable sur leurs œuvres. Ils avaient fait des villes du midi de l'Espagne un centre de civilisation florissant. Les universités de Tolède, de Cordoue, de Séville et de Saragosse recevaient de nombreux étudiants ; des écoles libres étaient ouvertes dans toutes les villes. Ils éle-

vaient de merveilleux monuments dans un style orien-
tal et fantastique sur lesquels ils inscrivaient de fiers
défis à la civilisation chrétienne qui commençait à les
menacer : « Barbares des pays glacés qui tremblent
« sous leurs fourrures ! Chez eux, les monastères
« pauvres et sombres ; chez nous, les jardins, les bains
« et les cours pavées d'émaux ; chez eux, les cloîtres
« tristes et silencieux ; chez nous, les fontaines cristal-
« lines et les allées de myrtes ; chez eux, la vie triste du
« château ; chez nous, l'existence sereine et tranquille
« de l'Académie [1]. » Poésie bizarre et gracieuse d'un
peuple dont l'esprit hardi passe, avec facilité, des rêves
d'une imagination orientale aux subtilités de la philosophie : Averroès, au XIIe siècle, commentera Aristote
sous les orangers de Cordoue.

Or, il s'établissait des rapports entre la France et
cette brillante civilisation : les monnaies arabes étaient
reçues dans le Midi de la France ; des inscriptions en
arabe servaient d'ornement à certaines églises du Midi ;
les étudiants arabes venaient à Toulouse ; des Français
allaient étudier chez les Arabes, et rapportaient la chi-
mie, la médecine, l'astronomie.

C'est de ce mélange des peuples et de ces relations
de la Gaule avec l'Orient que naît ce mouvement, qui
entraîne tous les arts, à la fin du XIe siècle et au commencement du XIIe.

Baudri, élève des écoles épiscopales, nous représente
bien, dans l'histoire littéraire du moyen âge, cette période où les esprits, se dégageant des ténèbres et de la

---

[1] « Estudio descriptive de los monumentos Arabes, de Granada,
Sevilla y Cordoda, por Rafael Contreras. » Granada, 1875, p. 48.

barbarie du ixe et du xe siècle, s'appliquent à l'étude et essaient comme une renaissance intellectuelle, qui prépare la grande floraison des Universités. Les esprits, à cette époque, se portent surtout vers la littérature et la théologie ; dans les Universités du xiiie siècle, ils se porteront plutôt vers la philosophie et vers les sciences. Au xie siècle, l'abbaye du Bec est comme le centre d'un mouvement théologique, dont Lanfranc et saint Anselme sont les principaux moteurs. Les esprits, excités par les relations des diverses écoles et par les prédications, veulent pénétrer plus avant dans les mystères de la religion. Saint Anselme donne comme un plan complet de la théologie.

A côté de ce mouvement théologique, s'opère un mouvement littéraire plus puissant encore. Quand, au temps de la scolastique, les esprits, absorbés par les subtilités de la dialectique, auront abandonné l'étude des modèles anciens, ils tomberont peu à peu dans la décadence littéraire.

Le principal caractère de cette renaissance littéraire, qui se produisit dans les écoles épiscopales à la fin du xie et au commencement du xiie siècle, fut l'étude et l'imitation de l'antiquité classique. Les règles du beau sont absolues, et les chefs-d'œuvre des Grecs et des Romains demeureront l'éternel exemplaire de tous ceux qui voudront atteindre à la perfection, parce que leurs principes sont ceux mêmes que nous portons dans notre raison. C'est chez les anciens qu'Hildebert puise les beaux traits de ses sermons et de ses traités de morale. Il s'échappe, des meilleures pages de Marbœuf et de Baudri, un parfum qui rappelle les plus beaux temps de la latinité classique. Les vies de saints, refaites par

Marbœuf, comme l'*Histoire de la croisade*, par Baudri, empruntent leur valeur et leurs charmes aux modèles anciens sur lesquels elles ont été composées.

Mais ces essais de renaissance demeurent imparfaits, parce qu'ils ne sont que l'occupation ou l'amusement de quelques hommes ou de quelques écoles. Il y a séparation entre la littérature et la langue du peuple. Si le public des cloîtres et des écoles parle encore latin ; si c'est encore en latin que prêchent les prédicateurs des monastères, le peuple parle une autre langue. Il était donc impossible que cette renaissance ramenât la perfection, parce que la littérature puise sa sève et sa vie dans la pensée et dans les sentiments de tout un peuple, dont elle est l'expression, dont elle traduit au dehors ou les idées ou les aspirations. La littérature latine des écoles n'était plus que l'expression des jeux poétiques et des réminiscences de quelques esprits qui, malgré tout leur talent, ne pouvaient pas être originaux. Une des conditions mêmes de cette littérature devait être l'uniformité : autant l'esprit humain, l'esprit d'un peuple, est varié dans la marche libre de sa pensée et dans l'expression qu'en donnent les poètes ou les romanciers, autant est monotone l'effort de l'imitateur servile qui se travaille pour reproduire ce qu'il a vu. Les mouvements de l'âme et du cœur sont variés à l'infini ; les procédés artificiels de l'esprit sont nécessairement limités et se répètent toujours les mêmes. Aussi, un écrivain naturel, qui suit les divers mouvements de son âme et qui les rend avec justesse, comme un Pascal, nous semble avoir je ne sais combien de sortes d'esprits. Au contraire, les écrivains, poètes ou prosateurs, qui ramènent leurs pensées à des moules existant d'avance, quelque nombreux que soient ces moules, revêtent un air d'uniformité et de monotonie ; leurs âmes semblent avoir les mêmes façons de voir et de sentir, parce qu'ils ont les mêmes phrases et les mêmes tours de phrases. Aussi, jamais peut-être aucune littérature ne fut plus universelle, en un sens, que cette littérature factice des écoles. Ne revêtant rien du tour d'esprit des diverses nations ou des génies particuliers, elle se colportait, dans l'uniformité de ses procédés et de ses tournures, à travers l'Italie, l'Allemagne, la France et l'Angleterre. Eudes d'Ostie, Geoffroi de Reims, Aimon d'Halberstadt, Anselme de Cantorbéry, n'avaient pas, dans leur façon de concevoir ou de s'exprimer, dans le tour particulier de leurs écrits, un air de terroir qui montrât leur nationalité. La couleur locale ne pouvait exister dans cette littérature.

Une des conséquences de cette uniformité, c'est que si les lecteurs de cette littérature étaient relativement peu nombreux en chaque province, parce qu'ils n'étaient que dans les écoles ou dans les cloîtres, ils le devenaient en réalité, parce qu'ils se recrutaient dans tous les couvents et dans toutes les écoles du monde catholique. Il y avait ainsi dans la littérature, malgré les séparations de nationalités, d'Etats et de provinces, une unité qui ne pourrait plus exister de nos jours. Grâce à l'unité de langue littéraire, la pensée de l'écrivain acquérait une universalité, qu'ambitionnerait vainement le poète ou le romancier de notre époque. Les vers de Baudri passaient les Alpes, et allaient égayer les loisirs de l'évêque d'Ostie. Les jeux poétiques de Marbœuf passaient la Manche, et allaient réjouir les regards de l'évêque de Wigorn. La littérature latine, consacrée par l'Église, qui en faisait comme sa propriété, empruntait à l'Église quelque chose de sa catholicité.

Du reste, ce n'est pas le seul service que l'Église ait rendu à la langue latine, telle qu'elle la recevait des derniers rhéteurs de Rome. Elle l'a préparée à devenir, par ses transformations, la langue des sociétés modernes. Cicéron se plaignait que la langue de son temps fût rebelle aux idées philosophiques, parce qu'elle manquait des termes abstraits dont était si riche la langue grecque. Le christianisme, en prêchant à l'homme l'existence d'un monde surnaturel, mit en circulation un grand nombre d'idées abstraites ou supra-sensibles, pour lesquelles les écrivains chrétiens firent des mots abstraits. Ils donnèrent à la langue ce perfectionnement que désirait Cicéron, et la rendirent apte aux questions philosophiques les plus élevées. Or, comme notre langue est née de cette langue latine ainsi refaite et enrichie, l'on peut dire qu'elle doit aux écrivains du moyen âge et au christianisme, la clarté philosophique qui la distingue. Le christianisme a fait de la langue française la langue la plus apte à rendre la pensée philosophique, dans la variété de ses distinctions et dans la clarté de sa simplicité.

A côté d'elle, dans les cours féodales, naît une poésie nouvelle qui se chante aux seigneurs et aux grandes dames. Peu à peu, cette poésie nouvelle, consacrée aux aventures galantes ou aux prouesses hasardeuses, descendra des cours de chevalerie aux assemblées populaires, lorsque les croisades auront excité la curiosité des peuples, et ouvert un champ aux récits qui les intéressent. Mais cette poésie, au commencement du xiie siècle, n'a point encore franchi le seuil des écoles ou des monastères. L'éducation littéraire du clerc se fait, dans Virgile, dans Ovide et dans les historiens latins. L'Église a donc été la gardienne de l'antiquité classique, à travers le moyen âge. Guidée par cet esprit qui l'a fondée et qui la conserve, elle n'a jamais divisé les beautés naturelles des biens surnaturels. Les beautés des païens étaient encore sa propriété, parce qu'elles étaient un rayon de la beauté divine, manifestée dans le monde antique.

APPENDICE

CHRONOLOGIE DE BAUDRI

1046. — Baudri naît à Meung-sur-Loire[1].

1046 à 1089. — Baudri étudie à Meung, à Angers; il se fait moine à l'abbaye de Bourgueil; il est nommé prieur de Bourgueil.

Nous le retrouvons deux fois avec ce titre dans le cartulaire de dom Fouquet.

Les chanoines de Saint-Martin de Tours contestaient aux moines de Bourgueil certains biens que leur avait abandonnés Landri. Mais ils se désistèrent de leurs prétentions dans une réunion à laquelle assistait Baudri[2].

---

[1] « Cet abbé mourut aagé de 84 ans. » (Manuscrit de Dom Fouquet, p. 233.) : « Defunctus est in senectute bona... ætatis suæ 84. » (Ms. de Tours, 1338, p. 35.) Nous verrons plus loin que Baudri mourut en 1130.

[2] « Nota quod postea canonici sancti Martini (Turonensis) concesserunt in pleno capitulo, quam ideo ipsam calumniabantur quia ipsorum censualis erat. Calumnia tum justa non erat... Quo comperto, concesserunt monachis prædictam terram præsente... de monachis Baldrico priore, postea abbate. »

Les moines de Saint-Jouin de Marne refusaient de remettre aux moines de Bourgueil les églises d'Argenton-Château, que leur avait données Geoffroy de Blois. Isembert II, évêque de Poitiers, invite les parties à comparaître devant lui à Thouars. Baudri s'y rend et représente Bourgueil, en qualité de prieur[1].

Aucun des historiens de Baudri n'a su qu'il avait été prieur de Bourgueil. Aussi, le passage suivant de la Lettre aux moines de Fécamp : *Horto illi (Burgulio) ferme sex lustris custos et hortulanus exstiteram*[2], est-il généralement interprété dans ce sens, que Baudri fut environ trente ans abbé de Bourgueil. On fait donc remonter son élection à l'année 1079. Or, dans le passage précité, si l'on traduit *custos* par prieur, *hortulanus* par abbé, rien n'empêchera plus de laisser à l'élection de Baudri la date de 1089, qui lui est assignée par tous les documents authentiques[3].

---

[1] *Carta de altercatione grandi de Ecclesiis de Castro Argentone, quæ fuit inter monachos Sancti Jovini et monachos Burgulii* : « Domino Isemberto, Pictaviensi Episcopo, utramque partem invitante... conventus Toarcii habitus est... Hujus causæ discussores fuere... Burgulienses hii Baldricus prior. » (Cartulaire de Dom Fouquet, 199-203.)

[2] Migne, 1173, A.

[3] *L'Histoire manuscrite française de Bourgueil* dit deux fois (D. Fouquet, 229-230) que l'abbé Raymond mourut le 25 décembre 1089 et que Baudri lui succéda.

Dans le cartulaire de dom Fouquet, nous relevons les notes suivantes : « Landri, riche seigneur, se fait moine à Bourgueil sous l'abbé Raymon, environ l'an 1080 (p. 78) ; l'abbé Raymon, environ 1080 (p. 79) ; S.-Léger-du-Mont-brillais sous Raymon, abbé en 1087 (p. 119) ; le fils d'Evrard, moine, sous l'abbé Raymon, en 1088 (p. 120). »

Dom Housseaux qui, comme dom Fouquet, avait vu le cartulaire de 1481, place, à tous moments, entre les années 1055 et 1089, les actes de l'abbé Raymond qui ne sont pas datés (Ms. Tours, 1338) :

« Raimundus obdormivit in Domino ipso Die natali Domini 25 Decem-

BAUDRI, ABBÉ DE BOURGUEIL.

1089. — Baudri est élu abbé de Bourgueil. Il assiste à la consécration de l'église de la Pérouse, prieuré de Bourgueil, au diocèse de Limoges [1].

1090. — Baudri se rend au prieuré de Chevreuse au diocèse de Paris. La possession de ce prieuré lui est confirmée [2].

Au Chapitre de Notre-Dame de Paris, Baudri reçoit le prieuré de Limours sur lequel Geoffroy de Boulogne, évêque de Paris, oncle de Godefroi de Bouillon, lui abandonne tous ses droits [3].

bris, anno 1089. Cui successit, eodem anno, Baldericus. » (Ms. Tours, 1838, p. 34.)

« Baudric, des actes depuis 1089 jusqu'à 1106. » (*Extrait d'un livre escrit, etc., ibid.*)

[1] « Porro, anno Incarnationis Domini millesimo octogesimo nono, ad consecrationem Ecclesiæ (de Perrusia) convenerunt... Baudricus abbas Burguliensis..... Sub abbate Baudrico, sub quo Ecclesia perfecta est. » (D. Fouquet, 100.)

A Bourgueil, l'année devait commencer à Pâques. Il ne serait pas possible autrement de placer, du 25 au 31 décembre 1089, la mort de Raymond, ses funérailles, l'élection de Baudri, sa bénédiction, l'achève-ment de l'église de la Pérouse, le voyage de Baudri au diocèse de Limoges et la consécration de l'église. Du reste la charte-notice sur Alon (voir p. 280, n. 3) porte ces mots : « terminus Paschalis. » La charte signée par Baudri au monastère de Saint-Florent (voir p. 283) porte aussi : « termino Paschali. » Pour les documents imprimés, nous nous contentons de prendre la date qui leur a été donnée, sans dis-cuter l'époque à laquelle commençait l'année, dans les différents pays où ils ont été faits.

[2] « Raymundo abbate defuncto, Widoni filius suus Milo successit ; Raymundo, Baldricus. Venit autem Baldricus Carosam, Milo quoque adfuit. Placuit autem utrisque ut Guidonis donacio coram optimatibus suis recitaretur, ut et testimonio subscriptorum corroboraretur. » (D. Fouquet, 128.)

[3] *Carta de Limors de concessione omnium jurium episcopo Parisiensi*

Baudri assiste au Chapitre de Saint-Maurice d'Angers, où se juge définitivement un procès pendant entre les moines de Saint-Serge et ceux de Saint-Aubin [1].

1092. — « Baudric. En son temps fut faict un traité entre ledit abbé et Payen de Clairvaux, touchant les dixmes et autres choses de Sainct-Léger, come apert par la charte : *Actum anno Domini* 1092 [2]. »

1093. — Hubert, surnommé Payen, donne aux moines de Bourgueil une écluse située sur l'Indre [3].

Aimeri Mâchel donne aux moines de Bourgueil le prieuré de Saint-Michel-sur-Loire, près de Langeais [4].

Baudri signe une charte par laquelle Hugues, évêque de Soissons, confirme leurs biens aux moines de Saint-Thibault [5].

20 novembre. Bulle d'Urbain II portant confirmation des biens et des priviléges de l'abbaye [6].

---

spectantium dicti prioratus de Limors, præter synodum et circadam : « Actum est Parisiis in capitulo Sanctæ Mariæ, anno Incarnationis Domini 1090. » (Dom Fouquet, 129.)

[1] « Per id tempus Sancti Sergii apud Andecavos monachi litem de Campiniaco contra sancti Albini ejusdem urbis monachos redintegrarunt... Quam ob rem hæc causa denuo agitata in ecclesia Sancti Mauricii apud Andecavos coram Radulfo Turonum archiepiscopo, Baldrico Burguliensi et Natali Sancti Nicolai abbatibus. » (*Ann. Ord. S. Ben.*, V, 273.)

[2] *Copie d'un cayer*, etc. (Ms. Tours, 1338.)

[3] *Carta Herberti, nomine Pagani, de donatione quam fecit monachis Burgulii de exclusa quæ est in Andra :* « Actum anno Incarnationis Dominicæ 1093, in capitulo Sancti Petri Burgulii. » D. Fouquet (p. 62) laisse la date en blanc. Nous la prenons dans dom Housseaux.

[4] *Fundatio prioratus Sancti Michaelis supra Ligerim :* « Hoc autem factum est anno Incarnationis Dominicæ millesimo nonagesimo tertio. » (Dom Fouquet, 171-173.)

[5] *Hugo episcopus confirmat bona sancti Theobaldi :* « ... Signum Baldrici, Burgolii abbatis..... Actum anno 1093 » (*Gallia christiana*, t. X, *Instr.*, col. 103.)

[6] *Bulla Urbani secundi quæ est plumbata :* « Datum 12 Callend. Decemb. anno Domini 1093. » (Dom Fouquet, 7-8.)

1094. — Baudri assiste, à Saint-Florent, au concile où le comte d'Anjou, Foulques-le-Réchin, fut absous [1].

Il séjourne quelque temps à Tours où il est témoin d'un acte par lequel l'archevêque Raoul exempte de certaines coutumes les moines de Saint-Julien [2].

1095. — Baudri assiste au concile de Clermont, où le pape Urbain II prêche la première croisade [3].

1096. — Baudri est témoin, à Bourgueil, d'un duel qui termine une controverse entre les moines de Saint-Aubin et Giraud de Blancfour [4].

Guillaume de Dol, abbé de Saint-Florent de Saumur, donne aux moines le prieuré de Rest, moyennant une redevance annuelle de soixante sous et un traité de confraternité entre les deux abbayes [5].

[1] *Charta Hugonis, Lugdunensis archiepiscopi et apostolicæ Sedis legati de absolutione Fulconis Andegavensis comitis :* « Religiosorum autem, qui adfuerunt, nomina hæc sunt : Baldricus abbas Burguliensis..... Actum est anno 1094, apud abbatiam S. Florentii, die festo S. Johannis Baptistæ. » *(Gallia christiana,* IV, *Instr.,* II.)

[2] *Gallia christiana,* XIV, 658. D. Sans preuves.

[3] « Inter omnes autem, in eodem concilio, nobis videntibus... » *(Hist. Hier.* Migne, 1069, A.)

[4] *Charta de controversia et de bello quod fuit inter monasterium sancti Albini Andegavensis et Giraudum de Blancofurno, pro terra Croiaci, prope Peregrinam. Circa annum 1096 :* « Determinato itaque loco ubi bellum fieret, curia scilicet Sancti Petri Burguliensis... Custodes belli et testes dimissæ calumniæ sunt Abbas Baldricus cum monachis et burgensibus suis, Marbodus Archidiaconus. » (Baluze, *Miscell,* II, 175-176.)

[5] *Carta de Prioratu de Rest, quomodo Abbas et Conventus S. Florentii concessit predictum Prioratum de Rest monachis Burgulii :* « Actum prius et concessum in Capitulo Sancti Florentii et postea in Capitulo Burguliensi, et iterum recitatum et confirmatum in Capitulo Beati Mauritii Andegavensis, presente ejusdem sedis episcopo, Gauffrido. Anno ab Incarnatione Domini 1106. » (D. Fouquet, 178-179.)

D. Housseaux donne 1096. D. Fouquet se corrige lui-même dans l'*Histoire manuscrite* (p. 231). Du reste Geoffroy, démissionnaire en 1101, mort en 1103, ne pouvait confirmer un acte en 1106.

Baudri signe, à Angoulême, un acte par lequel Adémar, évêque de cette ville, supprime la prévôté de Juliac, et en transfère les attributions à son Chapitre[1].

1097. — Baudri reçoit d'Adémar, évêque d'Angoulême, l'église de Saint-Martial, sise près de cette ville[2].

20 juin. Baudri assiste à une réunion du Chapitre de Saint-Julien du Mans, et signe un acte de confraternité entre les chanoines de ce Chapitre et les moines de Saint-Nicolas d'Angers[3].

1099. — 3 février. Baudri est, à Angers, témoin d'un arrangement entre les moines de Saint-Nicolas et le Chapitre de Saint-Laud[4].

1101. — Baudri siége comme juge au Chapitre de Saint-Nicolas, dans un procès de juridiction entre les moines de cette abbaye et Raymond Pourcel[5].

---

[1] « Præpositura Juliacensis, quæ plurimorum malorum occasio fuerat, supprimitur ab Ademaro et capitulo exercenda, prout melius judicaverit, assignatur. — Actum Engolismæ, solemniter in capitulo S. Petri, anno 1096. S. Baldrici, abbatis Burguliensis. » (*Gallia christiana*, II, *Instr.*, 447-448.)

[2] *Ademarus, Engolismensis episcopus, dat Burguliensibus ecclesiam S. Martialis (quæ prope muros Engolismæ est)* : « Actum Engolismæ, in capitulo S. Petri, anno 1097. » (*Gal. christ.*, XIV, *Instr.*, 151.)

[3] « Actum est hoc et confirmatum in capitulo sancti Juliani Cenomanensis, anno ab Incarnatione Domini 1097, XII Kal. Julii, istis testibus, de Monachis... abbate etiam Burgoliensi Baldrico. » (*Rerum scitu dignissimarum a prima fundatione monasterii S. Nicolai Andegavensis... epitome*, per F. Laurentium Le Peletier. Andegavi, 1635, petit in-4°, p. 33.)

[4] *Gallia christiana*, XIV, 659, A. Sans preuves. Le Peletier donne deux accords entre Saint-Nicolas et Saint-Laud (*Ibid.*, 33-36, anno 1098 ; 69), mais le nom de Baudri n'y figure pas.

[5] *De Cosdumis Catiæ :* « Anno ab Incarnatione Domini 1101, Rainaldus Purcellus, Fulconis junioris præpositus, in Curia S. Nicolai venit, querens forisfactum de adulterio quod commiserat quidam Herbertus in terra sancti Nicolai. Quod forisfactum monachi ad se per-

1102. — Mars. Pierre, évêque de Poitiers, confirme à Baudri la possession des églises que l'abbaye de Bourgueil a dans son diocèse. Baudri paraît s'être rendu à Poitiers pour solliciter cette confirmation [1].

Fondation du prieuré de Meigné par Étienne de Meigné, fils du comte Étienne de Blois [2].

1104. — Baudri signe un accord entre Saint-Aubin et Saint-Nicolas [3].

1105. — Baudri signe un accord entre les moines de Saint-Maixent et Hugues de Lézigné [4].

25 octobre. Bulle du pape Pascal II, portant confirmation des biens et possessions de l'abbaye de Bourgueil [5].

1107. — Mars. Baudri est à Tours et signe un jugement entre les moines de Beaulieu et ceux de Nùcarie [6].

tinere dixerunt... Quo audito judices, abbas Burguliensis et multi alii judicaverunt nihil ad Præpositum vel ad comitem de tali forisfacto pertinere. » (Le Peletier, *Ibid.*, p. 91.)

[1] *Carta Petri episcopi Pictaviensis quæ est confirmatio Ecclesiarum existentium in Episcopatu Pictaviensi spectantium monachis Burgulii :* « Ego Petrus, quoniam accessit ad me Baudricus... Anno ab Incarnatione Domini 1102, mense Martio. » (D. Fouquet, 89-90.)

[2] *Carta Stephani de Magnaco de Ecclesia Magnaci :* « Facta est autem hæc carta et firmata Pictavis, claustro S. Porcharii, anno 1102. » (D. Fouquet, 165.)

[3] *Gallia christiana*, XIV, 659. Sans preuves. Le Peletier ne dit rien de cet accord.

[4] « Anno ab Incarnatione Domini 1105, Ugo de Leziniaco fecit placitum cum abbate et monachis S. Maxentii, cui subscribunt viri insignes scilicet.... Baudricus, abbas Burguliensis. » (*Gallia christiana*, II, *Instr.*, 343, E.)

[5] « VIII kal. novembris; anno Incarnationis 1105. » (Dom Housseaux.)

[6] *Gallia christiana*, XIV, 659, C. Sans preuves. Nous rattachons la présence de Baudri à Tours au passage du pape Pascal II, dans cette ville. Pascal II officia pontificalement à Saint-Martin de Tours, le 24 mars, dimanche de *Lætare*. (Montalembert, VII, 392.)

ACTES SANS DATE SE RATTACHANT A L'ADMINISTRATION
DE BOURGUEIL PAR BAUDRI.

Les trois chartes suivantes, dressées sous l'épiscopat de Geoffroy de Mayenne, doivent être placées de 1093 à 1101 :

Hugues de Langeais donne aux moines de Bourgueil une terre qu'il possédait à Chalonnes. Geoffroy de Mayenne autorise et confirme cette donation [1].

Les religieuses du Ronceray, à la prière de plusieurs prélats, au nombre desquels se trouvaient Geoffroy de Mayenne et Baudri, consentent à céder aux moines de Saint-Nicolas sur une question de sépulture [2].

Un chevalier nommé Alon, ayant refusé son hommage à l'abbé de Bourgueil, ils se rendent l'un et l'autre à la cour de Geoffroy, évêque d'Angers, pour y terminer leur cause par un duel. Geoffroy ne veut pas autoriser ce duel [3].

———

Un chevalier nommé Alon Gisbaud, cherchait querelle aux moines de Bourgueil au sujet de dîmes aban-

[1] *Carta Hugonis de Langeais, quomodo fundavit curtim de Carlona monachis Burgulii illam concedendo, comite Andegavorum, Gauffredo de Meduana, de quo beneficium istud tenebatur, cum pluribus aliis corroborantibus et confirmantibus.* (D. Fouquet, 133-134.)

[2] *De gagio quod dederunt Monachi S. Nicholai de sepultura :* « Rogavit predictus episcopus noster (Gauffridus) et abbates plurimi, videlicet S. Petri Burgoliensis. » (Cartulaire du Ronceray, 41-42.)

[3] *Carta de Alone milite, qui hominium suum denegavit Abbati de Burgolio, unde fuerunt plures lites :* « Unde ab utrâque parte termino constituto, die definito, super hac causa disceptaturi, quinimo duellum habituri, in curia Gaufridi episcopi Andegavensis utrique convenerunt, sed episcopus duellum fieri noluit. » (D. Fouquet, 179-183.)

données à l'abbé Raymond par un autre chevalier nommé Evrard. Baudri et Alon se rendent à Loudun pour y plaider [1].

Moyennant huit livres que lui paient les moines de Bourgueil, Guillaume de Mirebeau renonce à certains droits qu'il prétendait exercer sur les habitants de Vouzailles [2].

Geoffroy voulait exiger des moines de Bourgueil des redevances exorbitantes pour la terre de Buceau, que son beau-père Airaud leur avait donnée. Devant les réclamations énergiques des moines, il se désiste de ses prétentions, moyennant quatre livres [3].

Geoffroy de Blois confirme aux moines de Bourgueil l'église de Beaulieu près de Bressuire, et les autres biens que leur avait donnés un chevalier nommé Constantin. Il y ajoute lui-même certains dons [4].

[1] *Carta de pacificatione decimarum existentium in feodo de Aganonis, apud S. Leodegarii montem, facta inter Alonem militem et abbatem et monachos Burgulii :* « Hujus calumniæ diffiniendæ indicto termino, Baudricus Burgulii abbas, et Alo Gisbaudus in Lausdunensi curia quæ dicitur et justitia audituri convenerunt. » (D. Fouquet 122-123). Voir plus haut ch. VIII.

[2] *Carta de Consuetudinibus quas Guillelmus princeps Castri Mirebelli requirebat apud Vosaliam :* « Perpendens igitur animo suo ipse miles injustum esse hoc quod querebat, sponte deseruit et cum Baudrico abbate qui tunc Ecclesiam Burguliensem regebat placitum fecit et... accepit octo libras denariorum ut omnes viri ac mulieres in terra sancti Petri commanentes absque ulla inquietudine securi manerent. » (D. Fouquet, 176 — Ms. Tours, 1339. *Authentique* no 2.)

[3] « Gauffredus videns quod a monachis extorquere non poterat quod petebat, et magis volens partem accipere quam totum perdere, placitavit cum eis ut monachi quatuor denariorum libras illi darent... Postquam convenit monachis ipse et uxor sua predictam consuetudinem quietam eis clamaverunt apud Bucellum in manu Baudrici abbatis... Cujus rei sunt testes abbas Baldricus... » (D. Fouquet, 57-59. Ms. Tours 1339. *Authentique* no 3.)

[4] *Carta Gauffredi Bleseensis de confirmatione Ecclesiæ de Bello loco prope Brecorium de rebus quas dederat Constantinus miles monachis*

Drogon et sa mère abandonnent spontanément à Baudri tous leurs droits sur un moulin *de Vado Vallensi*, qu'ils avaient cédés, puis repris à l'abbé Raymond [1].

BAUDRI, ARCHEVÊQUE DE DOL.

1107. — Mai. Baudri, élu archevêque de Dol, reçoit le pallium des mains de Pascal II au concile de Troyes [2].

C'est à cette occasion, sans doute, que Pascal II écrivit à Baudri [3].

25 décembre. Baudri est sacré par le légat du pape,

Burgulii, quæ tenebantur a predicto Gauffredo. Item, *Donatio de decimis de lana, de vitulis, agnis, porcellis quas habebat predictus Gauffredus in predicta parrochia* : « Mortuo venerandæ memoriæ Raymundo, Baldricus in abbatiam subrogatus est. Cujus petitioni libere concessi ut... » (D. Fouquet, 70-71.)

[1] *Carta de molendino sito super Argentum aqua* : « Dedit Gauslenus Grosset, annuente Drogone domino suo. Drogo postea se annuisse negavit. Hoc autem totum tempore Raymundi abbatis factum est... Mortuo autem Raymundo abbate, successori ejus concessit totum eadem convenientia Drogo ipse et mater ejus spontanea voluntate. » (D. Fouquet, 80-81.)

[2] Tous les historiens qui racontent son voyage de Rome disent qu'il en rapporta le pallium. Il est facile de faire concorder les deux affirmations. A Troyes, Baudri avait été préconisé archevêque, et c'est à Rome qu'il alla recevoir l'insigne de sa dignité.

« Pallium vero acceperat a Paschali papa in concilio, eodem anno 1105, Trecensi cui adfuit. » (Ms. Tours, 1338, p. 35.) Il y a une erreur de date que l'auteur lui-même nous donne le moyen de corriger, car il fait mourir Baudri en 1131, après 24 ans d'épiscopat. Le concile de Troyes eut lieu le 23 mai 1107 (Montalembert, VII, 372).

[3] *Paschalis papæ II epistola ad Baldricum, Dolensem archiepiscopum* : « Pallium autem fraternitati tuæ ex more ad missarum solemnia celebranda, sicut concessum antecessoribus tuis concedimus. » (D. Martène, *Thesaurus novus Anecdotorum*, III, 883.)

Girard d'Angoulême. La lettre suivante nous apprend que cette consécration eut lieu dans l'église de Dol [1].

Pascal II écrit aux suffragants, au clergé et au peuple de Dol qu'il leur a envoyé son légat, Girard d'Angoulême, pour les ramener à Dieu. C'est pour la même raison qu'il leur a donné pour archevêque Baudri, que son légat a sacré dans l'église de Dol, comme il le lui a appris [2].

1108. — 9 mai. Baudri préside à Rennes une assemblée d'évêques et d'abbés, que le duc et la duchesse de Bretagne honorent de leur présence [3].

15 mai. Baudri signe une charte par laquelle Marbœuf, évêque de Rennes, confirme aux moines de Saint-Serge toutes les églises qu'ils possèdent dans son diocèse [4].

Départ de Baudri pour Rome.

1109. — 6-10 mars. Baudri, revenant de Rome, en

---

[1] « Ipso die natali Domini consecratur. » (Ms. Tours, 1338, p. 35.)

[2] *Paschalis papæ II Epistola ad suffraganeos clerum et populum Dolensem :* « ... Venerabilem fratrem nostrum Girardum, Engolismensem episcopum, ad vestras destinavimus partes... ut ibidem corrigenda corrigeret. Qui sicut ex litteris ejus cognovimus... venerabilem fratrem nostrum Baldricum et coepiscopum in Dolensi ecclesia ordinavit. » (Martène, *ibid.*, III, 882.)

[3] « Le neuvième du mois précédent, il s'estoit tenu une assemblée d'evesques et d'abbez à Rennes, où Baldric avoit présidé en qualité d'Archevesque. Rainaud, evesque d'Angers, Marbodus, evesque de Rennes, Judicaël, evesque d'Alet, Guillaume, abbé de Saint-Florent, l'avoient honorée de leur présence. » (D. Alexis Lobineau, *Histoire de Bretagne*, 2 vol. in-folio, Paris, 1707, t. I, 122.)

[4] « Ego Marbodus... concessimus omnes ecclesias quas in diœcesi nostra et possederunt monachi S. Sergii, et possident. Actum et confirmatum Redonis, in camera nostra, anno ab Incarnatione Domini 1108, Idus Maii. Quod viderunt et audierunt isti præsentes...., Baudricus Dolensis Archiepiscopus. » (Migne, CLXXI, 1787. Dom Morice, *Mémoire pour servir de preuves à l'histoire ecclésiastique et civile de Bretagne*, Paris, 1742-1746, 3 vol. in-fol., t. I, 516.)

compagnie de Jean, évêque de Saint-Brieuc, séjourne à l'abbaye de Saint-Florent. Il confirme aux moines tout ce qu'ils possédaient dans son archevêché, à l'exception de l'église de Sainte-Marie et d'un bien pour lequel ils étaient en litige avec les chanoines de Saint-Samson [1].

1112. — Baudri signe un acte par lequel Pierre, évêque de Poitiers, rend aux moines de Saint-Nicolas certaines églises [2].

Baudri se rend à Avranches, où il signe un acte par lequel Henri Ier, roi d'Angleterre, approuve la fondation de Savigné [3].

1116. — Mars. Baudri assiste au concile de Latran.

24 mars. Il signe une bulle de Pascal II aux suffragants, au clergé et au peuple de Besançon, dans laquelle le titre de métropole est assuré à l'église de Saint-Étienne, aux dépens de l'église Saint-Jean [4].

1117. — 19 avril. Baudri signe, à Angoulême, un jugement par lequel Girard, évêque de cette ville, consacre

---

[1] « D. Baldricus Roma rediens pridie Nonas Martii Salmuro apud S. Florentium hospitatus est. Qui in crastino die, Capitulum ingressus... rogatus est ut ea omnia quæ in suo Episcopio possidebant eis concederet... Post triduum igitur, die scilicet quo discessurus erat, summo mane tabulam pulsari fecit et fratribus congregatis omnia sicut proposuerant, concessit. » (D. Lobineau, II, p. 167. — Cf. Migne, CLXI, 1211. — Ms. de la Bibl. d'Angers, 709, *Histoire de l'abbaye de S. Florent, près de Saumur,* par dom Jean Huynes, folio 133, v°.)

[2] *Gallia christiana,* XIV, 1048, C.

[3] *Præceptum Henrici I, regis Angliæ, de re eadem (fundatione Savignei)* : « ... Donationis hujus... testes sunt : Baldricus, Dolensis archiepiscopus... Data et confirmata Abrincis, anno 1112. » (*Gallia christiana,* XI, *Instr.* III.)

[4] *Paschalis II. Ad suffraganeos, clerum et populum Bisuntinensis Ecclesiæ. Privilegium maternitatis asserit ecclesiæ S. Stephani contra canonicos ecclesiæ S. Johannis* : « Ego Baldricus, Dolensis archiepiscopus, subscripsi..... Datum Laterani IX kal. Aprilis. Anno 1116. » (D. Bouquet, *Rerum gallicarum et francicarum scriptores,* XV, 59-61.)

les droits de l'abbaye de Saint-Martial de Limoges sur
l'église de Saint-Sulpice de Royan, que lui disputait
Pierre, abbé de Saint-Étienne de Vaux [1]. Les moines
de Vaux devront payer, chaque année, deux sous de
redevance.

19 avril. Girard d'Angoulême adjuge l'église de
Meigné à l'abbé de Bourgueil, contrairement aux prétentions de l'abbaye de Montierneuf, de Poitiers [2].

1119. — 20 octobre. Baudri assiste au concile de
Reims, convoqué par le pape Calixte II [3].

1120. — Il a une contestation au sujet d'une prébende,
avec un chanoine de Dol. Le légat du Saint-Siége lui
donne tort et le suspend [4].

[1] *Girardus, Engolismensis episcopus... Petro, abbati de Vallibus :*
« ... Nos igitur prædictam concordiam apostolicæ sedis auctoritate
laudamus et confirmamus, ut ecclesiam illam, salvo censuali reditu
duorum solidorum, quiete in perpetuum possideatis. Interfuerunt
autem huic concordiæ : Baldricus, archiepiscopus Dolensis..... Facta
autem est... Engolismæ, in capitulo matricis Ecclesiæ, anno ab Incarnatione Domini 1117. » (Publié par M. l'abbé Maratu : *Girard, évêque
d'Angoulême, légat du Saint-Siége.* Angoulême 1876, in-8°, p. 348.
M. Maratu assigne à cette charte la date du 17 avril, *ibid.,* p. 384.
Cf. *Gallia christiana,* II, 1114.)

[2] *Sententia Ecclesiæ Magniaci per Girardum Engolismensem Episcopum :* « ... Girardus Guiberto Burguliensi abbati... Te de supradicta
Ecclesia cum suis pertinentiis investivimus..... Interfuerunt autem
huic investituræ, Baldricus, Dolensis Archiepiscopus..... Facta est autem
hæc carta Engolismæ. Anno 1117. » (D. Fouquet, 167-168.) D. Housseaux
donne également à cette charte la date de 1117., Gaignières, transcrit
par M. Maratu (*ibid.* 347) la date de la même année. C'est à tort que
M. Hauréau (*Gall. christ.,* XIV, 1048, D) la recule jusqu'en 1119. C'est
M. Maratu (*ibid.,* 384) qui lui donne la date du 19 avril.

[3] « Huic concilio domini Calixti Papæ, Remis celebrato, in basilica
B. Mariæ interfuerunt isti : Baldricus Dolensis, cum duobus (suffraganeis). » (*Rer. gal. script.,* XV, 340.)

[4] « Electus Macloviensis ecclesiæ Donoaldus venit usque ad Dolum
petere consecrationem, sed non accessit ad ecclesiam Dolensem, sed
stetit extra civitatem et nuntios misit ad Baldricum pro consecratione
sua, qui tunc temporis non poterat eum consecrare quia suspensus

1122. — 25 juin. Le pape Calixte II écrit à Baudri et à ses suffragants de se rendre à Rome, pour le concile général qu'il convoque le dimanche de carême *Oculi mei*, de l'an 1123 [1].

1123. — 18 mars. Baudri assiste au concile œcuménique de Latran.

Outre la convocation du pape, une affaire particulière l'appelait à Rome. Il avait requis les moines de Saint-Florent de produire leurs titres sur certaines églises de son évêché. Mais, malgré de nombreuses injonctions, « iceux furent négligeans de répondre, ce qui l'occasionna de s'en saisir. Sur quoy, se sentants grevez, ils eurent recours à Girard, evesque d'Engoulesme, légat du Saint-Siége et aussi au pape Calixte..... desquels ils obtinrent mandement pour luy faire remettre au premier état, à quoy comme vray enfant d'obéissance, il obtempéra. Depuis, ayant veu leur bon droit, il leur confirma le tout de son authorité, avec consentement de son chapitre (l'an 1123) [2]. »

Etienne, comte de Lamballe, donne à Saint-Melaine vingt sous de revenu perpétuel à percevoir sur le

erat a quodam legato Romanæ Ecclesiæ propter præbendam quam nolebat restituere cuidam canonico Dolensi. » (Martène, *Testimonia selecta pro Dolensi ecclesia adversus Turonensem. Thes. anecd.*, III, 919.) Selon M. Hauréau, ce fait se rapporte à l'an 1120 (*Gall. christ.*, XIV, 1001).

[1] *Ad Baldricum Dolensem archiepiscopum et suffraganeos :* « Venerabilibus fratribus Dolensi archiepiscopo et suffraganeis ejus et abbatibus atque aliis ecclesiarum prælatis... In proxima Quadragesima, generale in Urbe concilium celebrare disposuimus. Præcipimus ergo ut, omni occasione seposita, in eadem Quadragesimæ Dominica qua Oculi mei canitur, in Urbe nobiscum sitis..... Datum Laterani, VII kal. Julii. »

[2] Dom Huynes, 133, r°.

fouage de Guingamp. Cet acte est dressé à Guingamp, en présence de Baudri [1].

1128. — Girard d'Angoulême tient un concile à Dol, mais l'on ne sait si Baudri y assista [2].

1129. — 6 décembre. Baudri consacre l'église de Saint-Samson-sur-Rille.

8 décembre. Baudri consacre l'église de Saint-Laurent-du-Marisc. Ces deux églises dépendaient de l'archevêché de Dol [3].

1130. — Quatre Cisterciens viennent en Bretagne pour y établir leur ordre. Ils s'adressent à Baudri, qui leur conseille d'aller trouver Geoffroi Boterel, comte de Lamballe, et les aide de sa recommandation, sinon de sa bourse [4].

5 janvier. Baudri meurt au monastère de Préaux, dans l'église duquel il est enterré [5].

---

[1] *Donation d'Etienne, comte de Lamballe, à S. Melaine :* « ... Donavit comes perpetualiter Deo et S. Melanio ac Monachis ejus... xx solidos de fumagio Wingampensi... Actum Guencampi, anno... 1123, in præsentia Baldrici Dolensis archiepiscopi. »

[2] Galo, évêque de Léon et Raoul, évêque de Tréguier, y assistaient « On ne sait point les noms des autres prélats. » (D. Lobineau, 1, 132.)

[3] « Notum sit præsentibus et futuris quod Baldricus bonæ memoriæ Dolensis archiepiscopus, dedicavit hanc ecclesiam... viii Idus Decembris... anno 1129... Eodem anno dedicavit ecclesiam S. Laurentii de Marisco, vi Idus Decembris : quæ sunt juris sanctæ Dolensis ecclesiæ. » *Épitaphe de Baudri* dans l'église de Saint-Samson-sur-Risle. (*Rer gal. script.,* XV, 326, note.)

[4] *Fondation de l'abbaye de Bégar :* « ..... Venientes itaque viri in primis ad Dominum Baldricum, Dolensem archiepiscopum, dixerunt se velle abbatiam more Cistercensium constituere, cujus consilio et auxilio freti perrexerunt ad Gauffridum. » (D. Lobineau, I, 133 ; II, 182. D. Morice, I, 562.)

[5] « Trigesimo autem die post consecrationem hujus præsentis Ecclesiæ, obiit in Christi confessione et Pratellis dormit. » (*Epitaphe* de Baudri, *ibid.*)

Une chronique de Bretagne rapportée par D. Lobineau (II, 33) dit

ACTES SANS DATE DE L'ÉPISCOPAT DE BAUDRI.

Baudri signe comme témoin un acte par lequel Benoît, évêque d'Alet, confirme la donation de Guitmond, clerc, qui avait abandonné aux moines de Marmoutier tous ses droits sur les églises de Sainte-Marie de Combourg et de Saint-Mathieu de Tramel [1].

Les églises de Gugnen et de Voël, ayant été données aux moines de Combourg, ceux-ci présentent à Baudri un prêtre nommé Gautier, qu'ils y établissaient comme curé [2].

que Baudri mourut en 1130 : « 1130. Obiit Baldricus, archiepiscopus Dolensis. » (Cf. *Rer. gal. script.*, XIII, 558.)

Un obituaire de S. Julien de Tours (Hauréau, *Gal. christ.*, XIV, 1049, A) place la mort de Baudri au 30 décembre. Le nécrologe de Saint-Aubin (Ms. Angers, 747) en fait mention au 3 janvier.

« Tandem in senectute bona defunctus est, et Pratellis, in basilica sancti Petri apostoli, ante crucifixum sepultus est. » (Orderic Vital, III, 9; Migne, CLXXXVIII, 716, C.) Les deux histoires manuscrites de Bourgueil font mourir Baudri en 1131.

L'*Histoire littéraire*, réfutant ceux qui font mourir Baudri en 1131, s'appuie sur ce qu'Hildebert écrivit à Honorius II pour lui annoncer la mort de Baudri, et qu'Honorius mourut le 24 février 1130. Tout ce raisonnement n'est qu'un cercle vicieux. La lettre d'Hildebert ne porte pas de nom en suscription. D. Beaugendre, pour y mettre le nom d'Honorius II, s'appuie précisément sur ce que Baudri étant mort en janvier 1130, c'est à ce pape qu'Hildebert dut en apprendre la nouvelle. (*Hist. litt.*, IX, 102-103.) — *Rer. gal. script.*, XV, 326, note : « Unde cum ipse Honorius papa sequentis mensis Februarii die 24 e vivis excesserit, ad Honorium, uti vult D. Beaugendre, scripta fuit hæc epistola. »

[1] « Guitmundus sanctæ Mariæ Comburnensis clericus in eadem ecclesia habebat, et de sancto Mathæo de Tramet, concessit... Sub eisdem quoque testibus Benedictus Alet episcopus superveniens similiter donum concessit, teste Archiepiscopo Baldrico Dolensi qui cum eo venerat. » (D. Morice, I, 455.)

[2] *Donation des Eglises de Gugnen et de Voël faite au prieuré de Cam-*

Guillaume d'Irfoi avait donné au Mont-Saint-Michel les dîmes de Saint-Brouladre. Après sa mort, Hervé, son frère et son héritier, les leur enleva. Excommunié pour ce fait, il tomba gravement malade. Il appela Baudri et, sur son avis, rendit ce qu'il avait usurpé. Après sa mort, acte en fut dressé au chapitre de Saint-Michel, en présence de Baudri [1].

Baudri et Guibert, abbé de Bourgueil, se rendent à Poitiers, en passant par le Buceau et Foussaye. C'est là qu'ils terminent l'affaire de la prévôté de Foussaye, dont nous avons parlé (ch. viii).

Les voyages que Baudri fit en Angleterre et dans les monastères de Normandie ne sont pas datés, mais la lettre aux moines de Fécamp nous en donne l'ordre.

Fatigué de travailler inutilement à la conversion de son diocèse, Baudri s'en alla en Angleterre, visita Worcester, dont il chanta les orgues sur l'invitation du prieur (1174, A). De là, il se rendit en Normandie et séjourna à l'abbaye du Bec (1174, C). Vient ensuite un premier voyage à Fécamp (1175, A). Deux ans après, Baudri retourne à Fécamp, l'année même où il devait, nous dit-il, faire un voyage à Rome (1180, B). Il nous semble qu'il s'agit du voyage de 1123 : le voyage pour

bourg : « Monachi vero Gauterium presbyterum ibi constituerunt et Baudrico archiepiscopo præsentaverunt. » (D. Morice, I, 492.)

[1] *Dixme de S. Brouladre donnée au Mont-Saint-Michel par Guillaume d'Irfoi, croisé :* « Herveus frater suus qui ei ad patrimonium suum heres successit decimam illam monachis abstulit, pro quo sacrilegio diu excommunicatus fuit. Tandem Dei respectu misericorditer flagellatus est, et ad mortem infirmatus est. Vocavit autem ad se Baldricum Dolensem archiepiscopum, cujus monitu et concessu decimam illam reddidit. Convenerunt autem in S. Michaëlis capitulo, post mortem Hervei, archiepiscopus prælibatus... et rem istam taliter scribi fecerunt. » (D. Morice, I, 522.)

l'Angleterre aurait eu lieu à la fin de 1120, époque où, comme nous l'avons vu, Baudri rencontra les plus grandes difficultés dans l'administration de son diocèse. Baudri retourna une troisième fois à Fécamp (1180, B). C'est le dernier voyage dont il nous ait parlé.

TABLE DES MATIÈRES

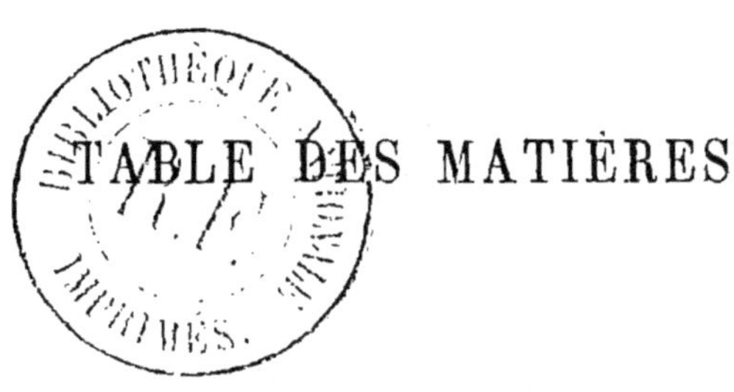

—

INTRODUCTION

Bibliographie de Baudri

CHAPITRE PREMIER

Études de Baudri

CHAPITRE II

Baudri, moine de Bourgueil

CHAPITRE III

Les occupations littéraires de Baudri, abbé

CHAPITRE IV

Baudri poète didactique

CHAPITRE V

Baudri et les rouleaux des morts

CHAPITRE VI

Baudri et ses amis

CHAPITRE VII

La grammaire et la versification de Baudri

CHAPITRE VIII

Baudri moine et abbé

CHAPITRE IX

Baudri archevêque

APPENDICE

ANGERS, IMPRIMERIA LACHÈSE ET DOLBEAU.